左小德◎编著

大道至简
陈秋桂经营管理的道与术

DA DAO ZHI JIAN
CHEN QIUGUI
JINGYING GUANLI DE
DAOYUSHU

北京

图书在版编目（CIP）数据

大道至简/左小德编著. --北京：中国经济出版社，2023.10

ISBN 978-7-5136-7494-2

Ⅰ.①大… Ⅱ.①左… Ⅲ.①办公家具-工业企业管理-经验-中国 Ⅳ.①F426.88

中国国家版本馆CIP数据核字（2023）第185688号

责任编辑　闫明明
责任印制　马小宾

出版发行	中国经济出版社
印刷者	北京富泰印刷有限责任公司
经销者	各地新华书店
开　本	710mm×1000mm　1/16
印　张	21.25
字　数	283千字
版　次	2023年10月第1版
印　次	2023年10月第1次
定　价	98.00元

广告经营许可证　京西工商广字第8179号

中国经济出版社　网址 www.economyph.com　社址 北京市东城区安定门外大街58号　邮编 100011
本版图书如存在印装质量问题，请与本社销售中心联系调换（联系电话：010-57512564）

版权所有　盗版必究（举报电话：010-57512600）
国家版权局反盗版举报中心（举报电话：12390）　服务热线：010-57512564

《大道至简》编委会

总顾问 陈秋桂
总策划 刘革生
主　编 左小德
编　委 徐　飞　王前师　左鹏飞　覃星星
　　　　　程伟香　赖承欢　高　晴　陈奕廷
　　　　　谢文茹　彭承琪　吴炳坤　黄　婧

主编简介

左小德 博士，博士生导师，暨南大学管理学院教授。1985年9月—1995年7月在天津大学先后获得船舶工程学士、管理工程硕士、系统工程博士学位。2004年9月—2006年9月在日本大阪国际大学和美国华盛顿大学做访问研究。主要教授项目管理、运营管理等课程。同时兼任国际项目管理专业资质C级（IPMP/C）评估师，广东省高校价值工程研究会常务副会长兼法人代表。

序　言

"故天将降大任于是人也，必先苦其心志，劳其筋骨，饿其体肤，空乏其身，行拂乱其所为，所以动心忍性，曾益其所不能。"地处伟人故里中山市的中泰龙集团，在陈秋桂的带领下披荆斩棘，承上启下发展了40年，从一个名不见经传的小作坊式工厂成长为中国办公家具行业的龙头企业。在这个过程中，他不断总结、提炼与升华多年的企业经营与管理经验，形成的管理思想成为中泰龙集团战无不胜的法宝。

虽然陈秋桂在个人成长和企业经营的过程中曾遭受种种挫折并屡次陷入困境，但在父亲的严格管教和培养下，陈秋桂收获了百折不挠的毅力和锲而不舍的精神，喜欢勇往直前地追求目标并享受人生炼狱般的苦修，始终明白"千里之行始于足下"这个道理。逆境中的磨砺使他养成了坚韧不拔的意志品质，树立了"道阻且长，行则将至"的信念，根植了一路前行、咬定青山不放松的执着。在公司发展过程中，无论遇到多大的风浪，他总能带领大家乘风破浪、奋楫远航。

"宰相必起于州部，猛将必发于卒伍。"正是因为陈秋桂一步一个脚印地从企业基层岗位走到了集团董事长之位，他才熟悉这个行业的每一步发展和产品生产的每一道工序，才能对各级员工和管理者的所思所想感同身受，最终使得中泰龙这艘企业航母朝正确的方向扬帆远行。

中泰龙的成长、发展与壮大同陈秋桂的个人性格特质息息相关。常年的习武练就了他头脑活络、反应灵敏、动作敏捷、眼观六路、耳听八方的素养，塑造他成为一位有血有肉，充满着人间激情并才思尽显的智者。具体体现在：凭借独到、敏锐的战略眼光，把握住了家具行业的几次转型机会，踩对了行业风口；发现并遵循市场规律，在正确的时间做了正确的事情；具有独特的人格魅力，能将"目标刻在钢板上，计划写在沙滩上，聚拢一群志同道合的人，做一件一辈子值得骄傲的事情"这一信念付诸行动；善于使用刚柔相济的管理与用人之道，将中西方繁复的管理理论与方法化繁为简，"治大国如烹小鲜""大道至简"；拥有"业精于勤、行成于思"的处事风格，深知"学而不思则罔，思而不学则殆"的精髓，坚忍不拔的他崇尚自强不息、勇攀高峰的精神，秉持能者为师，虚怀若谷的操守。在中泰龙经营发展过程中，陈秋桂不断地思考和总结，提炼出了融合一个梦想（企业强盛，员工幸福，担得起社会责任），二个统一（思想统一、行动统一），三个核心（生态文化、人才合力、技术创新），四个意识（责任意识、执行意识、目标意识、规则意识），五把金钥匙（心怀感恩、不忘初心、选择相信、强化执行、共享成果），六本经（文化引领，凝心聚力；研发先行，产品致胜；品质为本，增效创利；品牌为王，固本开源；优化机制，强化执行；生态打造，共享共荣）的"六合文化"，成了企业可持续发展的指路明灯。

  本书从"六合文化"的视角出发，以陈秋桂在企业发展不同阶段的总结性讲话为素材，还原其"六合文化"经营思想的形成过程，从管理理论、工具和方法的角度阐述其科学性和合理性；以企业发展过程中的小故事为案例，从科学管理的视角来解读背后的管理理念。希望本书的出版能为企业的百年传承打下基础，也为行业的健康发展提供参考。

目 录

开篇语 ·· 1

第1部 固本强基 研发先行

第 1 章　涅槃重生　| 9
1.1　再入中泰，整顿公司　| 9
1.2　雷厉风行，初显成效　| 11
1.3　遭遇危机，积蓄救厂　| 14
1.4　集蓄力量，厚积薄发　| 17
1.5　重拾信心，确立使命　| 21

第 2 章　扭转乾坤　| 24
2.1　敢拼、敢干、敢打仗　| 24
2.2　整合资源，齐心协力　| 28
2.3　不畏风暴，坚守产品　| 31
2.4　精耕细作，科学拆单　| 39

第 3 章　研发驱动　| 42
3.1　知己知彼，百战不殆　| 42
3.2　家具研究院，研发先行　| 45
3.3　内外联手，凡度与和砚　| 47
3.4　中泰龙杯，博采众长　| 51
3.5　妙手天成，家具传奇　| 54

第2部 品质为本 增效创利

第4章 臻于至善 | 59

4.1 精品意识，根植于心 | 59

4.2 建实验室，把控质量源头 | 63

4.3 内部修炼，质量万里行 | 66

4.4 增量提质，狠抓质量 | 72

4.5 万般皆下品，唯有质量高 | 81

4.6 良心质量，道德品质 | 86

4.7 功不唐捐，玉汝于成 | 89

第5章 精益求精 | 92

5.1 力排众议，推行精益 | 92

5.2 刻苦钻研，全心全意为工厂 | 96

5.3 全力奋战，情景演练 | 100

5.4 开源节流，没有终点 | 103

5.5 降本增效，挖潜创效 | 106

5.6 强身健体，造物育人 | 112

第3部 品牌为王 固本开源

第6章 任重道远 | 117
6.1 发现商机,开办公家具先河 | 117
6.2 崭露头角,初创品牌 | 120
6.3 生生不息,打造"中国派" | 125
6.4 齐头并进,竞合共赢 | 129
6.5 产品升级,引领潮流 | 131
6.6 展厅升级,一步到位 | 134

第7章 渠道为王 | 139
7.1 卖场营销,广泛覆盖 | 139
7.2 渠道下沉,尝试代理 | 143
7.3 品牌营销,调整策略 | 149
7.4 顺势而为,开启招投标 | 152
7.5 携手京东,电商破局 | 155
7.6 四驾马车,并驾齐驱 | 158

第8章 开疆拓土 | 162
8.1 抢滩澳门,撬动市场 | 162
8.2 北上香河,营销征战 | 166
8.3 立足国际,引领时代 | 169

第4部 优化机制 强化执行

第9章 吐故纳新 | 177

9.1 建"内阁制",推陈出新 | 177

9.2 内外夹击,势态分析 | 184

9.3 架构重组,成立子集团 | 187

9.4 统筹协调,深入人心 | 192

9.5 预算管控,建章立制 | 195

9.6 运筹帷幄,志在千里 | 197

第10章 落地生根 | 200

10.1 人才之源,筹建大学 | 200

10.2 以人为本,以诚为重 | 204

10.3 贤上庸下,唯才是举 | 206

10.4 伯乐一顾,相与有成 | 208

10.5 团队协作,众人拾柴 | 212

10.6 一岗多能,工作丰富化 | 217

第5部 生态打造 共荣共享

第 11 章 利国利民 | 223
- 11.1 闻讯而动,紧急驰援 | 224
- 11.2 勇担责任,传递爱心 | 227
- 11.3 聚焦疫情,情系员工 | 229
- 11.4 携手商会,合力共赢 | 232
- 11.5 政企同心,谋求发展 | 235
- 11.6 产学研融合,赋能成长 | 237

第 12 章 生态平衡 | 240
- 12.1 供应商管理,心手相连 | 241
- 12.2 经销商管理,规避风险 | 247
- 12.3 物流管理,协同发展 | 250
- 12.4 自然生态,共生共荣 | 253

第 13 章 创新赋能 | 259
- 13.1 智能制造,绿色发展 | 259
- 13.2 流程重组,畅通高效 | 261
- 13.3 数字化转型,高效发展 | 264

第6部 文化引领 凝心聚力

第14章 以文化人 | 271

14.1 员工幸福，文化初音 | 271

14.2 大爱使然，快乐工作 | 280

14.3 持续学习，拓展思考 | 286

14.4 携手共进，巩固持续 | 290

第15章 制度建设 | 294

15.1 使命牵引，完善制度 | 294

15.2 固本强基，知行合一 | 296

15.3 润物无声，春华秋实 | 300

第16章 循梦而行 | 304

16.1 与时俱进，大展宏图 | 304

16.2 初心不忘，奋勇前行 | 309

后记 | 313

开篇语

广东中泰龙集团(简称"中泰龙")位于广东省中山市,是一家集家具设计、开发、生产、销售为一体的大型办公家具企业,主要经营油漆类、胶板屏风类、沙发转椅类、玻璃钢木结构类和实木类办公家具。中泰龙肩负着"让办公环境更和谐"的公司使命,专注于家具领域40年,通过不断地创新,运用新技术、新材料、新工艺,引领办公家具潮流,营造人与自然、人与环境、人与人的和谐空间。公司以"如质、如期、如服务"的服务理念和"企业强盛,员工幸福,担得起社会责任"的伟大中泰龙梦想赢得了行业龙头地位;以独特的企业文化和科学的管理理念赢得了同行的尊重,并被业内誉为"常青树"。

中泰龙创立于1983年,前身为"中山市中泰家具制造有限公司",经过40年的发展,已从一家濒临倒闭的家具制造小厂成长为行业龙头。中泰龙的成就为中国办公家具行业做出了成功的典范,其40年的发展历史可以按进程归纳为三个阶段。

第一阶段:创业初期(1983—1999年)。1983年注定是特殊的一年,这一年中山市郊区富华木器社正式投产,自此开启了中泰龙的创业与成长之路。1987年,中山市郊区中泰家具厂正式投产。1995年,中山市中泰家具制造有限公司成立,公司申请注册中泰品牌商标,由此拉开了品牌成长的序幕。1999年,中泰大厦(现中泰办公大楼)拔地而起,标志着公司走上了规范化的运作道路,品牌影响力进一步提升。

第二阶段:发展时期(2000—2013年)。2000年,陈秋桂加盟中泰家具制造公司,带来了新的经营理念和管理方法,带领中泰龙迈上发展与腾飞的新台阶。在这一阶段，确立了以"龙"文化为主，以"中泰龙"为商号的现代企业制度建设，重构组织架构，制定了产品与品牌差异化发展的新战略，诞生了专业化意识和品牌意识；开始走专业化道路，专攻办公家具领域，致力于品牌体系建设，先后创立"中泰""国景""派格"，形成了"中国派"的品牌体系；在全国范围内注册多家品牌形象店，为建立市场竞争优势打下了坚实基础。在创立品牌后，公司没有盲目追求产量，而是严抓质量，建立了质量监督体系；实施全面质量管理，提出"全员、全面、全程管控质量"的方针，在市场上树立了良好口碑。此外，公司还成立了全国首家家具企业原材料检测中心，率先通过了ISO9001质量管理体系认证。2006年2月，中泰龙被国务院直属机构评为"中国名企"。

经过这一时期的发展，中泰龙年产值由2000年不足2300万元人民币[①]，到2006年突破3亿元，再到2007—2010年连续每年以30%以上的速度递增，数年间公司总产值翻了两番，并于2011年超过10亿元，取得了惊人的成就。

第三阶段：成长时期（2014年至今）。2014年，陈秋桂担任董事长，开始带领中泰龙迈入更辉煌的时代。在这一阶段，中泰龙继续推进品牌建设，创立了新品牌"凡度"与"和砚"，在产品系列上补齐了市场短板，进一步提高了市场竞争力。在产品质量上，持续深化"良心质量、道德品质"的品质理念，产品质量由质量管理升级为质量运营，2018年获得"中山市政府质量奖"，成为中山市第一家获此殊荣的办公家具企业。同时，不断地在管理上进行创新，引入精益生产、6S管理、企业资源计划（Enterprise Resource Planning，ERP）系统等，帮助企业提质增效，夯实发展根基。在国际市场上，中泰龙抓住机遇，调整战略部署，开拓国外市场。在发展上，秉承"智能制造、绿色制造"的发

---

① 文中的金额若无特别注明，均以人民币计价。

展理念，重视研发驱动，建立中泰龙工业园，推动数字化转型和高质量的绿色发展，获得"国家高新技术企业"荣誉称号。努力践行"让办公环境更和谐"的公司使命，朝着"成为办公家具领航者"这一愿景不断奋进！

四十年的风雨兼程，离不开企业领路人不忘初心的实践与智慧。企业一时的成功并不意味着永远，企业经营者永远不知道明天会发生什么。当一家企业对这个世界放下警惕的时候，就是走下坡路的开始。逆水行舟，不进则退。对这个残酷的世界始终保持危机感，才是一个企业经久不衰的秘诀。

中泰龙的四十年发展之路，永恒不变的是于变幻莫测的形势之中随时警醒自己："当你有能力、有魄力在自己熟悉的领域做出一番事业后，回头却猛然发现身边巨头林立，一切都不是自己以为的模样了。"没有谁不喜欢舒适安逸的生活，但在这个快速变化的时代，舒适和安逸从来不是常态。当你还躺在过去的成功里扬扬得意的时候，竞争对手或许早已悄然崛起，打你一个措手不及。公司在形势最好、业绩最好、利润最好、士气最好的时候必须改革，一定要在阳光灿烂的时候爬到房上修屋顶，而不是在下雨、下暴雪的时候，因为那样你很有可能会摔死在屋顶上。一个成功的企业永远要对未来保持忧患意识，老板要有改变的决心，要有强大的信念。没有成功的企业，只有时代的企业。传统企业想要基业长青，就必须找到赖以生存的法门。居安必须思危，当一个人失去了危机感，他就失去了改变的动力，从而不思进取、故步自封，早晚会被淘汰。这个道理，不管是对声名赫赫的大企业还是对普普通通的中小微企业来说，都是一样的。那么企业生存的法门是什么呢？

一年四时，审时度势，顺天应人。"顺四时则生，逆四时则亡"，不同的季节应该有不同的养生之道。《黄帝内经》指出："春生，夏长，秋收，冬藏，是气之常也，人亦应之。"春季阳气生发，夏季阳气生长，秋季阳气收敛，冬季阳气闭藏，这是自然界中四季阳气变化的一般规律，人体的阳气变化也与之相应。秋天是一个阳气收敛的季节，人体的阴阳平衡需要通过储藏能量来修复春夏所消耗的元气，并为度过即将到来的严冬做准备，这是人体必须经历的一个自我修复过程。如果秋季不能很好地补充能量、保养身体，来年的春夏就会因无所生、无所长而发挥不出应有的能量，影响人的健康状况和工作效率。企业经营之道与之万殊一辙，其运作原理和人的养生之道有着异曲同工之妙。

中泰龙和其他企业一样，也是在激烈的市场竞争中一路走过来的。陈秋桂历经风雨，在市场的搏杀中，深刻认识到企业的经营同样伴随着四时更替。他将一年分为四个阶段：春天是战略部署阶段，播种的时节，为一年的收获奠定基础、积蓄力量；夏天是生长阶段，趁着好天气和阳光，加强内部建设，巩固市场基础，扩大市场份额，提升产品质量，充实企业自身能量；秋天是收获阶段，经过大半年的辛勤劳作，公司收获了业绩、口碑和客户；冬天是藏仓阶段，不仅要冲刺，还要为来年提前做战略部署。天道循环，自然往复。面对越来越复杂和动荡的市场，没有一种商业模式是长存的，没有一种竞争力是永恒的，没有一种资产是稳固的。市场有荣枯，企业的发展有生命周期，不同时期和不同阶段的目标不同、方法不同、绩效不同、结果不同。陈秋桂认为，如果企业不能科学地调理运作，就如同人体疾病染身一样，从一个小的细胞病变开始，养痈成患。于是，陈秋桂提出了"万病一元论"的管理理论——企业要有"千里之堤，溃于蚁穴"的危机意识，否则破产倒闭就在一念之间。

根据中国工商行政管理总局公布的数据，中国大约有半数企业在创业后5年内消失，而民营企业的平均寿命只有3.7年，生存期限极为短暂。由此可见，要让企业长期持续发展决不是一件容易的事情，这也从另一个侧面更加凸显了中泰龙的40年辉煌之路。

事实上，企业的四季发展是一个循环往复的过程，正如莫里森（Morrison）在《第二曲线》中总结的那样：第一曲线即企业在熟悉的环境中开展传统业务所经历的企业生命周期；第二曲线则是当企业面对未来的新技术、新消费者、新市场时进行的一场彻底的、不可逆转的变革，并由此而展开的一次全新的企业生命周期。可以说生命周期曲线意味着企业走向尽头的过程，而二次增长就像凤凰涅槃一样为企业找到突破点并开始新一轮的企业生命周期，整个第二曲线周期如 S 形一般螺旋向上增长。

要完成涅槃蜕变，凤凰需要有良好的身体素质；要经历狂风暴雨而不坍塌，房屋需要有坚实的地基；要在新技术、新消费者和有待开发的新市场三大压力下不断地实现二次增长，企业就要有适应压力和变化的经营思想作为企业的灵魂。

中泰龙以文化为指引，以产品为牵引，以品质为保证，以品牌来加持，以机制作保障，以生态来融合，形成了自己独特的"六本经"。经营管理思想"大道至简"，不断地破茧成蝶、超越自我，走向更加辉煌的明天。

第1部

固本强基
研发先行

固本强基是企业生存和发展的前提。在此基础上，企业的运作需要依规而行、目标明确、上下齐心、部门协同，才能形成合力。竞争是市场经济的绝对法则。企业在竞争中的生存和发展建立在有竞争力和生命力的主导产品基础上，而这些产品是以优势技术为条件的。研发是企业获得技术能力的主要途径，是企业生存发展的基础，是企业竞争力的源泉。

第1章 涅槃重生

> 一旦我们完成改革中泰的目标,不但我们美丽的公司将会迎接新时期的曙光,公司的全体员工也将得以共享更为光明的前景。
>
> ——陈秋桂对企业改革的构想

1.1 再入中泰,整顿公司

1993年改革开放后,陈秋桂从湖南耒阳来到广东中山中泰家具厂,成为打磨车间的一名员工。其间,因工作表现出色,陈秋桂在短短几个月内就拿到了全厂最高的计件工资,也因此受到了老板彭总的赏识。彭总既欣赏陈秋桂踏实肯干的劲头,也欣赏他的精湛武学(自幼随父研习少林武术),二人逐渐成了好朋友。

1994年,为了追求更好的发展空间,陈秋桂决定辞去在中泰家具厂的工作。辞职后,他先去了一个"澳门佬"的家具厂担任车间主任,后来又受邀辗转去了中山另一家家具厂,从老本行油漆工做起。踏实工作的陈秋桂从油漆工一步步成长为厂长,其间他将该厂的月产值从几十万提升到三百多万,开始在家具制造业内小有名气。

1997年香港回归后,国家经济飞速发展,各个工厂都在招贤纳士,准备大展拳脚。某天,陈秋桂接到了原中泰家具厂老板彭总的电话,诚心邀请他回中泰家具厂工作。一番长谈后，陈秋桂隐约看到了新的发展希望，于是决心回到职业发展的起点——中泰家具厂，重新出发，为自己，也为中国家具行业发展创造更多的可能。

再次踏入中泰的大门，陈秋桂谢绝了直接前往彭总办公室交谈的邀请，先是独自绕着整个工厂逛了一圈，观察这里既熟悉又有些陌生的环境，然后走进车间和工人师傅们进行了简单的交流。工厂同他离开时相比变化不大，但原来的生产设备此时已显陈旧，员工管理还是沿用原来的制度和办法。陈秋桂走进一个厂房，看到里面堆积的家具成品以及正在不紧不慢地打着包装的工人，这些场景他都记在了心上。

待陈秋桂察看和了解工厂的现状后，他发现工厂在管理上存在不少隐患，各部门的职责也不够清晰，员工的工作积极性似乎也不高……虽然这些问题表面上对工厂当前的生产经营没有直接损害，但会影响工厂的长远发展。在陈秋桂看来，中泰家具厂建厂早，多年的发展经营使其在中山家具行业里积累了良好的口碑，这也是他看好中泰、重回中泰的重要原因。然而，经过粗略的观察和了解，陈秋桂发现中泰的发展和他的预想所有差别。中泰的发展不应止步于此，而是应该有更好、更大的发展，陈秋桂想。

为使中泰得以更好地发展，陈秋桂提出了进行内部改革的建议。然而，由于刚到公司，纵使他身怀韬略，尚处于名不正言不顺的尴尬地位。当时有不少人认为"空降"的陈秋桂抢了他们晋升的机会，是一种威胁，并且认为他所倡导的改革是对现有制度的挑战，因而对他怀有深深的敌意。当然，更有不少人在等着看陈秋桂的笑话。思索了几天之后，陈秋桂决定找彭总掏心窝地谈谈他对公司未来的构想和改革方案。陈秋桂心里明白：对公司现有管理制度进行大刀阔斧的改革，成败在于中泰管理层的支持力度，首要便是取得彭总的支持。陈秋桂从员工思想到产品定位、制度建设、老板文化，再到公司短中期发展战略等，向彭总娓娓道来，二人促膝长谈了一整天。此次谈话，使彭总真正看到了这个年轻小伙儿的谋略与智慧,陈秋桂也因此赢得了彭总的信任和支持。

📖 管理启示

管仲、商鞅、韩非子等法家的执政理念是"乱世用重典,沉疴下猛药",意在以严刑峻法治理社会,以药效和副作用都很强烈的非常规处方治疗久治不愈的重病。一个国家的问题越大,越需要大的改革,管理企业也是如此。

1.2 雷厉风行,初显成效

"纸上得来终觉浅,绝知此事要躬行。"根据中泰的现状,陈秋桂在分出事情轻重缓急的基础上,应用四象限法则"快、准、狠"地解决问题。"快"——一旦做出决策,雷厉风行,上下一致,中泰所有管理人员都得落实;"准"——一般不轻易做出决定,一旦做了就得能治病、能解决问题;"狠"——企业管理要讲人情讲人性,但不能讲仁慈,必须快刀斩乱麻,犹如武德之中的疾恶如仇、爱憎分明。

📖 管理启示

四象限法则是时间管理理论的一个重要观念。在人们的日常工作中,很多时候往往有机会能很好地计划和完成一件事,但因没能及时地去做,随着时间的推移便造成了工作质量的下降。因此,把主要精力有重点地放在重要但不紧急这个象限里的事务上是必要的,可以做到未雨绸缪,防患于未然。同时,需要安排好时间,一个好的方法是建立预约。只有建立了预约,自己的时间才不会被他人占据,从而有效地开展工作。

把要做的事情按照紧急、不紧急、重要、不重要进行排列组合后分成四个象限,有利于对时间进行深刻的认识及有效的管理。

第一象限包含的是那些紧急而重要的事件，具有时间的紧迫性和影响的重大性，既无法回避也不能拖延，必须优先解决。

第二象限包含的事件不具有时间上的紧迫性，但是伴有重大的影响，对于个人或者企业的存在和发展以及周围环境的建立维护都具有重大意义。制定计划的目的是把那些重要而不紧急的事情按部就班地高效完成，从而获得最大的回报。

第三象限包含的是那些紧急但不重要的事件，这一象限的事件往往因为紧急从而占据了人们大量宝贵的时间，因此具有很大的欺骗性。

第四象限的事件大多是些琐碎的杂事，既没有时间的紧迫性也没有任何重要性，这类事件与时间的结合纯粹是在浪费生命。

在员工管理上，陈秋桂在公司内实行大范围的人员调整，以此达到分化、瓦解帮派的目的，最终形成员工团结的局面。其一，他把"小圈子"的成员分配到不同的车间和岗位。其二，清理员工，将那些长期无心工作、擅长起哄闹事的人辞退，净化员工队伍。其三，团结员工，陈秋桂借鉴当年国企改革的经验，能者多劳多得，整个公司实行竞争上岗。通过个人表现结合领导考核，从员工中选拔优秀者进入车间管理队伍，从车间管理队伍中提拔人员到公司中层管理队伍，再从中层管理队伍挑选骨干组建一支生产、品质、技术、销售队伍，使其成为一个在现代商业竞争中能打胜仗的管理团队。

企业经营过程中的管理既有科学的成分，也有艺术的技巧。陈秋桂在整顿中泰时本着科学的态度运用科学管理的四象限法则，刚柔相济，收到了很好的效果。

管理启示

第一，科学不蛮干。工人的工作效率不高，与其操作方式有关。一直以来，中泰厂的老员工都是凭经验做事，应对工人们的操作流程进行科学的研究并采用更为高效的操作方法。

第二，工人素质优先，对人员和岗位进行匹配。过去，中泰招聘时主要看工人力气大不大，能不能干活，并不关注员工的素质，也没有针对性地选择员工，而工人也是凭借自身喜好随意选择岗位。这次整顿着重考察了员工的个人素养，并根据岗位需求与工人自身特点，将人员和岗位进行匹配，同时施以培训和教育使其成长。

第三，增进交流。陈秋桂认为，工人是企业发展的生产力，管理者不可能脱离工人而存在。因此，这次整顿要求管理者与工人加强交流，确保工人的工作符合公司的发展计划与方向。

第四，职能分开、各司其职。基层管理者与工人之间的权责不清晰，导致工厂出现问题时无法追根溯源。因此，陈秋桂在整顿过程中在管理者和员工之间建立了清晰的责任制——管理者负责规划工作，员工负责执行并及时反馈进度。

经过雷厉风行的整顿和有效措施的推行，仅仅三个月，公司风气焕然一新。一些干实事的人觉得有奔头，看到了希望。公司士气逐渐恢复，不良风气得以纠正，公司在产供销各方面的运作基本步入正轨。此时的中泰公司在经营上开始大有起色，朝着健康有序的方向稳步发展。

陈秋桂为整顿公司付出的心血和表现出来的超强工作能力，彭总都看在了眼里。为了长久地留住他，彭总邀请陈秋桂成为公司股东。然而陈秋桂并没有立即答应，他认为公司虽然有了不少变化，但远没有达到自己心目中的样子，尚未实现他对中泰的诺言，未来仍需努力，他肩上的责任依然很重。

陈秋桂在与管理人员讨论企业的发展时确立了振兴中泰的中长期奋斗目标，并列出公司改变现状的"三步走"策略：第一步，实现规范化管理；第二步，打造公司骨干团队；第三步，实现产品再定位。为了进一步深化公司变革，陈秋桂运用关键绩效指标（Key Performance Indicator，KPI）来衡量员工的绩效；将公司的战略目标进行科学的分解，使公司上下对各级的工作职责和绩效要求有了清晰的共识，确保各类员工努力方向的一致性，有力地推动了公司战略在各个部门的执行。

管理启示

KPI通过对组织内部流程的输入端、输出端的关键参数进行设置，衡量流程绩效、明确部门的主要责任以及部门人员的业绩指标，是绩效管理计划的重要组成部分。

应用KPI进行考核时，需定期计算和回顾KPI执行结果，从而清晰地了解经营过程中的关键绩效情况参数，及时诊断存在的问题并采取行动予以改进。这是一种通过制定科学的发展目标，激励员工为之奋斗，最终达成目标，满足自我实现需要的激励方式。确立了发展目标，就明确了工作方向，促使广大员工在实现发展目标的过程中不断提高自身素质，实现自身价值。

进行KPI目标激励时要注意两个方面：一是要根据岗位职责和工作任务，制定一个科学合理、切实可行的量化目标，防止目标不切实际、遥不可及；满足SMART原则，即目标要具体（Specific）、可以测量（Measurable）、可能达到（Available）、指标具有相关性（Relevant）、目标要有时间期限（Time Bound）。二是要注意对员工在实现目标过程中的绩效情况进行动态反馈，并做出公正的评价，进一步坚定员工的信心、激励员工的热情，同时纠正工作的偏差。

1.3 遭遇危机，积蓄救厂

然而公司内部实施改革不久，一个危机便迎面而来。不明真相的几家供货商听闻中泰公司内部改革的消息，以为中泰内部出现了大问题，不但停止了向中泰公司供应原材料，还联名将中泰告上了法院，追讨中泰这些年拖欠的高达数百万元的货款，这对于刚刚经历内部整顿的中泰而言可谓雪上加霜。

临危受命，经过几天的冥思苦想，陈秋桂最终决定亲自打电话邀请每个供应商来公司面谈，对公司新产品的生产与推广计划进行了详细的阐述，并承诺之后每次采购材料时都会连同以前的部分欠款一起当面结算。经过耐心、细致、诚恳的沟通，供应商看到了中泰的发展商机，相信陈秋桂的为人和能力，最终同意了他的解决方案。习武之人讲信义，守实，诺言必行，行必果。为了义气可以铤而走险、两肋插刀，甚至不惜付出惨痛的代价。陈秋桂危难之际显担当，成功化解了一场原本可以置公司于死地的诉讼危机。

管理启示

在管理学中，有一个指数是逆境商数（Adversity Quotient，AQ），包括控制感、原因和责任归属、影响范围、持续时间四个维度。

心理学家认为，一个事业成功的人必须具备高智商（Intelligence Quotient，IQ）、高情商（Emotional Quotient，EQ）和高逆境商三个因素。在智商跟别人相差不大的情况下，AQ对一个人的事业起着决定性作用。面对逆境时，那些AQ较高的人更能表现出控制力和影响力，会主动负责处理事务，而不去考虑这件事是否与他们有关，并且能把逆境控制在一定范围内。能够超越当前的困难看待问题，是维持希望的一项重要能力，具有较高AQ的人既能够正视接踵而来的困难，又能够拥有希望、保持乐观，可以促进一流的成绩、生产力、创造力的产生，可以帮助人们保持健康、活力和愉快的心情。

虽然材料恢复正常供应，但公司的资金已是捉襟见肘，没有足够的资金就无法支付给供应商，也无法支付员工的工资，企业也难以正常运转。在没有银行愿意向中泰伸出资金援助之手的情况下，陈秋桂果敢地做出了一个令人意想不到的决定：将仅有的私人存款20万元倾囊而出，又另找朋友借了5万元，共计25万元用于迫在眉睫的财务支出，保住了公司的信用和正常周转，使公司再渡难关。

接连渡过危机的中泰厂终于得以正常运作。随着资金的回笼和投入，生产如期进行，员工的积极性随之提高、干劲充沛，看到产品正常上线的陈秋桂悬着的心终于放了下来。

中泰厂遭遇的种种危机以及采取的化解方式，供应商们都看在眼里。对于家具行业来说，拖款、欠款是常有的事。一旦公司破产，管理者卷款逃走的比比皆是，能做到像陈秋桂这样不惜拿出个人资金挽救公司的少之又少。在如此困难且与供应商只存在口头许诺的情况下，陈秋桂能够信守承诺，花光自己所有积蓄为企业"买单"，不仅赢得了供应商对中泰厂的信任，也让他们更加相信中泰厂的未来是光明的，愿意与之建立长久的合作。

"有所许诺，纤毫必偿，有所期约，时刻不易，谓之信也。"这次危机不仅体现了陈秋桂快速的应变和执行能力，更体现了他对履行承诺的决心。

管理启示

一诺千金，一个人说出去一句话就要对这句话负责，并且要为了自己的承诺而不断地努力实践，最终实现自己的诺言。承诺要一言九鼎并建立在合理的基础上，这些都是目标管理理论的要求。组织中每个人的能力大小不一，无须要求每个人的目标都相同，只要明天比今天好，今天比昨天好，这就是进步。每个人都需要认真对待最真实的自己，特别是对于一个团队的领导来说，如果许下不切实际的诺言，到头来害的一定是自己和团队。

轻易许下的诺言就算最终兑现不了，表面上似乎也并没有什么损失，但是造成的内心伤痛远比没有承诺的时候要深，久而久之，就会失去信任,失去被人尊重的资格,而这种能量的消耗,损伤的就不只是一点点利益那么简单。承诺能给人以安全感,能够许下承诺,说明当事人有足够的信心能做到。坚守承诺,做一个一言九鼎的人!

1.4 集蓄力量,厚积薄发

自加入中泰以来,陈秋桂一手抓管理、一手抓资金,在他的精心准备下,时机终于到来。

2003年,中国迎来了工商界的一大盛事——广州第87届春季进出口商品交易会①开幕。

"运筹帷幄之中,决胜千里之外",陈秋桂自接手中泰以来就在暗中集蓄力量。为了打好广交会这一仗,陈秋桂不再是从生产者的角度出发,单纯追求产品的多样化来吸引客户,而是提出了市场的概念,从市场的角度寻求满足客户需求的产品,具体分为以下三步。

第一步,陈秋桂把客户市场分为两类,一类是外国客户,一类是国内客户。他和销售团队一同收集资料,了解这次到场的客户类型以及消费偏好。

站在企业经营者的角度来看,客户细分是必要的,而确定目标市场同样重要。广交会以出口贸易为主,也做进口生意,多数家具采购商来自国外,这与中泰以前的客户类型有很大的区别。国内的采购商更倾向于设计简约、价格低廉的产品,而国外采购商来中国买家具倾向于中式风格、耐用的产品。虽然中泰的老客户都来自国内,对国外家具的标

---

① 中国进出口商品交易会,即广州交易会,简称"广交会",英文名为Canton Fair,创办于1957年春季,每年春秋两季在广州举办,迄今已有七十余年的历史,是中国目前历史最长、层次最高、规模最大、商品种类最全、到会客商最多、成交效果最好的综合性国际贸易盛会。自2007年4月第101届起,广交会由中国出口商品交易会更名为中国进出口商品交易会,由单一出口平台变为进出口双向交易平台。2002年从第91届开始,改为一届两期,每期六天,两期内间隔四日;同时,将参展的商品分类,安排在两个时段中分别展出。

准、要求了解甚少，但中泰生产的中式风格家具种类多样、耐用性强。考虑到这次外国客户更多，陈秋桂决定将这次广交会的客户目标群体定位为外国采购商。

确认了目标客户，那中泰的产品又该定位在哪里？陈秋桂心想："虽然中泰产品很多，但我们要做到符合消费者的需求，而不是想当然。"

要想了解国外的市场，还必须参考外国的资料。陈秋桂的第二步就是专门请了一个翻译助手，对收集到的资料不懂就问。从宣传海报的设计到展位家具的摆放、布展，以及图片、文字和影像资料的准备等各个环节，陈秋桂都参与其中，对有些细节还进行了提前预演，遇到不放心的地方就多次探讨。此外，在谋划产品选择、宣传策略上，陈秋桂还参考往年参展的情况，预测当年新趋势，对产品进行精准定位。目的是让国外的采购商能注意到中泰的产品，并感知到这就是他们所需要的。

第三步，为了吸引与会者及行业内外人士的关注，陈秋桂动员公司全员参与这一决定性的战役。一切有利于参加交易会的意见统统吸收，一切不利于交易会、不利于产品推销的因素都被剔除。

展会的第一日，展位前人流虽多，驻足者也不少，但进来洽谈的却不多。当晚，陈秋桂召集生产、技术、布展、宣传、销售等部门的人员召开紧急对策会议，根据当天客人的意见、反馈、交易会的整体情况，对此次准备工作及现场表现等进行了检讨，随后将人员进行了重新的调整、分配，对各路人马的工作目标、策略、过程、方向等方面都及时进行了强化。

第二日效果便出来了。前来询问的人成倍增长，开始有了订单。到了下午，场面开始火爆，陈秋桂亲自坐镇进行调配指挥。

从第三日开始，交易会现场传来的消息全是喜讯：产品被不少国外采购商认可、订单陆续签订。至此，陈秋桂心里的石头终于落了下来。

广交会圆满落幕，中泰打了一个漂亮的翻身仗，产品订单接踵而来。随着生产流程的优化、产品品质的提升、销售价格的下调，中泰资金快速回笼，半年的时间就还清了欠款。同时，各个生产要素得以重新分配，各个部门在人才、职能、成本控制、内部品质、流程管理等方面均得到了全面的改善，公司账面上开始有了盈余。经过半年多的摸爬滚打，开始平稳发展的中泰如宝驹般得以继续向前奔跑。

陈秋桂用自己的智慧与能力让中泰起死回生，人们对他的能力和人品已不再有任何质疑。眼看时机成熟，彭总再次邀请他入股，此时陈秋桂便爽快地答应了。

当时，家具行业发展极不均衡，家具企业管理也没有太多的章法。高级管理人员的管理水平良莠不齐，大多数是靠直觉和经验。在这种情况下，陈秋桂能将营销学中营销战略的三要素STP[①]，即市场细分、目标市场、市场定位，应用得成熟老练并取得丰硕战果，充分显示了陈秋桂高度的战略意识和敏锐的市场感知。

管理启示

市场是一个综合体，是多层次、多元化的消费需求集合体，任何企业都无法满足所有需求。企业可以根据不同需求、购买力等因素把市场分为由相似需求构成的消费群，即若干子市场。这就是市场细分（Market Segmentation）。细分市场不是根据产品品种、产品系列进行的，而是从消费者（指最终消费者和工业生产者）的角度，即消费者的需求、动机、购买行为的多元性和差异性进行划分。市场细分有利于选择目标市场和制定市场营销策略；有利于发掘市场机会，开拓新市场；有利于集中人力、物力投入目标市场；有利于企业提高经济效益。中泰龙这次成功地抓住了针对海外客户这一细分市场群体来策划产品定位的机遇。

细分市场的消费群体也是一个笼统的概念，聪明的商家在确定自己

---

① 在现代市场营销理论中，市场细分(Market Segmenting)、目标市场(Market Targeting)、市场定位(Market Positioning)是构成公司营销战略的核心三要素，被称为STP营销。

的细分市场后会进一步确定自己的目标群体（Targeting），即企业在一定市场细分的基础上，确定自己的目标市场，最后把产品或服务定位于目标市场中的某一确定位置。陈秋桂利用这次展会的机会，成功锁定了海外客户中喜欢中式家具的这一群体并将其作为自己的目标市场。

确定目标市场后，还要考虑这部分消费群体的特点并进行产品的定位（Positioning）。在综合考虑企业自身面临的各种因素和条件（如企业规模和原料的供应、产品类似性、市场类似性、产品生命周期、竞争的目标市场等）之后，针对潜在客户的心理进行营销设计，创立产品、品牌或企业在目标客户心目中的某种形象或某种个性特征，并保留深刻的印象和独特的位置，从而取得竞争优势。根据目标市场上同类产品的竞争状况，针对客户对该类产品某些特征或属性的重视程度，为本企业产品塑造强有力的、与众不同的鲜明个性，并将其形象生动地传递给客户以求得认同。将本企业与其他企业严格区分开来，使客户明显感觉和认识到这种差别，从而在客户心目中占据特殊的位置。

这种产品的定位可以是无差别性市场策略，即把整个市场作为自己的目标市场，只考虑市场需求的共性，而不考虑其差异，运用一种产品、一种价格、一种推销方法，吸引尽可能多的消费者；也可以是有差别性市场策略，即把整个市场细分为若干子市场，针对不同的子市场，设计不同的产品，制定不同的营销策略，满足不同的消费需求；还可以是集中性市场策略，即选择二个或少数几个细分市场作为目标市场，实行专业化生产和销售。在个别少数市场上发挥优势，提高市场占有率。这次展会虽然是初次试水，但是中泰龙主打的几款中式家具的集中性市场策略取得了意料之外的成功。

1.5 重拾信心，确立使命

> 不利于团结的话不说；
> 不利于公司发展的事不做；
> 不利于员工工作生活健康的事不干。
>
> ——陈秋桂的"三不"方针

"我来中山的第一份工作就是中泰给的，我对企业和员工有感情，我也想让企业延续下去。"凭借陈秋桂的管理能力，以及对中泰企业内部进行的一番大刀阔斧的改革，公司实现了内部环境的优化，改善了企业服务，提升了产品质量，"内忧"通过重组初见成效。陈秋桂通过优化中泰的人员配置、合理地进行资金调配、创造广交会的销售佳绩，奠定了他在中泰的领导地位。

在市场低迷、企业往下走的时期，陈秋桂展现了他敢拼敢打的拼搏精神，习武之人有着远大的理想和抱负，哪怕任重而道远，亦将上下求索，誓不回头。陈秋桂通过自己的努力改变了现状，让中泰人重拾信心，不仅树立了他个人的威信，也建立了企业的自信。

中泰经营重回正轨，管理层经过讨论，一致决定重新调整董事会成员结构与分工：陈秋桂作为总经理分管全面工作，老板彭总和另一位刘总分管技术和生产、市场和销售。三足鼎立，分工合作，互相协作。

中泰就像一位刚刚醒来的巨人，虽然有了改变，但外界怀疑打量的目光在所难免。燃眉之急解决后，陈秋桂就一直在思考一个问题：如何重启社会及行业人士对中泰人的信心？

在一次为迎接港澳乡亲回中山省亲举办的盛大欢迎仪式上，陈秋桂谈了自己的成长经历和打工的感悟。他说："一个人应勇于承担社会责任，虽然有时候自己的力量也很微弱。"他还说："公司有两个使命，一是发展自己，让公司的人过上更好的日子，全员奔小康；二是助推社会发展，让公司和全社会共同进步。为了这两个使命，就得不停地去奋斗。我们要像手表一样，原来的手表需要每天上发条，而现在的手表自动上发条——动力来自自己的内心。不能因为环境的改变，就丧失了创业的激情。应该为了庄严的使命，永不停歇。"话虽不多，但字字朴实、句句发自肺腑，全场掌声雷鸣，久久回荡。

陈秋桂认为，把一件事情做到极致远胜于平庸地做千百件事。中泰龙是员工共同的家园，中泰龙的愿景，唤醒了每一个中泰人的责任与使命，召唤着每一个中泰龙人的全情投入与用心付出。人总要有点精气神，要把初心与使命转化为全体中泰龙人锐意进取、不断创新的精神，转化为求真务实、真抓实干的自觉行动。要始终保持高昂的斗志，紧盯目标，信守承诺，奋勇前进，全力以赴，共圆梦想，共创伟业。要始终树立中泰龙的崇高信仰不动摇，要有不一般的精神、干劲和担当。共同的价值观对内可以产生巨大的凝聚力；对外可以主动肩负起更多的社会责任，树立良好的企业形象，赢得公众信任。同时，便于吸引志同道合的人才，让更多的伙伴加入中泰龙大家庭，万众一心，众志成城。

管理启示

共同价值观（Shared Values）是指企业组织成员或群体成员分享同一价值观念，是企业文化的重要基础。这些价值观念贯穿于整个组织之中，为组织成员所接受，并指导他们更好地从事生产经营活动。当价值观念灌输到组织中时，组织就会存在独特的同一性。

共同价值观是组织文化的核心和基石，是组织的灵魂，也是维系组织生存发展的精神支柱。价值观是人们选择行动的判断标准，它能决定管理活动的成效和方向，是组织文化理论的核心概念。

美国管理学家彼德斯和沃特曼曾在书中指出,"要是有人要我们从对出色企业的研究中提炼出一条真理,作为奉劝给企业的管理者们的一条忠告,我们会乐于这样回答:先确定你们的价值体系吧。""大部分公司之所以能够成功,在于员工能够分辨、接受和执行组织的价值观"。共同价值观对组织成员具有导向、凝聚、约束和激励的作用。在组织价值观塑造中,要注意不能简单地归结为几句空洞的口号,不能变成少数人的主观意志,不能把它简单地等同于管理文化,不能没有自己的个性。

第 2 章 扭转乾坤

> 距离终点仅有百米之遥，这一百米的征程是最累、最痛苦的，是对雄心的检测，对意志的考验。
>
> 一艘没有航行目标的船，任何方向的风都是逆风，把握现在才能成就未来。
>
> 永远不要说你已经尽力了，当你还有力气说出"我已经尽力了"的时候，你根本就没有尽力。
>
> ——陈秋桂在"雄关漫道 铁马金戈"誓师大会上对员工的激励

2.1 敢拼、敢干、敢打仗

2002年上半年，一场重大战役犹如一针兴奋剂给中泰注入了活力，激发了全体员工再次创业的激情。

一天，正值工厂下班之际，陈秋桂正好去了车间，这时他突然接到销售总经理刘总的电话，说有一件十万火急的事需要他立刻赶回位于沙朗的公司总部。电话里，刘总只隐约透露说某个省政府的订购大单来了。

陈秋桂心急火燎地往回赶，与等候他的两位老总会合。

见面顾不上寒暄："什么情况？拣重要的说！"

"是这样的，"主管销售的刘总向大家介绍，"我们在西南片区的某省有一个销售商，今天他带领该省人民政府的采购工作小组前来签订一批政府急用的办公家具订单。"

"数量多大？有什么要求？"

"一批500万，半个月准时交货，按他们的技术要求与贴纸工艺生产。"

贴纸工艺？半个月？陈秋桂一听就傻了眼。贴纸工艺是当时行业中比较滞后的生产工艺，中泰公司的生产工艺和流程早已完全升级。况且当时流行的是贴皮生产工艺，对方却要求一定要按他们的样品采用贴纸工艺生产，交货时间又相当紧迫，仅有15天。

三个人研究了半天，觉得这是不可能的事。这个订单放在当时的珠三角地区，几乎没有哪家家具工厂能赶出货来，放弃订单又觉得可惜。于是三个人绞尽脑汁想出一个对策——建议对方改用贴皮工艺生产的产品，这样不仅产品质量提升了一个档次，也可缩短交货周期，同时以贴纸工艺的价格给他们出货，等于对方用低价格购得高价位的产品。当即，刘总与采购方进行沟通，然而对方态度坚决：严格按他们的工艺要求生产，时间价格不能更改，否则免谈！

这是一个重大挑战。如今中泰已经没有熟练制作贴纸工艺家具的工人，更没有几个人懂得这个工艺流程，更何况仅15天就要出货？三个人反复权衡，最终无奈放弃。

500万元的政府采购订单，这是多么大的诱惑啊！明明是天上掉下来的馅饼，只能眼睁睁地看着，无疑深深刺痛了万事不认输的陈秋桂，毕竟无论从经济效益、社会效益，还是品牌效益来看，这都是一次难得的机遇。

然而陈秋桂并没有死心，他在公司总部的展厅里来回踱步、思考解决之道。晚上9点，考虑成熟的陈秋桂打电话给彭总和刘总，说服他们接下这笔历史性的大订单。为了消除二人的顾虑，陈秋桂耐心地向他们分析，也说了自己的打算。毕竟这个订单如果中泰做不出来，中山地区要找到其他能完成的公司更难。两位老总始终觉得政府的订单不是闹着玩的，在一无工艺、二无熟练工人的情况下肯定交不了货，其后果不光是巨额的经济赔偿，更会使中泰的名声在行业一落千丈。

管理启示

"有志者、事竟成，破釜沉舟，百二秦关终属楚；苦心人、天不负，卧薪尝胆，三千越甲可吞吴。""天行健，君子以自强不息；地势坤，君子以厚德载物"，即天之运行，四时交替，昼夜更迭，岁岁年年无有止息，无有差错，君子当效法天道之健，以自强不息；地势顺，君子应效法坤地之厚德，容载万物。

从来到世上到生命终结，每个人的人生旅程都是一出波澜万丈的戏剧——既有荣光时刻的极尽欢喜，也有遭遇苦难时的咬牙忍耐。一个人的一生如果完全没有经历过挫折和艰辛，就不会使心灵得到洗礼，也无法懂得体谅和同情他人。

人生不管遇上好事还是坏事，都要怀有"感恩之心"。不管眼前的状况多么严酷，不能怨恨，也不能屈服，重要的是一以贯之地积极应对，从而锻炼心志，磨炼灵魂。

度过严酷人生的秘诀之一便是"愉快"地接受灾难。佛教讲"思念造业"——心中所思会成为"业"。所谓"业"即产生现象的原因，原因造成了现实这个"结果"。灾难的发生意味着消业。灾难往往会在意想不到的时候，以意想不到的形式袭来，如果我们迎接灾难的心态不对，就可能唤来更大的灾难。

让人生误入歧途的元凶，往往是成功和赞美。如果缺乏一颗谦卑之心，则无法萌生对他人的感恩之情，久而久之人就会变得傲慢。

专注当下就是最好的精神修行。始终心怀感谢，谦虚律己，同时不忘对他人施以关爱和善意，如此心态才可源源不断地吸引美好的事物。

听到陈秋桂说自己愿立下军令状并承担一切后果，两位老总的态度终于有所松动，渐渐不再反对。陈秋桂请他们继续与客户联系并落实订单有关事宜，他这边则通知技术、生产、销售等各部门负责人回公司召开紧急会议并作出全面部署。陈秋桂要求采购人员即刻打电话给材料供货商，要求他们在次日早上七点钟前务必将第一批材料送到，工厂将于八点正式开始新订单的生产。从设计、样品到流程、工艺，再到生产人员的分配，陈秋桂均亲自坐镇指挥。

正如小米创始人雷军在十周年演讲中所说，没有任何成功是不冒险的，而陈秋桂就具备这种敢想敢干的冒险精神。在大家想都不敢想的时候，他敢于带领大家面对重大挑战并勇于承担风险。

对于企业而言，敢于冒险才能获得更大的成功。然而，随着科学技术的不断进步以及市场环境的改变，这也将不可避免地给企业经营带来不确定性与风险。与此同时，企业内部的管理也存在风险。比如，投资能否产生收入？资源分配是否合理？这一系列问题使得企业不可能完全规避风险。既然无法避免，就要勇敢面对，险中求胜。陈秋桂深知任何决策都伴有风险，但是他敢于打破现状的勇气以及冒险精神，使中泰得以不断突破、向前发展。

其实对中泰而言，就算不接这笔订单也没有任何损失，但是如果接了，它就能促成中泰发展取得重大突破。陈秋桂认为如果企业陷入一种"自我感觉良好"的状态，缺乏创新与突破，那么危机随时可能再次来临。同时，陈秋桂也清楚，所谓"敢于冒险"并非"盲目冒险"。因此，他的决策不仅没有脱离企业的资源与现状，而且具有科学性并可以被执行。

管理启示

金融学中的理论认为：风险和收益成正比，高风险可能带来高收益，反之亦然，道理同"人有不义之财，一定会有无妄之灾""富贵险中求"等。

风险和收益往往如影随形，相伴而生。任何有回报的事情，其背后都是风险和机遇并存，取得更大的成功就意味着承担更大的风险。想要站在高处，就要有承受风雨的能力与勇气。

2.2 整合资源，齐心协力

在持续到半夜的部署会上，陈秋桂提出了一个大胆的设想——召集整个珠三角地区熟练掌握贴纸工艺的工人，集中力量打一次大的战役。他利用中泰在行业内熟人多、人脉广的优势，发动公司全体员工的力量，动员他们各自联系在珠海、江门、东莞、佛山、深圳等地的亲朋好友；从每一个地区选拔一名有能力、有资源的人作为工作小组长，再由这些小组长负责组织当地的熟练工人成立临时生产小组，同时解决了熟练工人和工艺流程的难题。

次日，生产工人的召集令从中泰一经发出，很快就收到各方的响应。于是，一个临时组建的生产大军在一两天内迅速结集完毕，工人们带着亲属家眷从周边城市赶来。一时间，中泰人声鼎沸，盛况空前。工人们夜以继日，加班加点，原来的三条生产线全部转型，后勤人员也主动请缨加入第一线的生产者队伍。

哥哥为弟弟把质量关，妹妹同姐姐商量工作细节的场景，在生产线上随处可见。为了照看孩子，来自各地的女工们想出了一个办法：她们在车间的地板上铺了一层珍珠棉，让孩子们排成一排在上面玩耍，她们就在一旁工作，如此工作照看孩子两不误。只见活泼可爱的孩子们排成长龙玩起了老鹰抓小鸡的游戏，他们的四周则是忙碌的生产线，时不时儿呼娘唤，别有一番情致。

热火朝天的场景天天都在上演。作为全厂唯一一个熟悉贴纸生产全套工艺流程的人，陈秋桂天天泡在车间里，已经主管全面工作的他繁忙程度可想而知。

多年后，陈秋桂回想起这段时光时仍不禁感慨：当年，从上到下，从管理者到工人，大家不分彼此，同心协力，不考虑工资和回报，只为一个共同的理想信念：中泰人能做到，中山人能做到！一定要赶出货来！可谓是一个奇迹。

第十四天凌晨，送走了最后一辆货柜车，整个战役圆满结束。陈秋桂吩咐管理人员给每一位工人送上一份夜宵。这一仗，不是他陈秋桂个人的胜利，而是全体中泰人的胜利，使"不可能"变为"一定能"。这批产品最终得到了订购方领导的高度肯定，不久后还收到了该省人民政府的感谢信。

如果问陈秋桂从他父亲那里学到的最重要的特质是什么？那一定是敢为人先的精神。第一个吃螃蟹的人是勇士。只有做别人不敢做、做不到的事情，才能体现自己的人生价值。从中泰崛起的那一刻起，敢为人先的精神就一直伴随着陈秋桂走到今日。

2002年，除了这笔大额订单，中泰的油漆加工中心、港口迪森办公设备相继投产，富盟家具有限公司也于同年成立。

在陈秋桂的带领下，中泰书写着一个又一个传奇。陈秋桂能得到大家的认可，离不开他身上的领导力。

陈秋桂是天生的领袖型领导者。自小在困难和挫折中成长起来的他，不畏艰险与挑战，有魄力，善于思考。这些闪光的品质，成就了他在困难面前所表现出来的坚韧和毅力，与人交流过程中的共情和换位思考能力，以及处理危机时的勇敢沉着和智慧。这些耀眼的人格魅力，在无形中改变和影响着中泰，让每个中泰人都心甘情愿地追随他，并推动中泰逐渐成长为行业领航者。

管理启示

领导力分为三种。一种是雇佣型：一个人想做一件事，拿钱雇人来帮忙。雇主是领导人，钱是领导力。第二种是行政型：大领导限于时间和精力，为了提高效率，建立管理的层级，指派一些小领导分管工作。小领导也是领导者，只不过领导力来自大领导和组织。第三种是领袖型：一群人，想去一个地方，领路的人就是领导人，其他人是追随者，经验和判断是领导力。

这三种领导力出处不同，性质也各异。第一种和第二种其实非常相似，其来源都是"硬实力"，即用交换或者胁迫的方式让别人听从自己的指挥。特别是雇佣型领导力，必须伴有激励机制，除了钱还可以是官职、名誉、级别、待遇，甚至是暴力。行政型领导力是组织力量的衍生品，取决于大领导自身的领导力及其对小领导的信任程度，是二者的乘积。由于这种行政力量带来的领导力本身具有强迫性，因而其来源也是"硬实力"。

领袖型领导力和以上两种区别较大，依靠的是吸引和说服而非胁迫和交换。这种领导力的基础是"软实力"，包括视野、智慧、品德、经验、格局、亲和力等对人能够产生自然吸引力的要素。这种领导力的一个重要特点是领导人和追随者目的的一致性。大家在一起并不是要走领导人要走的路，而是要走大家本来就要走的路。领导人代表着群体的利益，其作用是让群体协作更加有效率。与此相对，在基于硬实力的组织中，领导人和下属的根本目的往往不同。下属之所以听话、与领导人目标保持一致，可能只是为了获得奖赏或避免惩罚。

只要有人数超过一个人的地方，就会有领导力的存在。社会是一个等级森严、权力关系复杂的金字塔形体系。在扁平的社会体系里，领导力大多是雇佣型和领袖型。有领导力的人要么是创业者，要么是社会组织者。在垂直的社会体系里，行政型的领导力则是主流。由于行政型的领导力来自上级，为了获取更多的权力，人们往往把让领导高兴放在工作的首位，而把做好事情置于次位，使企业逐渐成为"一言堂"，滋生"马屁文化"，降低了整体的创造性和运营效率。

领导力最深层次、最有持续性的源泉不是硬实力,而一定是来自思想、道德这些软实力。相比来源清晰、直接,容易标识且可以持续积累的硬实力,软实力看不见、摸不着,往往容易被人忽略。然而,从长期的视角来看,硬实力的寿命不长,随着领导人的退休或者死亡便会烟消云散,而软实力却可以产生超越生命、绵延不绝的影响力。

在基于硬实力而建的组织中,领导者和下属在利益上的根本区别会造成高昂的体系成本、高度的信息不对称和道德风险。在权力结构过于垂直的体系中,汇报真实信息往往不一定得到嘉奖,反而会受到惩罚。因而在基层办事的下属为了保持自己的信息优势,不会主动、及时地向上级汇报,造成了信息不对称。道德风险则是在信息不对称的情况下,基层下属做任何事情时都习惯性地把自己的私利放在第一位,偷懒、腐败甚至假公济私。组织越庞大,层级越多,受到的效率损失就越大。因此,为了解决信息不对称和道德风险的双重问题,组织就不得不建立一套严密的监督体系和激励机制,而这些东西都伴有成本并且只能解决一部分问题。

反之,如果一个组织的领导力大部分源自软实力,那么信息不对称和道德风险的问题就自然较小,体系的运转效率也会较高。因此,培养软实力是发展领导力的关键。

军井未掘,将不言渴。上有所好,下必甚焉。领导者可以通过榜样作用、暗示作用、模仿作用等心理机制,以自身行为激发下属的动机,从而调动其工作学习的积极性。

2.3 不畏风暴,坚守产品

对于陈秋桂来说,2003年注定是他带领中泰接受考验最多的一年。刚刚完成创下历史纪录的大订单不久,中泰人再次迎来一场巨大的风暴。

南海滨城中山，受季风影响特别明显。每当台风来临，汕头、中山、湛江就成为左中右三大暴风登陆的中心地带，因此每年一到夏秋季节，这些地区都要经受若干场风暴的侵袭。

这次也不例外。一场高达12级以上的风暴，重创珠江三角洲及中国台湾地区，中山的某位诗人还曾写下一首诗，描绘当年台风登陆的境况。当听到这场有史以来的最强风暴将于9月2日登陆的消息时，陈秋桂和其他两位老总不约而同地怔了怔。

为什么？因为他们知道以中泰目前的厂房条件要抗住12级以上的台风简直是痴人说梦。20世纪90年代所建的家具厂房，多是以钢梁为架、石棉瓦或油布毡为顶，好一点的厂房也不过是以铁皮为顶。此外，还有一些厂房以砖为墙，以木板为壁，这叫陈秋桂的内心如何不着急。

随着暴风雨的来临，陈秋桂的心也越揪越紧，他时刻关注着台风的最新动态。几位老总进行了分工，每个人负责几个厂区的抗灾指挥工作。陈秋桂坐镇办公室，外面风狂雨骤，耳朵里传来大树的折断声、物体的撞击声、雨柱的冲击声，声声打在他的心上。虽然目前各厂区情况尚可，但眼见台风一股比一股强劲，陈秋桂坐不住了。直觉告诉他：这么大的风雨，不可能没有问题。

不能等！陈秋桂冲下楼，顺手借了一把雨伞，准备开车去工厂巡视。当他一推开公司的门，风雨随即猛扑进来，室内立即湿了一大半。"嘭"的一声，手中的雨伞也被风刮飞了，身上的衣服全湿透。陈秋桂顾不得那么多了，他猛然吸了一口气，冲到他的那台捷达车上，发动小车，沿岐江河边的青溪路，顶风冒雨地朝工厂的方向挺进。

刚抵达工厂大门，眼前的景象令陈秋桂的心凉了半截！

只见位于青溪路的工厂已是一片狼藉，厂房在风中摇晃着，一个个窗户被强风"乓乓乓乓"地掀开，值班保安要打开手动的厂门都得费九牛二虎之力。雨已经从不同的地方灌进了厂区。一些产品已经受损，而此时，整个工厂除了两个值班人员外，其他员工还都在厂区外的家里。

怎么办？陈秋桂退到车里避雨，思索应对之策。他想到了一个人——工厂打磨小组的组长林海涛。这几天他正率领着他的湖北老乡们在一起闹情绪、搞罢工，因而陈秋桂对他有点印象。虽然此人其貌不扬，但是很有工作能力，在乡亲们中也颇有威信，是个能干却不好领导的角色。

陈秋桂自有陈秋桂的办法，他是一个擅长出奇招的人。

陈秋桂打通了林海涛的电话："林海涛，你听好了，我现在给你一个最艰巨的任务，到了看你能力、表现勇敢的时候。你马上带领全体打磨人员，立即赶回工厂组织抢险救灾！"

听到领导不但没有追究罢工之责，在关键时刻还委以重任，凭着这份信任，林海涛临危受命。他果然不负所望，十分钟不到，立即就将打磨组的30名工人一个不落地带回工厂抢险。

此时，已是下午5点，正是13号台风"杜鹃"过境之时，整个工厂的厂房在风雨中摇摇欲坠。

陈秋桂和林海涛将这批人员分成三组：一组抢货物，堆到不漏雨的高处；一组封堵门窗；一组加固房顶。

陈秋桂和他们一起，找来木板钉在窗户上，然后在外墙合适的地方固定一些木条加大抗风能力。此时，所有人的衣衫早就被雨水浸透了，但是没有一个人退缩。他们看着老总陈秋桂亲自参加，反而顿生豪情，雨水打在脸上，内心感受到的却是一种畅快的洗礼。此时，只见一股更大的风"咣当"一声，瞬间就掀掉了屋顶两块铁皮。危险！如果不赶快固定加盖，余下的铁皮屋顶很可能会被全部掀掉。

陈秋桂大喊："林海涛，带三个人，跟我上去，其余的人继续封窗，转货物！"雨从房顶的缝隙中无情地灌进来，众人急了，抢家具要紧。陈秋桂吩咐林海涛把所有成品、半成品运到地势较高的地方，集中安放。让会开卡车和叉车的人全部去发动机器，把原材料运到一处并用篷布罩住，再用车把周围的布边压住，这样就不用担心罩布被风吹开，就算进了一点水，除了底部的木料会被打湿之外，其余的材料还能保存完好。厂里早就停了电，工人们摸着黑，借着手电和车灯的光源，紧张而有序地忙碌着。这时的陈秋桂和工人们脑海中就一个念头：快，快，再快一些！尽可能地把货物抢救出来，减少工厂的损失。

当他们放置好最后一块木板时，"杜鹃"已驰过大亚湾，于20时50分在深圳东部沿海登陆上岸。

抢险整整耗费了四五个小时，这里的产品是保住了，其他工厂又会是怎样的情况呢？

陈秋桂的手机进了水，厂里的电话也打不出去。他把林海涛叫到面前，从身上掏出一些余钱，说："你留下几个人继续看着厂房和货物，有问题随时处理，其他人回去休息，另外想办法给大家弄些吃的。这里就交给你了，无论如何都要给我守住！"

随后，陈秋桂一路跌跌撞撞地驶向公司仓库所在地——隆都。

这里是新建成的家具城，商场的建筑质量相当不错，比工厂好多了，房顶没问题，唯一麻烦的是下面的卷闸门。他一下车，听到的全是卷闸门"咣当咣当"震天动地一般的撞击声，仿佛要被风雨撕扯下来。陈秋桂进去把家具狂扫一遍。公司的总仓库就设在这个家具城里，绝大部分成品集中于此。守住卷闸门，就守住了仓库。此时，台风即将第三次登陆中山。

仓库里的电话打不进去，陈秋桂便直接用力敲门，里面的人听到敲门声，把卷闸门由内升了上去。只见门一打开，狂风暴雨也跟着卷了进来，于是他赶快进去把闸拉下来。一看，还好，几个公司高层管理人员都在，陈秋桂悬着的心总算放下了一半。

风雨还有可能进一步加剧，几位老总一研究，决定用车来堵住卷闸门，不让风雨把门撕开。

"公司车队在不在？"

"我马上召集司机回仓库抢险!"车队队长汇报说。

趁队长调度司机的时候,陈秋桂简要地向几位管理人员说明了青溪路工厂的情况。当大家听到厂房上的广告牌被风吹落下来时,脸都吓白了:如果掉下来砸到人,那麻烦可就大了!

司机到位后,几位老总统一了意见:所有的车按吨位大小分别堵在卷闸门的旁边,大车在外,小车在里,顶住卷闸门,车不够,就把私家车也加进去。同时做了应急预案:如果卷闸门被风卷走,就用车把货物全部运到雨飘不到的地方。将卷闸门顶住后,陈秋桂同几位老总又将仓库四处检查了一遍。确认一切万无一失的他们这才坐下来,经过一通紧张的忙碌,突然放松下来,顿时感觉整个人都散了架。

凌晨两点钟,台风终于过去,风雨慢慢地平息了下来。

看到情况好转,参与抢险救灾的人们才陆续回家,陈秋桂也摸黑上路了,但奇怪的是他竟然没有一丝睡意。他想,大自然不时要发点脾气来考验考验人类,人类的一生也在不停地和自然做斗争,不断地突破、打磨才能有所成就,一个企业也是如此。

虽然在平时每个人都会有很多想法和计较,但在紧要关头,大家与生俱来的责任感和大局意识就会占据首位。公司领导和工人们今天的表现,让陈秋桂感到无比的振奋。无论是工厂的打磨工人们、组长林海涛,还是仓库的司机们,大家不讲价、不争论,冲来就上、上来就干,我们的企业不正是需要这样的精神吗?这些真的值得好好地总结一番。一路上,陈秋桂的大脑依然在不停地转运。

这次的"杜鹃"是广东省历史上最为强劲的台风之一,给各地区造成了巨大的损失。庆幸的是,台风中心第三次登陆的中山市却是受损失最小的,而奇迹之下是千千万万像中泰员工这样的人们为抢险救灾所做出的努力。在这个非常时期,自救者和救人者都是各条战线上的无名英雄!

从历史的角度来看,一个国家的发展与延续的背后,总有一些为民请命、舍身为公的人做中流砥柱。他们是忠勇仁义的化身，为民族大义不惜抛头颅，洒热血；他们不是任人宰割的羔羊，任人折辱的懦夫，更不是见死不救的缩头乌龟。时代赋予了他们使命，使得每个人在历史关头做出自我选择并勇于担当。企业的发展也应如此，员工的责任感是企业成长、发展、壮大的动力之源。中泰人会永远记住台风"杜鹃"登陆的这一天！

管理启示

学林探路贵涉远，无人迹处有奇观。自古雄才多磨难，从来纨绔少伟男。书山妙景勤为径，知渊阳春苦作弦。风流肯落他人后，气岸遥凌豪士前。

责任感是一个人对自己、自然界和人类（包括国家、社会、集体、家庭和他人）主动施以积极有益作用的精神，属于社会道德心理的范畴，是思想道德素质的重要内容。责任感的形成和增强除受意识形态和社会文化环境的影响外，主要靠教育，包括自我教育。

早年陈秋桂闻鸡起舞的习武经历，培养了他的勤奋。武术是一个从懒惰到勤奋的过程，这个过程会让人摒弃越来越多的坏习惯，拖延症也会被治愈。每个坚持健身一年以上的人，都不会是一个懒惰的人。早起——练武的人不睡懒觉，因此生活更规律，训练的消耗也会使睡眠更踏实高效，久而久之便养成了早起的习惯。坚强——武术通过对身体和精神的磨炼使人的意志更加坚强，在压力和挫折面前变得游刃有余。精力充沛——习练武术可以使人的精力更加充沛，收获不一样的精神状态，并潜移默化地影响日常生活。提升气质——坚持练武术，不仅能塑造体形，还能改变思想，增强人的自信，由内而外自然而然地展现出不一样的气质。值得深交——热爱武术的人往往比较纯粹，一门心思专注于一件事情，因此对待朋友也比较豪爽，没有心机。

长期习武的经历，使陈秋桂形成了自己的特质——做人，"对上恭敬、对下不傲，是为礼"；做事，"大不糊涂、小不计较，是为智"；对利，"能拿六分，只拿四分，是为义"；恪律，"守身如莲，香远益清，是为廉"；对人，"表里如一，真诚以待，是为信"。

责任感从本质上讲既要利己，又要利他人、利事业、利国家、利社会。当个人利益同国家、社会和他人的利益相矛盾时，要以国家、社会和他人的利益为重。人有了责任感，才能具备驱动自己一生都勇往直前的不竭动力，才能意识到尚有许许多多有意义的事需要自己去做，才能感受到自我存在的价值和意义，才能真正得到人们的信赖和尊重。"见到洪水猛兽拔腿就跑是求生的天性，但能让人站住脚跟，迎危难而上解救同伴的，是责任感中的勇气。长途跋涉中想倒下休息是身体的天性，但能让人咬紧牙关，俯首向前踏及目标的，是责任感中的坚忍。好逸恶劳、贪图享受是懒惰的天性，但能让人勤俭劳作，努力奋斗出一片天空的，是责任感中的克己。以自我为中心、为己筹谋是自私的天性，但能让人处处为他人着想，牺牲自身的，是责任感中的奉公。拔尖抢上、爱出风头是虚荣的天性，但能让人自觉脚踏实地，心甘情愿洗尽铅华的，是责任感中的诚挚。"

责任感是做人的基本道德操守。在责任感的基础上才能架构整个道德体系的各种元素，没有责任感就没有道德。因此，责任感在人的素质结构中处于核心地位。

倘若这次台风抗灾发生在陈秋桂加盟中泰之前，彼时企业内外人心涣散，遭遇这么大的风暴，有谁会相信中泰能扛得住呢？工人也许早就走光了，中泰的发展可能就止步于此。如果不是出于对企业的认同、对领路人的信任，真心实意地希望企业能够存活，又有谁愿意主动留下抢险呢？"日久见人心"，经历了一次又一次的重大事件，工人们对陈秋桂的信任早已不言而喻。只要是陈秋桂说的，他们都愿意去做；只要是陈秋桂带领闯关的，他们坚信一定能渡过。

不难看出，具有高尚品德、管理能力卓越的管理者能够时刻把员工的诉求放在第一位，从而赢得大家的信任，这也会直接影响员工对企业的忠诚度。信任是授信者与受信者之间关于风险和利益的博弈结果，员工相信陈秋桂品德高尚、有足够的管理能力确保企业稳定、健康地发展，因此他们愿意对企业忠诚。

管理者的品德体现在管理信用、正义感和责任心上。陈秋桂能够做到言出必行、诚实地对待员工，不敷衍、不欺骗，这是管理信用；处事公平、不畏强权，这是正义感；工作积极敬业，遇到问题不退缩、敢于承担，这是责任心。

此外，陈秋桂还具有管理智慧和高度的执行能力。俗话说，做正确的事往往比正确地做事更难。陈秋桂能够全面地思考，在企业经营决策中做出正确的判断，从而保证企业健康发展，增强了员工的工作安全感。同时，他高度的执行能力帮助他正确地做事，克服一切困难直至顺利完成、达到预定的目标。

具体来看，员工对陈秋桂的信任源于过往共同工作时的个体体验。高尚的品德和足够的管理能力能够形成一种人格魅力和非权力性的影响力，这不是借助外力去约束人、控制人的强制力，而是在高尚的精神境界中体现出来的、令员工心悦诚服的精神力量。陈秋桂的这种能力，不仅能产生巨大的向心力、凝聚力和导向力，而且还表现出了巨大的吸引作用、感染作用、效仿作用、导向作用。这种"晕轮效应"以内驱力的形式鼓舞激励着中泰员工团结协作、积极进取，为共同的目标而努力奋斗。

管理启示

晕轮效应（The Halo Effect），又称"光环效应"，属于心理学范畴，指人们对他人的认知判断首先是根据个人的好恶得出的，然后再从这个判断推断出认知对象的其他品质的现象。如果认知对象被标明是"好"的，他就会被"好"的光圈笼罩，并被赋予一切好的品质；如果认知对象被标明是"坏"的,他就会被"坏"的光圈笼罩,那么他所有的品质都会被认为是坏的。

这种强烈知觉的品质或特点,就像月亮形成的光环一样,向周围弥漫、扩散,从而掩盖了其他品质或特点,因此被形象地称为光环效应。有时候晕轮效应也会对人际关系产生积极的影响,比如你对人诚恳,即便你能力较差,也会取得他人的信任,因为对方只看到了你的诚恳。

2.4 精耕细作,科学拆单

一天清晨,陈秋桂驱车来到工厂视察。他看到工人们正在一车一车地运送、堆放余料,发现余料的数量比上次来视察的时候多了不少。经过一轮仔细的观察,他发现问题的源头出现在拆单环节。

家具拆单就是指根据设计部门设计出来的产品图纸,拆单人员按照生产工艺将整个图纸拆分为零部件,并明确各个零部件生产或采购要求的订单分解工作。由于家具是由板材通过连接件拼接而成,只有对产品进行分解才能知道板材应该切割而成的形状、哪些位置需要打孔以及需要多少连接件等。因此,家具企业通常会按照拆单工作的结果来安排生产、采购、成本核算等工作。

简单来说,拆单就是把设计师的语言翻译成生产需要的语言,将订单通过物料清单(Bill of Material,BOM[①])还原成物料、将设计还原成工艺。通过拆单,工厂就可以把一个个的家具产品拆分成一块块的板件,然后把板件哪里需要打孔、开槽等信息传给生产线,这样工厂就可以根据这些数据进行家具生产了。可以说,拆单是家具结构设计中的一个重要且基础的工作流程。

---

① BOM 是描述产品结构,定义产品结构的技术文件,又称为产品结构表或产品结构树。为了便于计算机识别,可以把图示产品结构转化成某种数据格式。在制造资源计划(MRPⅡ)和 ERP 系统中,物料可以是所有产品、半成品、在制品、原材料、配套件、协作件、易耗品等与生产有关的物料的统称。

于是，趁着午休时间，陈秋桂走到拆单的工作小组，问道："师傅们，最近的工作怎么样啊？"

一个师傅挠了挠头，说道："最近厂里都是异形家具订单，这些零部件的图比以前标准桌椅的复杂多了。"

"现在的产品不仅考验我们的经验和三维空间想象力，还需要细心呢，这对我们组里的几个小师傅来说着实是个不小的考验啊。"

"是啊，是啊。"其他几个年轻师傅也纷纷附和。

"陈总，不瞒您说，最近的这批订单，我们几个拆单的师傅想了好几天才想出一种比较合适的拆单组合，但是原材料的利用率还是比不上以前。"

这次视察下来，拆单师傅们的工作引发了陈秋桂的思考：中泰目前仍然采用手工拆单，这种方式虽然灵活、什么样的单都可以拆，但是效率低，易发生错、漏以及原材料利用率低的现象，对拆单人员的业务水平要求也高。如果厂里拆单走向数字化，将不便于数控设备的对接，因此在下料问题上仍有较大提升空间。有没有一种适合我们生产线的拆单软件呢？

陈秋桂将自己的想法托付给技术组，让他们广泛搜寻市面上的拆单软件。

📖 管理启示

下料问题就是在完成拆单和原材料规格已定的条件下，以最少的原材料消耗组合，生产出所需要的各种产品，提高原材料利用率，其背后的原理是用可能的组合下料方案建立数学模型并进行优化。在家具生产过程中，有线材和板材，分别对应一维下料和二维下料的问题。"长木匠、短铁匠、不长不短泥瓦匠。"下料的尺寸一定要准确，家具厂如果下料短了就会报废。进行数学模型优化的下料能显著提升材料的利用率，也直接影响产品的成本，从而影响产品的市场竞争力。家具制造行业又存在特别多的异形家具，这使得下料问题变得更为复杂。因此，面对日益变化的多品种、小批量订单需求，传统的、单纯依靠手工和经验的下料方式就显得力不从心，甚至无法应对，因而借助计算机和软件来完成该项工作成为必然。

经过几个月的搜寻、洽谈，中泰从德国引入了一款拆单软件。通过使用该软件，系统可以自动获取产品相关数据，完成原材料与订单之间的匹配，并根据采购的标准物料和生产工艺自动计算特定产品所需的规格，极大地提高了物料的利用率。依照软件的底层算法，家具制造商只需要输入其采购的全部材料的尺寸、数量，就能确定相应的切割方式；将大木料尺寸进行分段切割，通过多种下锯和尺寸分析操作；根据制造需要去匹配板材的订货要求，实现科学下料。这就是所谓的二维平面下料，它能指导操作者进行最佳拆单操作，降低了原材料的成本。

"这个软件后台数据处理能力相当强，只要设计图画好了，产品的效果图、包装图、开料图，甚至孔位图都一目了然。现在只需要判断非标准规格的产品就好，我的工作效率都大大提升了。"拆单师傅感慨道。

这一拆单软件的功能远不止于此，经由信息技术部门的整合、接轨，操作工人可以通过扫描物料单上的二维码，将系统里储存的设计数据直接发送到加工中心，从而实现物料跟踪，在系统上可以完成材料利用率的考核，极大地提高了生产线上原材料的利用率。

在陈秋桂的指点下，技术部本着"降本增效，强身健体"的宗旨，发扬自力更生的精神，在设计方案、利用率数据化上将"两头抓，两头都要硬"的工作方针落到实处。技术部一边督促着设计人员仔细打磨设计方案，一边根据料单严查多余边角料数量，并通过系统考核材料利用率，使中泰的材料利用率达到80%以上，以绝对的优势领先行业。以己之力为公司增效创利增砖添瓦，原材料利用率的提高可以提升设计人员的绩效，形成良性闭环。

第3章 研发驱动

> 世上没有救世主,唯有自身的强大,才能真正面对市场任何挑战和激烈的竞争。
>
> ——陈秋桂

3.1 知己知彼,百战不殆

中泰未来在扩张自己市场的道路上,势必会遇到强劲的竞争对手。比如苏浙沪一带,办公家具领域就有同样优秀且著名的企业——圣奥办公家具。

中国有句古话,"以铜为镜,可以正衣冠;以史为镜,可以知兴替;以人为镜,可以明得失"。其实,做企业也是这样,找到行业的标杆(Benchmark),在自己面前树立一面镜子,明得失,找差距,而后才能进步。

管理启示

标杆管理首先要确定标杆管理实施者,即发起和实施标杆管理的组织。在计划阶段,要明确标杆内容,针对自己的不足,选择适合自己的对标对象定为"标杆",学习借鉴并收集资料数据。在分析阶段,要分析差距并拟定改进的绩效目标。在整合阶段,要通过与标杆管理实施者进行信息和资料交换,达到交流与认同的目的,同时向他人学习借鉴以谋求提高的改善方案。在行动阶段,要制定切实可行的行动方案,实现公司的超级竞争力。

圣奥是一家非常优秀的企业,它的定位是为世界五百强企业提供办公家具。因此,中泰龙高层在做市场战略分析时,一致认为圣奥不仅仅是一个强劲的竞争对手,同时也是非常值得学习的对象。

首先,圣奥在品牌推广方面做得非常出色。国内营销网络已覆盖全国一二线城市,并在部分中心城市设立分公司。业务覆盖110个国家和地区,世界500强企业中的140家都是圣奥的客户。

其次是研发方面。圣奥集团拥有130多人规模的产品研发设计中心,自2000年以来,与德国、意大利等国际顶尖的大型家具研发机构建立了长期合作关系;与浙江大学联合成立智慧家具研究中心;在德国柏林打造圣奥欧洲研发中心。圣奥身处杭州这座新一线城市,人才济济,有活力。对比之下,中山地处南海之滨,相对一线城市来说较难留住人才。然而中山也有自己的优势——物价低,这一特点使得中山更适合在制造业大展身手。

目前中泰在陈秋桂的带领下,不断寻找和研究,意图将同行业内某一流公司作为标杆,原因是同行业竞争者之间的产品结构和产业流程大多相似,面临的市场机会也相当,以此为基准与本企业进行比较、分析和判断,能够正确把握自己的优势,清楚认识自身的不足,在短板上下功夫,从而使企业得到不断改进,进入或赶超一流公司,创造优秀业绩。通过向业内外最优秀的企业学习,中泰重新思考和改进经营实践,创造自己的最佳实践。

标杆管理之所以能受到各个优秀企业的欢迎,是因为它会让企业形成一种持续学习的文化。企业的运作绩效永远是动态变化的,只有持续追求最佳才能获得持续的竞争力,才能始终立于不败之地;它的作用主要表现在评估企业绩效，对企业进行持续改进，提高企业的经济绩效，制定企业战略，增进企业学习，增长企业潜力，衡量企业工作的好坏，实现企业全面质量管理（Total Quality Management，TQM）等方面。

管理启示

在管理学中，"鲇鱼效应"很好地解释了为什么竞争对手能够不断激励企业追求更好。

北欧渔民们每次出海归来时，捕获的大部分沙丁鱼因窒息而死，无法卖上好价钱。为了提升沙丁鱼存活率，渔民们绞尽脑汁，最终想到了一个办法：在装满沙丁鱼的鱼槽里，同时放进几条鲇鱼。当鲇鱼横冲直撞时，原本死气沉沉的沙丁鱼会为了保命而加速游动，从而保持了旺盛的生命力。

"鲇鱼效应"告诉我们这样一个道理——活力来源于竞争，来自压力和挑战。

若一个人没有了竞争的压力，就会故步自封，失去上进心，慢慢沦为废人。只有保持一定的危机意识，始终不敢放松，才能获得持久成长。这个道理在企业中更为适用，中泰龙正是因为拥有强有力的竞争者，并且正视自己竞争对手、取长补短、时刻保持危机意识并不断创新，才能够在竞争激烈的市场中站稳脚跟，逐渐扩大市场占有率。

未来，中泰龙一定会同圣奥一样，在国内一线城市乃至国外成立研发中心，为后续发展壮大不断提供新鲜血液。另外，中泰龙的上市计划也在有条不紊地进行着。一旦上市，成为公众化企业，可以督促企业更加规范化经营，也能吸引更多高精尖人才加入团队，这也是陈秋桂所绘制的宏伟蓝图。

3.2 家具研究院，研发先行

为使中泰龙朝着计划的方向蓬勃发展，必须要使其具备区别于同类企业的核心竞争力。对此，陈秋桂提出"技术创新"战略并将其作为企业竞争力之一。作为领导人，他"敢拼、敢干、敢打仗"的精神为企业注入了"敢创新、敢为人先"的力量。企业上下积极响应"技术创新"的号召，营造创新氛围，鼓励员工突破思维、大胆创新，开启"人人都是创新者"的新局面。在此之下产生了许多设计以及管理方式的创新，这些创新为企业打开了发展思路。为进一步提高技术创新程度，陈秋桂决定加大研发投入，他坚信研发是企业发展的方向，是企业进步的动力，是企业攻占市场、提高核心竞争力的重中之重。

集团拥有一批国内外高级家具设计师，具有完善的基础设施和先进的检测设备，从而保证了公司的产品设计一直领先于国内同行，为对新产品进行撇脂定价①提供了前提和基础。

公司每年投入专项资金用于技术研究和新产品开发，每年提取销售额的3%作为经费投入研究开发，成为国内研发投入比例最高的办公家具企业之一。

2019年，公司持续落地"大研发"战略。在经营战略层面上，强化和重视研发管理工作，组建了一支专业扎实、团结进取、朝气蓬勃的研发团队。在对研发团队的管理上，采取"集团统筹，品牌对口"的模式。9月4日，中泰龙集团家具研究院正式成立，标志着中泰龙集团

---

① 撇脂定价策略就是在新产品上市初期将价格定得很高，以便在较短的时间内获得最大利润，如同从新鲜牛奶中撇取油脂一样。适用这种策略定价的产品特点为：消费者主观上认为有很高的价值；即便定价高也不会减少消费者的需求；小批量生产的成本不高；有专利保护，不会使竞争者迅速增加；给人产生高档产品的印象。这种策略的优点是由于价格较高，不仅能尽快地把开发新产品的费用全部收回并获得相当的利润，而且可以在竞争者研制出相似产品以后迅速采取降价策略，这样一方面可以限制竞争者的加入，另一方面也符合消费者对待价格由高到低的心理；缺点是由于价格高使得价值利润率过高，必然会迅速招来竞争对手，导致原有市场的丧失。

研发工作迈上了一个新台阶。除了整合各品牌的研发人员，生产体系、销售体系的专业技术人员也积极加入研发队伍，从不同的视角开展研发工作。同时，广泛吸纳外部优秀的设计团队，最大限度地激发了研发活力。

紧紧围绕"研发、品质、品牌"这一经营主线，以加快工业设计创新、推动品牌升级为目的，公司举办了一系列的研发活动，激发了研发团队的工作激情。对内，开展了"缤纷四月""激情夏日""广州展会展馆"研发设计大赛，研发水平逐步提高；对外，持续参与广东省家具协会举办的"中泰龙杯"产品研发设计大赛，参赛作品均具有较高的参考价值。通过设计竞赛、广泛吸引各地人才，研发水平得到进一步提高。同时，集团组织研发人员参观意大利米兰展、广州/上海国际家具展，进行优质同行厂商参观学习等一系列活动，"走出去，学回来"，拓宽了研发团队的视野，激发了创作灵感。

集团建立三个纵队的研发设计体系：第一纵队为海外团队，主要与德国、荷兰、意大利等国的高端研发机构及设计师合作进行研发；第二纵队为国内研发大咖，主要来自深圳、广州、杭州、珠海等专业设计机构及设计院校；第三纵队为中泰龙各品牌设计精英团队。各纵队以家具研究院为平台，进一步深耕研发领域。

管理启示

研发是指企业通过对新产品的研究、试制，以扩大和完善产品品种的一系列工作，是一项复杂的系统工程，涉及项目确定、市场预测、科学研究、设计和工艺生产准备、质量标准、设备投资、成本核算、市场销售等各方面的工作。为了保证研发质量，取得良好的技术经济效果，必须了解新产品研发的实际内涵，以便掌握合乎客观规律的方法和步骤，做出正确的决策，从而保证新产品开发的成功。研发可以形成有效的企业技术创新机制，加快产学研联合步伐，提高企业的技术创新能力。同时可以完善企业技术创新体系，探索新的技术创新模式，根据企业自身特点，建立健全技术人才体系。

企业要根据自身的科研技术条件、技术发展、市场状况、社会环境等情况来选择具体的产品研发方式，包括自主研发、技术引进、自主研发与技术引进相结合、合作开发四种形式。自主研发是企业在掌握国内外先进科学技术及本企业积累的生产经验的基础上，自行设计全新产品或结构有重大变化的产品。研发投入代表着企业的进步，以保障企业能有更好的发展。

3.3 内外联手，凡度与和砚

陈秋桂在前往意大利米兰、德国科隆等地交流学习的过程中，既看到了在残酷的竞争下市场空间越来越拥挤，也看到了中国高端办公家具广阔的发展前景。他毅然决定从低端产品竞争的红海市场向高端产品竞争的蓝海市场转移，希望跳出原有的品类，以另外的产品进行弯道超车、引领市场。这个时候，他开始关注空间、美学与环境，以一种整体构思的设计理念思考产品的设计与研发，凡度品牌的雏形由此诞生。

创立于 2016 年的凡度品牌蕴含"卓尔不凡，张弛有度"之意，以几何空间为设计元素，以设计为驱动，以美学为向导，以"工作+生活"的理念，将产品与空间有机融合、一脉相承，是致力于改变未来人们办公方式的新锐品牌。凡度专注于高端商用市场，从细微处将前卫设计、高端气质注入空间的肌理之中，掺揉进时代的质感，兼顾办公设计美学与时尚办公生活方式。在打造凡度品牌的过程中，中泰龙也形成了一套将空间美学整体构思的独有的产品设计理念。

为了进一步巩固与提升研发能力，中泰龙先后与深圳大学家具设计研究所、顺德职业技术学院等高校和科研院所共同打造合作平台，并聘请相关专家对精益生产管理过程中出现的问题给予指导和培训；在技术合作方面，公司与德国施耐特、法国美司勒、中国台湾鼎捷集团合作，引进先进设备、软件及工艺技术。

和砚公司于2018年创立，主打时尚中式纯原木家具，其产品内敛不张扬，别致有韵味。基于"和合"文化的中式基因，有着"贵和尚中、善解能容，厚德载物、和而不同"的宽容品格，蕴含了中华民族先贤之智慧。同时，产品融入了现代元素，使时尚与传统相结合。源于传统，但又颠覆传统，不束缚思想，自由洒脱，更加彰显了艺术的魅力。

和砚品牌成立的渊源可以追溯到二十多年前，当时陈秋桂去德国的一个办公家具企业参观学习，在那里他深刻地感受到了国外办公家具企业的品牌高度和世界影响力。在这种既羡慕又憧憬的心情下，他开始思考为什么自鲁班开始我国已拥有几千年的家具文化历史，却没有诞生出一个可以代表中国、代表东方的家具品牌。此后，他便在心里埋下一颗种子——决心打造一个代表中式家具文化的品牌，屹立于世界家具名牌之林。陈秋桂的这一梦想酝酿了十几年，而一个梦想的成真往往需要建设团队和一个契机。

适逢近些年国潮当道、品牌崛起，随着民族自信心越来越强，中式家具又重回大众的视野，尤其是在最近几年掀起的复古风潮流下，越来越多的人选择中式的装修风格。回顾中国人的家居演变历程，可以发现：几代中国人家里摆放的都以木制家具为主，可以说中国人有一种木制家具的情结。然而过去二三十年里，中式家具几乎没有创新，在传承的过程中也无大的变化，未能满足年轻人对于家具产品舒适性、色彩等方面的消费需求。年轻人在选择中式家具时都觉得有点老气，但又舍不得放弃这种传统设计。于是，现代中式家具应运而生。中泰龙在找到了志同道合的设计师团队等合作伙伴后，便开始着手全力打造具有新中式风格的和砚品牌。和砚在工艺上遵循古法，采用中国传统手工家具制作工艺的卯榫结构并使其与现代工艺结合；在设计上将自然元素中山、水、月以及中国传统文化中"道"和"象"等中式神韵融汇当代办公生活，养性情于风雅居室，融贯于心，于中式美学大境中，给予体验者以中式生活的文化价值和人生启迪。

和天下，砚于心。和砚品牌传承历史、秉承理念、坚守情怀，通过对传统文化的重新认知和演绎，将传统元素与当代审美进行有机结合。可以说，和砚的创立就是迎合时代、顺势而为的举措。和砚的诞生圆了陈秋桂一直以来的梦想。

从公司作出决定到和砚大楼的外立面以及整幢楼最终工程的完成，只花了 85 天时间，可以说是一边设计一边装修。当时所有的团队都不理解为什么要如此急迫，不理解为什么陈秋桂要将所有人置于高压之下来完成此事。有些员工甚至在陈秋桂办公室与其讨论时，出现了"拍桌子"的局面。即便如此，一切工作仍然按部就班地进行着，大楼的建设工作于 2019 年底顺利完成，避免了 2020 年初疫情暴发造成工程延后的局面。2020 年 4 月，疫情放缓，和砚公司总经理陈琼芳带领她的高管团队站在总部的大楼门口，看着马路对面灯光闪闪的和砚大楼，眼里泛着泪光，在那一瞬间才理解了陈秋桂的良苦用心。这件事使每个人至今记忆犹新。

与和砚品牌相关的还有一匹"千里马"。一次偶然的机会，陈秋桂看到了设计师李玩想的作品，对中式家具文化颇有了解的陈秋桂对其赞叹不已。透过李玩想的作品，陈秋桂看到了中泰龙打造新中式风格品牌的契机，当即就决定约见他。两个对中式家具情有独钟的人一见如故，他们从中式家具的演变谈到未来的发展趋势。在陈秋桂面前，李玩想畅谈了自己的中式家具情怀和设计理念。

二人就"红木家具能否在新生代心中建立新印象？"和"怎样的家具产品才能服务好人们的美好生活？"等问题进行了深度交流。陈秋桂说："产品研发要回归生活本质。我们一定要脚踏实地地做好产品研发，回归到生活的本质，解决生活中一个又一个的问题，这样年轻人对红木家具的印象才会好起来。"李玩想说："设计源于生活而高于生活、引领生活，因此设计不光是情怀，也是责任所在。设计师首先需要认识到家具是用具，我们的设计，需要务实地提升生活品质。"交谈之间，两人迸发出无数灵感。设计理念契合的设计师可遇不可求，即使是拥有老辣眼光的陈秋桂，也不禁赞叹这是一位人才。在陈秋桂的大力推动下，李玩想以首席设计师的身份加入了中泰龙集团。

正是陈秋桂的慧眼识珠，使得伯乐与千里马相遇、迸发出闪耀的火花，才有了如今具有新中式风格的和砚品牌。作为一个以"中式基因"为基础的品牌，和砚以"时尚·融合"为设计理念，通过对传统文化的重新认知和演绎，将传统元素与当代审美有机结合，致力民族文化艺术的回归与复兴，传承历史、秉承理念、坚守情怀。

如今这位设计师在陈秋桂的支持下已成立了自己的工作室，因为他有着自己的理想和抱负，陈秋桂便放手给予他充分的设计自由。

随着经济的发展和人们生活水平的提高，办公家具领域也出现了消费升级的差异化市场需求。如今，和砚旗下已开发六大全案品牌，从办公家具、民用家具、酒店家具、会所家具到整装定制等，做精做专、持续发力。而这背后，少不了陈秋桂高瞻远瞩的决策和李玩想及其团队的不懈努力。

如何在守住中国文化之魂的同时，谋求现代性的创新？在陈秋桂看来，和砚是有情怀的品牌，立足于中国文化，打造适合当代人生活方式的民族品牌，强调产品与生活方式的融合。在当今的大环境下，和砚谋求突围，孵化更适合当代生活的文化品牌。中泰龙所采取的多品牌差异化战略，获得了市场认可的同时，也获得了很好的收益回报。

📖 管理启示

因客户有着各种不同的需求，任何一个行业都不会只有一种"最佳方式"。好的竞争方式、可以提供价值的方式有很多种。差异化战略就是满足顾客不同层面的需求，为其提供更多的选择。以此种方式提供了独特的价值，也为市场提供了更多的创新，做到与众不同。差异包括追求产品品质的优异化,创造"独家",确保市场占有率小而投资回报率高;追求产品可靠度的优异化,使产品的稳定性标准化;追求产品专利权的优异化,以专利保护技术创新,以此区隔市场;追求产品创新力的优异化,技术第一,造就最先进的产品;追求产品周边服务的优异化,创造特性和附属性功能;追求售前和售后服务的优异化;追求品牌的优异化,强调产品的品牌诉求。

产品差异化带来较高的收益,可以用来应对供方压力,同时可以缓解买方压力。当客户缺乏选择余地时其价格敏感性通常不高。采取差异化战略可以赢得顾客对品牌的忠诚度,从而在面对替代品威胁时,所处地位较其他竞争对手更为有利。

推行差异化战略有时会与争取占据更大的市场份额活动相矛盾,因此在构建公司的差异化战略的过程中时常伴有很高的成本代价。差异化战略一旦成功实施,它就会成为在一个产业中企业赢得高水平收益的积极战略。

3.4 中泰龙杯,博采众长

从2013年开始,中泰龙连续9年与省家具协会合作承办"中泰龙杯办公家具设计大赛",收到设计方案超过三千份,并积极转化为研究成果,同时为学习家具设计的学生提供实践和专业提升的平台。截至2020年,中泰龙每年申请专利数量稳居行业前列。

强大的研发实力造就了中泰龙贴合国际潮流的产品,中泰龙先后获得"IAI 设计"[①] 优胜奖、国际空间设计大奖(Idea - Tops,艾特奖)[②]

[①] IAI 设计奖(IAI Design Award,IAI),是亚太地区乃至国际最具国际影响力和美誉度的设计大奖之一,作为亚洲最具创新力的大奖,IAI 评审团从出色的设计作品中评定获奖名次及奖项荣誉,该奖已经被视为世界范围内新的、拥有高识别度和含金量的国际设计大奖。
[②] 国际空间设计大奖(Idea - Tops,艾特奖),旨在打造全球最具思想性和影响力的设计大奖,发掘和表彰最佳设计师和最佳设计作品。源于东方,面向世界,该奖体现的是设计师永不枯竭的智慧与创新。

提名、年度最佳专业类（商业空间）奖项、"设计影响中国"年度十佳优秀项目作品、美国尖峰设计亚太奖①优秀设计奖等。截至2013年初，已获得金奖6项，银奖11项，优秀奖33项的优异成绩。

陈秋桂深刻认识到——强大的企业更是来自强大的研发实力。近年来，中泰龙成立了技术中心，拥有专职人员26人，其中高级职称7人，中级职称19人，多位专家担任咨询委员会成员，1位被聘为"全国质量监管重点产品检验方法标准化技术委员会（TC374/WG30）委员"及"广东省家具标准化委员会副秘书长"。在此基础上，以客座聘用和技术交流等方式吸引了海内外制造业的知名专家、教授，与德国BRA-VOROBO公司、德国施耐特公司合作，有效地解决了喷涂（除异味）等工艺的配方问题；与国家家具质量检测中心（广东）顺德基地签订技术服务协议，借助先进的检测检验平台与国际接轨，致力于使公司的技术生产水平达到国际市场要求。2009年起，公司还与广东省WTO/TBT通报咨询研究中心②签订技术服务协议，提供国内外技术性贸易措施通报、咨询与培训。

强大的研发力量，保证了公司的产品一直领先国内同行。中泰龙于2008年被中山市认定为"市级企业技术中心"，2010年被认定为"中山市工程技术研究开发中心"，2011年担任广东省家具协会设计专业委员会委员，2018年被认定为广东省"省级工程研究开发中心"。

中泰龙强大的技术创新能力令同行望尘莫及。近年来，公司向国家

---

① 美国尖峰设计亚太奖创立于1995年，是家居界最权威、最富知名度的专业设计大奖。该奖由美国家具设计师学会、美国高点家具博览会、中国家博会共同发起，是亚太地区唯一国际专业类家具家居设计奖项，被媒体称为进入美国及全球家具消费市场的"金钥匙"。

② 为了认真履行世界贸易组织（World Trade Organization，WTO）有关透明度的义务，确保中国在技术性贸易壁垒（Technical Barriers to Trade，TBT）领域内的法规、标准及合格评定程序的制定和实施透明化，在中华人民共和国质量监督检验检疫总局国际检验检疫标准与法规研究中心内设立了TBT咨询点，负责解答WTO各成员提出的有关中华人民共和国WTO/TBT国家通报咨询中心方面的问题，并应要求提供相关文件；代表中国政府机构、行业协会、企业和个人向其他WTO成员进行咨询；同时，进行检验检疫标准和技术法规研究。

专利局申请产品外观专利、实用新型专利超过 1200 件，数量在业内首屈一指。此外，公司成功通过了广东省民营科技企业的认定，率先通过 ISO9001 质量管理体系认证、ISO14001 环境管理体系认证、OHSAS18000 职业健康安全管理体系认证、ISO14025 环境标志认证、环保产品认证、中国环境标志认证及采用国际标准产品认证等权威认证，同时被财政部、生态环保部列入"环境标志产品政府采购清单"。

如此多的比赛和奖项，充分体现了公司全体员工以及学员们的创造性、开放性思维。创造性思维的特征是：联想性、灵活性、求异性、独创性。联想性，是将已有的方法联想应用到新的场景中；灵活性，是根据具体的实际情况，以原有的固定模式为前提，进行灵活调整；求异性，是根据方法的不同点，选择非常规的思路；独创性，是根据已有思路，进行独立创造性的研究。在具备创造性思维的基础上兼有开放性思维，就能够不断地有所发现、创造和前进。

管理启示

设计竞赛是头脑风暴（Brain Storming）的表现形式之一，可以打破常规的思维方式，让参与者敞开思想，激起脑海的创造性风暴，使参与者尽可能地解放思想、激发创造性，从而产生尽可能多的设计想法。在正确思想的指导下，竞赛以及竞赛中的评比对调动人员的积极性有重要意义。具体表现为：

第一，竞赛与评比对动机有激发作用，使动机处于活跃状态，增强组织成员心理内聚力，明确组织与个人的目标，激发人的积极性，提高工作效率。第二，竞赛与评比能增强人的智力效应，提高人的感知敏锐准确度，使注意力集中、记忆状态良好、想象力丰富、思维敏捷、操作能力提高。第三，竞赛能调动人的非智力因素，并能促进集体成员劳动积极性的提高。团体间的竞赛评比，可以缓和团体内的矛盾，增强集体荣誉感。

此外，通过设计竞赛，可以促进设计交流、扶植和推广优秀的产品设计；引导或刺激产品或行业的发展，为企业选拔创造性的设计人才；提升设计品质，激发更多的创造力，为设计的各个环节提供引导和示范作用。

3.5 妙手天成，家具传奇

在一次欧洲参观学习中，欧洲的建筑门、窗的造型给陈秋桂带来了很大的启发。回国后，他便提出尝试将欧式风格结合中式家具实用性的特点，使二者巧妙地融合，设计出新的产品线——F2系列。该系列产品在设计之初，虽是无心之举，却打破了中泰龙乃至行业的销售纪录，造就了办公家具界的传奇并销售至今。18年来深受消费者的喜爱，贴合大众审美，堪称经典。

说到陈秋桂的设计才能，这与他童年时期的经历无法分割。小学的时候，陈秋桂的书包里就经常装着皮影戏的道具，有些是专业手艺人的道具，有些是他自己制作的。他将雨伞骨架用石头打磨锋利，做成刻刀，在塑料片上雕刻出自己的皮影戏人物。

到了晚上，陈秋桂常常叫上村子里的小伙伴，聚在一起观看皮影戏。他学着唱戏人的样子，根据小人书、连环画（如《隋唐演义》《封神榜》）里的情节，用木凳做戏台，再用家里的瓶瓶罐罐作为打击乐器，叮叮咚咚，透过白纸，自导自演自唱，把每个人物都演绎得活灵活现，故事精彩绝伦。甚至有时候在课堂上，他会趁老师转身的机会拿出道具来唱皮影戏，引得后排的同学们哈哈大笑。

除了唱皮影戏，陈秋桂还有许多与艺术相关的爱好，比如画每个朝代武官的官服、盔甲，画山水画等。

这些兴趣爱好的积累，使得陈秋桂拥有高度的艺术敏感度。回想起自己第一次参与家具设计时的场景，仍历历在目、满怀热诚，那是陈秋桂为自己新家的书房所进行的家具设计。

一天晚上，准备要休息的陈秋桂灵感乍现，脑子里完整地呈现出书房里能够与其他家具相得益彰的书桌样式。在综合考虑了书房的装修风格后，他认为象牙白的颜色与装修风格非常契合。有了灵感，陈秋桂按捺不住内心的澎湃，马上打电话给设计师将想法落实。随后他便驱车赶往办公室，一边驾驶一边在脑海里逐渐完善着书桌的设计思路。一同赶来的还有其他两位设计师，办公室里他们忙碌的身影在灯光下显得格外耀眼。陈秋桂先用笔在纸上描绘出样式，结合口述，设计师便立即在软件上绘制出效果图。在你来我往的激烈讨论中，不到一个小时，书桌的初始产品效果图便完成了。灵感火花的不断碰撞，迸发出热烈又明亮的智慧之光。

古言："种瓜得瓜，种豆得豆"，形容的就是陈秋桂与产品之间的连接。每个人的际遇不同，人生亦各有机缘。每个人的未来都有很多种可能，一个人只有敢想敢做，才能取得人生的成功。只有清楚地了解自己的想法，并为未来要做的事情做好准备，才能抓住机遇、迎风而上九万里。付出努力可能没有回报，但不努力一定不会成功。前时因后时果，可以说，一个人的努力程度，决定了其今后事业的高度。

管理启示

"博观而约取，厚积而薄发。""厚积"是指要大量地、充分地积蓄；"薄发"则是指少量地、慢慢地放出。只有广见博识，才能择其精要而取之；只有积累丰厚，才能得心应手为我所用；只有量变达到一定程度才会促使质变的发生。积之于厚，发之于薄，只有准备充分才能办好事情。"薄"是从"厚"中提炼出来的最精粹、最美妙的一层，任岁月冲刷、永葆青春。这一厚积与薄发的辩证法恰恰表述了一切事业的成功者和求知者都有一个共同特点，即勤于积累并精于应用。

因此，中泰龙能有质量好、设计精、有灵魂的产品，离不开陈秋桂在家具行业的多年经验、长久的学习积累，更离不开他刻苦钻研的汗水。因此，"只有耐得住寂寞，才能守得住繁华"。

第 2 部

品质为本 增效创利

品质是企业的生命。随着科学技术的进步、市场经济的发展、人们生活水平的提高，企业间的竞争也变得异常激烈，而竞争的实质是品质竞争——品质好的企业淘汰品质低劣的企业。公司研发的产品满足市场和客户的需要，是品质竞争的前提和基础。品质是企业效益的源泉，高品质的生产制造过程降低了废品率和各种消耗率，低成本的生产过程可以直接给企业带来经济效益、增强企业的市场竞争力。

第4章 臻于至善

> 产量和质量都很重要，但质量比产量更重要。
>
> 从企业长远的发展来讲，质量就是产量，但产量绝对不能代替质量。
>
> 真正的产品质量是市场客户在使用、体验中认可的质量。
>
> ——陈秋桂关于质量的箴言

4.1 精品意识，根植于心

宁吃鲜桃一口，不吃烂橘一筐。宁可少而精，不要多而滥，如此才能形成产品品质。从陈秋桂对品质的重视，到中泰龙逐步形成自身独有的质量体系，这其中的缘由，可以追溯到他在学艺期间形成的精品意识。

高中毕业这年，一个偶然的机会，父亲叫陈秋桂跟着肖伟师傅学做油漆工。那年末，他正式拜师学艺。肖伟带了好几个徒弟，陈秋桂头脑灵活、手勤脚快，只要师傅提一点要求，他立刻就能做出来，而且做得漂亮，做出来的质量也常常超乎师傅的意料。师傅看在眼里，喜在心里，对他大加赞赏。别的徒弟拜师学艺，肖师傅只管饭不管工钱，却唯独对陈秋桂另眼相看，不但管三餐饭，一天还给一元工钱，可以说非常欣赏他的技术和认真的态度。

1984年春节刚过，陈秋桂还没有新的打算，就在村委里留下来搞农业生产。村支书陈支书拍了拍他的肩膀说："现在我们的杂交水稻只能种晚稻，不能种早稻，乡政府号召我们今年上半年种几亩杂交早稻示范田。我建议，我们种几亩杂交早稻。我种一亩，你种一亩，一样的种子，一样的技术资料，到时看谁的收成好！"

自此陈秋桂将一颗心全都用在了杂交水稻的种植上。收了工，就去示范田里走一圈，看田里的水是多了还是少了，肥是足了还是缺了。半夜，他会坐在田埂上，摸一摸稻叶，和它们说话，仿佛在和老朋友谈心一样。由于精心培育，他种的杂交水稻比村支书种的长势要茂盛得多，个头儿也高。乡亲们见了，都夸奖他做什么爱什么、专什么，把品质意识带到稻田里来了。

陈支书种的水稻抽穗了，他请来乡干部现场观摩。一些干部啧啧称美羡：陈支书的种田技术好，认为陈秋桂虽然有文化但没有技术，导致水稻"肥过头了"，今年一定没什么收成。陈秋桂听后，一连几天灰头土脸的，心中七上八下没个着落。一连多个夜晚，他辗转反侧，百思不得其解。他翻开技术书，重新一一对照，发现并没有做错任何一个步骤。盼着他种的稻禾能快快抽穗，为他争一口气，不然，带头走示范路的美好愿望就会成为泡影。

第五天深夜，月光照无眠。他起床，坐在门前的石头上，眼睛望着不远处的稻田，他隐隐地感觉到，稻禾有了些许的变化。他三步并作两步，奔向田野，坐下来，两眼直勾勾地盯着稻叶。他发现有些稻禾抽穗了，简直不敢相信自己的眼睛。这一夜，他坐在田埂上，听到了稻禾抽穗的声音："扑哧，扑哧……"

他一边高兴地跳了起来，一边大喊："抽穗了！我的杂交水稻抽穗了！"声音划破夜空，传遍了山村。

不久，稻禾全部抽穗，长度比村支书种植的稻穗还要多出半截。眼看稻穗勾头、丰收在望，不料一场"端午水"将他们的稻禾全部冲毁。

几个月来的心血和企望，被这场洪水无情地化为乌有。陈秋桂不禁感慨：这靠天吃饭的日子不能挨了。只是在当时条件艰苦、封闭落后的农村儿，对一个普通农家孩子来说，要想谋个出路并不容易。于是他在农村又默默地干了一两年的农活儿，直到1986年下半年，才重整行囊、再操旧业，到耒阳城区做油漆工。

在耒阳，陈秋桂当起了小老板，刷油漆和玻璃安装的工程源源不断。由于他做工程讲究质量，得到了同行和工程方的认可，在油漆这一行业渐渐地声名远播。市政府、检察院、教育局、市农贸市场和市重点学校的相关工程都来找他做。生意蒸蒸日上，他每天能挣到几十甚至上百元钱，这在当时，是相当了不起的事情。许多人都叫他"陈万元户""陈老板"。

随着陈秋桂在耒阳城区的名气越来越大，许多政府机关、学校甚至是政府要员家里的油漆活儿也都请他做。他的质量意识越来越强，爱技艺如同爱惜自己的生命，并且逐渐演化成了对产品、对工作的精品意识。他不随便接生意，只有家境良好的人家、有一定工程量的工程项目的家具和门窗他才做。做油漆工做到这个份儿上，已经是相当不简单了。人们知道陈秋桂很认真，对工程质量精益求精，不成精品坚决不做。他还给自己立下了规矩，即"三个不做"：材质不好的家具不做；价格不高的家具不做；看不上眼、品位不足的人家的家具不做。

人们不理解，纷纷问他："为什么？"

他回答："我出身贫苦农村，不可能看不起别人，只是因为我追求的是精品意识！一般人家，很难要求你做精品家具，因为做精品家具必须材质好、技术好，钱花得也多。依我的个性，我不愿意做低档家具！"

人们恍然大悟："原来如此。"

"三个不做"概括了陈秋桂追求完美品质的特点。陈秋桂的这种对产品质量和工作质量进行深入发掘，使其标准达到完美的精品意识，在质量管理中可以归结于质量意识。凭着早期形成的质量意识并结合自身的个性，他毅然选择了走精品家具的路线。在"做中国自己最好的家具"这一理念的引领下，中泰龙逐步成长为始终保证产品品质，做到从源头上保障产品质量的行业领军企业。

管理启示

质量意识是指一个企业从领导决策层到每一个员工对质量、质量工作的认识和理解程度，对质量行为起着极其重要的影响和制约作用。

抓质量，质量意识是关键。产品质量取决于过程质量，过程质量取决于工作质量，工作质量最终取决于员工的素质。无论是产品质量、过程质量，还是工作质量，归根结底都取决于制造产品、提供服务、进行管理的人的"质量"。因此，要提高产品质量，除了物质层面的要求外，更重要的是增强员工的质量意识。一旦在质量意识上形成共识，就容易获得共同语言，很多质量问题就更易得到解决。

质量意识不仅应该体现在每一位员工的岗位工作中，也应该体现在企业领导层的工作决策部署中。它是一种意志力，保证了产品的软硬件以及每一过程的零部件质量、工作质量和服务质量。拥有质量意识的员工和领导层，不应该被动地接受客户对产品质量的要求，而是要不断地关注产品质量、提出改善意见，从而督促质量的提高。

"泰山不拒细壤，故能成其高；江海不择细流，故能就其深。"质量意识是企业生存和发展的思想基础，直接决定着企业未来的发展层次。一个企业想要做大做强，就务必在增强创新潜力的基础上，努力提高产品品质和服务水平。纵观国内外，每一个长久不衰的知名企业，其产品或服务都离不开过硬的质量。质量是企业的生命，是企业的灵魂。任何一个企业要生存、要发展就要抓好操作流程与要领，千方百计地提高产品品质、不断创新和超越。一个企业唯有不懈追求、精益求精，才能让产品在竞争中取胜、在行业中领先。

4.2 建实验室，把控质量源头

> 健康人生的四个基本要素：睡眠、运动、饮食、心态。
> 健康人生的最高级别要素：净化心灵。
> 所有的事到了最后也就不一定是"事"了。
> ——陈秋桂的"健康人生"内涵

早在 2002 年，中泰龙便开始建立了国内首家家具企业自办的原材料检测中心，服务于自身原材料的检测。

曾经有一段时间，关于家具有害物质超标的报道越来越多地出现在各大媒体上。特别是复旦大学教师于娟病逝前在网上发表了一篇《为啥是我得癌症?》的文章，引起了社会的广泛关注。文中，她分析自己得癌症的一个重要原因，就是自己家里的那些家具有问题。

文章里有一段话引起了陈秋桂的特别关注："话说十年前，本科和研究生我有一年的非校园空档，这一年里我工作、考研和去日本。除却日本之旅，我都住在浦东一间亲戚的新房里。新房新装修，新家具。开始新房有点味道，我颇有环保意识地避开了两个月回了山东。等从山东回来，看房间味道散去，我也心安理得住了进去。2007 年房子处理，光头（于娟丈夫）怜惜那些基本没有怎么用过的家具，当些个宝贝似的千里迢迢从浦东拉到了闵行研发中心用。哪里想到，2009 年他开始研究除甲醛的纳米活性炭，有次偶尔做实验的时候，打开了甲醛测试仪，甲醛测试仪开始变得不正常，一般来讲高于 0.08 已然对身体有危险，而屏幕上的指数是 0.87。清查罪魁祸首的时候，东西一样样清除，一样样扔出研发实验室检测，最后，把家具扔出院子测，结果是，那些家具的检测指数犹如晴天霹雳……一个终年埋头在实验室发明了除甲醛新材料的人，从来没有意识到自己的爱人却经年累月浸泡在甲醛超标的环境里，最终得了绝症。"

陈秋桂自己忍受过病痛，因此看到这样的文章感同身受，特别是于娟提到甲醛超标的致命家具这一段深深地刺痛了他。

公司发展起来后，陈秋桂越发看重产品的质量，因为环保健康的产品才是对消费者最大的尊重。

在彭总等人的努力下，2009年6月，公司的原材料检测中心进一步加大对甲醛、重金属等有害物质的检测力度，为采购高品质的原材料提供了保障，有效地把控了产品品质的源头。

木有本，水有源。要从源头上保障品质，必然得从产品的原材料质量入手，在原材料采购、入库、领料、生产加工、成品出库等多个环节上层层把关、严格控制，形成对产品质量从源头开始的全面把控，确保产品或服务能满足规定的质量要求。

长期以来，中泰龙尤其注重产品质量检测，其原材料检测中心提供的质量保证体系在公司内外均得到了较高的认可。

秉承陈秋桂提出的"如期、如质、如服务"的工作理念，公司斥巨资购入了多台与国家标准接轨的检测设备，建立占地面积约800平方米的质量检测中心，总投入1000多万元，可谓是业内设备最先进、检测项目最齐全的实验室。这些设备几乎涵盖了家具行业所有的物理检测仪器，以及部分化学检测仪器，并且配有多名资深的技术人员，同时聘请了业内的专家作为顾问。检测中心可以开展家具力学强度性能、人造板物理性能等50多个项目的检测，主要针对家具力学、木制家具中的有害物质的限量、家具原材料及理化性能方面的检测，极大地提升了产品的质量与产品的检验能力，旨在使中泰龙的质量检测水平向更高一层次迈进，形成公司内部的质量"通行证"。

此外，公司一直也按照国家标准严格要求，并以高于国家标准的企业标准进行生产，该实验室每月均对各类产品进行符合国标甚至高于国标的质量标准进行质量检测，以全方位改善公司产品的质量。2017年中泰龙实验室获得了中国合格评定国家认可委员会（China National Accreditation Service for Conformity Assessment，CNAS）的认可证书，从而具备了国内以及国际检测结果互认的资质，相当于企业拿到了其产品检验结果可获60余个国家和地区承认的"国际通行证"。此后的每1—2年，中泰龙实验室都会接受CNAS的评审，持续保证自身产品的质量。多年来在国家、省、市技术监督部门组织的各项质量抽查中，公司的产品均为合格，得到了客户的一致认可。

"试验愈固，理愈靠实，印证愈多，理愈坚确。"进行的试验和印证越稳定、越多，质量保证就越可靠、越准确，就越能为取得管理者和需方的信任而提出充分可靠的证据。

质量检测中心的问世，是中泰龙在产品质量监督工作上的重大举措，大大增强了对原材料品质和产品质量的把关力度，加速中泰龙与国际化生产模式的接轨。贯彻陈秋桂坚持"业精于勤"的伟大人生理想，中泰龙始终将保证产品品质放在企业战略工作的首位，真正做到了从源头上保障产品的质量。

管理启示

为使人们确信产品或服务能满足质量要求，在质量管理体系中实施并根据需要进行证实的全部有计划和有系统的活动，称为质量保证（Quality Assurance）。其目的是提供一种有效的人员组织形式和管理方法，通过客观地检查和监控"过程质量"与"产品质量"，从而实现对的质量持续改进。

质量保证的关键是提供信任，即向顾客和其他相关方提供使其能够确信产品有能力达到质量要求的证据。根据受益对象，质量保证可以细分为内部质量保证和外部质量保证，内部质量保证是企业管理的一种手段，目的是取得企业领导的信任；外部质量保证是在合同环境中，供方取得需方信任的一种手段。

质量保证可以为企业产品的品质背书，它不仅对企业发展有至关重要的意义，还将对社会产生深远的影响。产品或服务质量是决定企业素质、企业发展、企业经济实力和竞争优势的主要因素。质量目前依旧是争夺市场的最关键因素，谁能够凭借灵活快捷的方式提供用户满意的产品或服务，谁就能赢得市场的竞争优势。

4.3　内部修炼，质量万里行

2002年，中泰龙全国首家家具企业原材料检测中心的成立以及其对产品原材料质量的严格把控，为中泰龙"质量万里行"吹响了嘹亮的号角。然而中泰龙在追求更高质量的道路上并非一帆风顺，反倒是经常碰壁、屡遭挫折，但是这些磨难丝毫没有动摇中泰龙追求更高质量的决心。因为陈秋桂明白：产品质量的优劣决定了产品的生命，乃至企业的发展命运，企业只有抓好质量这个命门，才能长久生存于这样的经济时代。因此，每当产品质量出现问题时，陈秋桂会及时采取相应的措施，完善相关制度，使得中泰龙的质量万里行朝着正确的方向前进。

在此过程中，中泰龙也曾遭遇过一次重大危机，但是危机往往蕴含着机会，关键看企业如何应对和处理。中泰龙很好地将此次危机转化成了激励企业更加脚踏实地进行质量管理的动力。

危机发生于新世纪的中山市，当时群雄并起，这个不大的地级市中众多家具厂商开始发力。品牌意识较强的企业为了争取市场先机，不断加剧和同行业的竞争。这一年，该市一家知名的家具公司举行了一场年度经销商大会。大会上，该公司特意在展品大厅中间放了一件中泰的家具产品，正当与会者纳闷为何有别的厂家产品出现在这里时，该公司的工作人员拿起大铁锤几下就把中泰的产品砸成了一堆烂木片，以此向全国各地的经销商宣示：他们决不生产低劣产品，并以生产这类产品为耻，借以丑化中泰家具公司的产品形象。

这一事件在行业中轰动一时，流传甚广。

 **管理启示**

监牢且作玄都观，我是刘郎今又来。能受天磨真铁汉，不遭人嫉是庸才。无论生活、工作、修道，世间之事凡是能够最终取得成功的，唯有一条捷径可走，那就是：千锤百炼。古人用"不经一番寒彻骨，怎得梅花扑鼻香"充满文学色彩的诗句来形容，人唯有在经历种种困难、考验之后才能够收获成功的喜悦与芳香。人在磨砺困难面前是很容易被蒙蔽双眼、迷失方向的。出去做事情，做得好，有人会为你高兴，也有人会嫉妒打击你，这都是世情常态。成功者就得有能够忍受人家嫉妒打击的心量格局，心中有"浩然之气"。如果自己是一个窝囊的人，就没人要忌妒打击了。

这件事很快就传到了陈秋桂的耳朵里。怎么办？人家已经杀到家门口了，指名道姓地挑衅，要与中泰展开白刃战。

冷静之后，陈秋桂非常明白：没有过硬的产品就会受欺负，再这样下去中泰连最后生存的机会都没有了。虽然这种攻击他人的竞争手段令人不齿，但自家的差距在那里、困难摆在那里，怪只怪自己不争气，这怨不得别人。这件事，多年来一直深深地刺痛着中泰龙的每一位员工，但它也在中泰龙人心中种下了一粒狠抓质量、精益生产的种子。

此次危机使得中泰龙上下都更加深刻地意识到产品质量的重要性，公司全员群策群力，共同为中泰龙的质量万里行走得更稳、更快、更远出谋划策。"第三只眼看产品"的质量大检查由此而生，人人都是"质检员"。此外，在陈秋桂的带领下，中泰龙不断完善自身的品质管理，建立了以"良心质量，道德品质"为核心的质量文化。严把每个生产环节的质量关，打造良品、精品。

产品质量的坚持必须持之以恒。在质量万里行的征途中，也难免会出现疲乏而掉以轻心的情况。由陈秋桂亲自挂帅、自 2005 年开始的"第三只眼看产品"的产品质量大检查，逐渐成为公司的惯例，厂长们也都慢慢地习惯了。大家一起行动，逐一去不同的厂进行例行检查。如果检查出质量问题，厂长就会被罚款。慢慢地，厂长们开始默契地彼此护短，因为谁也难保证在个别时候不会出点什么问题，检查出来问题大家也都心照不宣。这样的例行检查已经实施三年，程序明了，习惯了也就不再那么紧张了。刚开始，被罚的厂长们还十分羞愧，后来慢慢地被罚得多了，大家也就松懈下来。人非圣贤，孰能无过，没必要羞愧至死嘛。

2008 年 8 月的一天，30 多个厂长都到齐了。

大家都在等待陈秋桂的到来，他一出现就可以一起行动，对工厂逐个进行检查。不一会儿陈秋桂的小车出现在公司的门口。

陈秋桂把车停好，下车后径直走到车后备厢处并打开，从中取出了一把大锤。这种大锤，在过去劳作时是普通人经常用的那种铁锤，但是现如今就连厂长们也很少摸过。

有的人先看到了：

"呀，奇怪，陈总手里怎么会提着一把大锤？"

"有可能是谁的产品出了大问题……"有人推测。大家面面相觑，不知道会发生什么事情。

陈秋桂已经扛着大锤走了过来。他看向众厂长："今天，我们在出发前开一个小会。"

众厂长移步会议室，全场鸦雀无声。

只见陈秋桂把大锤往会议桌上一放，轻声说道："从今天开始，这把锤子就跟着我们下工厂去检查了。"他望了望众人，继续说，"最近一段时间，我发现了不好的苗头，有些厂长对罚款这件事泰然处之，明明被罚了好几次，产品质量还是不断地出问题，认为罚了款就没事了。"

不以规矩，不能成方圆。

管理启示

行动是无声的命令，领导的行为对广大员工具有很强的导向作用。一位杰出的领导者，不仅能够正确地运用手中的权力，树立领导权威，还会以身作则、率先垂范，用自己的实际行动激励广大员工扎实工作。

要求员工做到的，自己首先做好；禁止员工去做的，自己首先不做。这就要求企业领导者不仅要具备强烈的工作责任感和事业心，把企业的事当成自己的事来做，为促进企业发展殚精竭虑、不遗余力，还要积极学习企业管理和业务知识。

切实提高自身素质，不断提高执行能力，用实实在在的行动感化和带动每一名员工立足本职、兢兢业业、开拓创新、高效工作。

陈秋桂很严肃，显然有些生气。"今天我买了这把大铁锤，并在这里宣布一个新的规定——我们的'第三只眼看产品'，这个第三只眼现在不是你们，是这把大锤。谁的产品今后出了问题、质量不过关，这把铁锤就会把你做的不合格产品砸烂，并且还要将砸烂的产品堆在你那个厂长办公的地方。一个星期不准撤除，让过来的所有人都知道你做的产品有多差，只配被砸掉！"

说完，陈秋桂提起大锤，用坚定的口气道："好了，现在我们出发！"

据说，从此以后厂长们再也不敢怠慢和松懈，而那把大锤现在静静地躺在公司的展览馆，成了确保质量过硬的象征。正是陈秋桂的"铁血政策"，为企业的产品质量树立了标杆。

"质量锤"的故事不仅成了每个人心中的一把标尺，不让一件不良品流入市场，也让规则意识深入人心。

同年 9 月 26 日，中泰龙迎来了一批特殊的客人。

他们是由广东省标准化研究院副院长李木华，省标准化研究院主任李江虹，顺德职业技术学院刘晓红博士，东莞理工学院家具设计专业王铁球等专家学者组成的"标准化良好行为企业"评审组。他们进驻到中泰龙，开始了为期两天的系统、严格的审核。

"标准化良好行为企业"是指通过建立并完善企业标准体系和优化生产经营的各个环节，从而提高管理基础和生产经营效率，达到提升企业管理水平的目的。

国家标准化管理委员会编辑的《标准化良好行为活动实施指南》中，将"标准化良好行为企业"定义为：按照《企业标准体系》系列国家标准的要求，运用标准化原理和方法，建立健全以技术标准为主体（包括管理标准、工作标准在内的企业标准体系）并有效运行；生产、经营等各个环节已实行标准化管理，且取得了良好经济效益和社会效益的企业。希望获得该称号的企业，其申请经国家标准化管理委员会或地方政府的标准化主管部门，或其授权的单位组织审核确认。具体方式则以审核得分的多少定级：基本分为 400 分，加分项为 100 分，总分为 500 分。根据得分又分为四级：

A 级：基本分 280 分以上。

AA 级：基本分 320 分以上；或基本分 300 分以上，加分后总分 350 分以上。

AAA 级：基本分 370 分以上；或基本分 360 分以上，加分后总分 420 分以上。

AAAA 级：基本分 390 分以上，同时总分 450 分以上；或基本分达 380 分以上，同时总分达 460 分以上。

李木华等人在审核过程中不禁为中泰龙建立的认真且细致的体系标准而感叹——公司按照 GB/T 1.1—2000《标准化工作导则第 1 部分：

标准的结构和编写规则》的要求，建立了以技术标准为主体、管理标准和工作标准相配套的企业标准体系。

此外，中泰龙还收集和制定了多个标准，其中技术标准260多个，管理标准100多个，工作标准140多个；共收集与行业相关的国际标准、国家标准、行业标准60个；产品标准覆盖率100%，采标率达85%。先后收集了包括技术标准、管理标准、工作标准在内的800多项标准，囊括了企业生产、经营、管理所需控制的各类体系的标准文本。

李木华对此的评价是：无懈可击，几乎可以打到500分。鉴于没有满分的惯例，他们给中泰龙打下了490的高分！

两天后，评审组给出了非常满意的答案。

中泰龙以完美的评分成功地通过了"标准化良好行为企业"AAAA级（最高级）水平的认定，成为办公家具行业首家获得该项殊荣的企业，也是中泰龙开展标准化工作的一个重要的里程碑！

"企业从来不缺好的制度，缺乏的是好的执行"，这与陈秋桂重视执行力的观点不谋而合，管理的复杂性正在于此。针对如何把简单的规则坚持下去这一难题，中泰龙化繁为简，在遵循管理规律的基础上，推崇军队式管理，建立起中泰龙军事管理这一文化特色。从强调执行力入手，培养员工的规则意识。在生产线上，对产品质量监督实行员工制度、领导者带头执行等。从统一思想到统一行动，中泰龙在一点一滴中不断强化员工的规则意识，从而逐渐形成标准化的流程操作。在这种强调执行力的氛围下，中泰龙建立起了以技术标准为主体，管理标准和工作标准相配套的企业标准体系，并不断地优化生产经营，创造出一个又一个的辉煌成绩！这些成绩成为中泰龙质量万里行中一个个闪耀的里程碑，并且是一个不断前行、螺旋上升、更新迭代的过程，没有终点。

> 📖 **管理启示**

规则意识是指发自内心的、以规则为行动准绳的意识，分为三个层次。第一个层次是关于规则的知识。拿中泰龙举例，生产线上员工的规则知识就是清楚地知道公司产品质量检查的流程、规定、标准等。

然而，仅仅有规则知识是不够的，更重要的是要有遵守规则的愿望和习惯。这是规则意识的第二个层次。谁都知道产品不合格是不应该的、是违反产品质量标准的，没有哪家企业会鼓励产品不合格，但是为什么产品质量事件还会屡屡发生呢？

这是因为其中有人并没有养成遵守规则的良好意识习惯。因此，重要的不是知道规则，而是愿意并习惯去遵守规则。这一点尤其表现在没有强制性力量阻止违反规则的时候，人们也保有自觉性。古人说得好：君子慎独。君子越是在独处的时候越是严格要求自己。如果没有遵守规则的愿望和习惯，在四周无人监督的情况下，一念之间就可能铸成大错、造成损失，从而后悔莫及。

规则意识的第三个层次是使遵守规则成为人的内在需要，按孔子的话来说就是"从心所欲不逾矩"。在这个层次中，遵守规则已成为人的第二天性，外在规则成为人的内在素质。从规范向素质的转变，对于个人来说，意味着规则不再仅仅是一种外在强制力，而是在某种意义上使人获得了真正的自由。对企业来说则意味着规则已经内化为一套备受认可的标准化流程操作和管理体系。"缘道理以从事者，无不能成。"凡是遵守规则的人，没有不成功的。企业也是如此，内化规则，强调执行，企业才能实现更好的发展。

4.4 增量提质，狠抓质量

2010年，是中泰龙狠抓产品质量的关键性一年。

3月份,陈秋桂率领公司、分公司领导和销售人员两三百人,参加在广州举办的广交会。每年广交会上的家具展,都会因中泰龙的参展而备受瞩目。因为,中泰龙的产品为办公家具行业立下了标杆,在行业中早已久负盛名,具有绝对的领头羊地位。

这次广交会上,国内外客商纷纷握手中泰龙,销售订单如雪片般纷纷飞来。自3月下旬开始,中泰龙的生产车间处处是一片繁忙景象。形势大好、鼓舞人心,激发了生产一线员工的斗志,"大干快上,多出成品"成了生产工人们响亮的口号。可恰在这时,一些人开始飘飘然,于是问题便出来了。

4月初的一天,陈秋桂正在办公室忙着,忽然一个长途电话打了过来,是上海客商王某找他。

王某向陈秋桂开门见山:"我们都一直很信任你们中泰龙的产品,这次是怎么搞的?今天我们刚收到产品就发现了质量问题,简直令人不敢相信!"

"什么问题?请慢慢讲!"陈秋桂诚恳地说。

王某说:"有一张办公桌一边高一边低,在一个水平面上摆不平。"

"有这种事?这显然是最低级的生产问题,但是您放心,我们是绝不允许发生的!"

"还好,我们把高的一头锯了一点解决了问题。明明是新办公桌却要我们自己进行'改造',我心里实在是不舒服,所以来向陈总反映一下问题!"

"王总,我代表公司感谢您提的意见和反映的质量问题!我决定再送您一张同样规格的办公桌,以前的那张我宣布作废,分文不取!"

"陈总,您这样处理我这边反而不好意思了!"

"不好意思的是我们,就这么定了。我通知销售部马上发货给您!"陈秋桂放下电话,立即召开公司生产部门的工作会议,要求员工们自查自纠,并对近期生产产品的质量进行重新检验。

当晚，他亲自主持召开了公司高层管理干部会议。会上，陈秋桂首先对目前生产出现的质量问题进行了反思与总结，并学习海尔，对全员提出"日事日毕，日清日高"的要求。具体的做法是定标准，看数据，找问题，制方案，做监督。

定标准——参照同行。既要超出同行的平均水平，又要紧贴公司的实际情况；既能达到激励员工的目的，又能在努力后大概率地达成目标。标准包括销售的价格，更重要的是包括考核精益管理方面的降本增效。

管理启示

目标激励的具体方法——在物质激励的基础上，重点进行精神激励。必须结合具体条件和具体情况进行激励。

设置适当的目标。激发人的动机，达到调动人的积极性的目的，在心理学上通常称为诱因，即能够满足人的需要的外在物。一般来说，个体对目标看得越重要，实现的概率越大，因此设定目标要合理可行，并与个体的切身利益密切相关。

设置总目标与阶段性目标。总目标可使人意识到工作有方向，而阶段性的目标可使人感到工作的阶段性、可行性和合理性。达到总目标是个复杂过程，过高的目标有时会使人感到遥远或渺茫，影响人的积极性，因此要采取"大目标，小步子"的方法，把总目标分成若干个阶段性目标，通过实现几个阶段性目标来实现总目标。

看数据——实际的完成情况和制定的标准成本的偏差情况。在这个看数据的过程中，还要区分不同的产品，因为产品不同策略也会不一样。老产品根据过去三年的平均销售价格来评价，新产品则根据同行同类产品的销售价格来评价。有些关乎公司战略发展的产品，例如针对类似国家电网、中国核电集团等项目的销售可以有特殊政策，允许一定的亏损（但要设定一个可接受的最低限度），前提是市场部要向董事会提交报告并且有红线设定（亏损幅度越过红线，系统则无法开单）。

找问题——根据数据分析人工费、材料费、机台使用费的业绩目标与达成情况，材料消耗下降的有奖励；针对边角料的利用好坏情况对个人有奖有罚，促进成本总体的优化。产品由营销中心售卖，不光看销售额的数据，还要看利润数据。对于投标项目的销售既有毛利率的要求，也有边际贡献率的要求。总体上由技术中心对外报价，但是财务部门会出具报价的指导性意见。材料的采购也采取在一定时间内进行订单合并采购的策略，以获得经济采购的效益。

管理启示

帕累托法则（Pareto Principle[①]）是朱兰博士在管理学中采纳的思想，认为在任何情况下，事物的主要结果只取决于一小部分因素。这个思想经常被应用到不同的领域，经过大量的试验检验后，被证明其在大部分情况下，都是正确的。

在时间管理方面是指虽然重要的事情只占总体的20%，但是可能需要耗费人们80%的精力去处理。清楚这一点的话，就可以避免将时间和精力花费在琐事上，学会抓主要矛盾。一个人的时间和精力都是非常有限的，想要"做好每一件事情"几乎是不可能的，因此要学会合理地分配时间和精力。面面俱到不如重点突破。把80%的资源花在能出关键效益的20%的事情上，而这20%又能带动其余80%的发展。人们在工作的时候，往往只有20%是重点工作。把自己80%的精力投入这20%的重点工作中，努力做到最完美；剩下的工作则作为次要工作，轻松愉快地去完成，这样才能合理安排自己的工作时间并在工作之余兼

[①] 也被称为"80/20法则""关键少数法则""八二法则"等。该法则以意大利经济学家维尔弗雷多·帕累托的名字命名。帕累托于1906年提出了著名的关于意大利社会财富分配的研究结论，即20%的人口掌握了80%的社会财富。

顾休息和放松。

在公司的产品管理方面，公司总销量的80%由其20%的产品决定，剩下的80%的产品则只会贡献20%的销量。因此在公司的战略中，可以考虑把80%的资源运用在这20%的主打产品中，剩下的产品作为附带品就可以了。

在做库存和材料采购管理的时候，可以将物品分为三类：把占总数20%左右的高价值物品定为A类；占总数70%左右的低价格物品定为C类；A、C之间的20%的物品则定为B类。在库存管理中应区别对待各类物品：A类物品应在不发生缺货条件下尽可能地减少库存，试行小批量订货、每月盘点，或者有了销售订单再下采购单，由公司的主管副总经理审批；C类则定制安全库存水平，进行一般管理，试行大批量订货、年终盘点，统计所有的需求进行合并采购以获得优惠的折扣价格，由负责采购的人员直接进行采购；B类则在两者之间，采取经济批量采购的方式、每半年盘点一次，由部门经理审批。除按价值分类外，还可以根据销售难易程度、缺货产生的后果（重要性）等因素进行ABC分类，或者综合集中因素进行分类。

制方案——根据找到的问题，制定不同的解决方案。对于材料而言，要有严格的出入库管理流程并进行抽检，每月进行一次盘点和核算，用数据说话，同时在数据的基础上确定相应的整改方案。

在业绩激励方面，既考虑销售业绩的提成，也要同销售的利润挂钩，从而改变行业通行只按销售业绩提成却不同利润挂钩的情况。因此，不能再单纯地以出货单作为业绩收入来进行考核。

针对有些项目的销售风险问题，公司销售部门联合法务部，调查和评估经销商的可控性并重新审视和销售商的结算方式。为了实现风险可控，项目式销售的运作在下单时要求预付30%的订单款且发货前要有预付款，以此作为发货额度的前提和基础。

做监督——以上环节能否落地,关键在于监督。人的精力和时间有限,海量的业务和数据不可能依靠人来完成,因此公司于 2015 年上线了 ERP 系统。在系统的加持下,这些环节的落地就变得容易可行了。

管理启示

考评,是指各级组织对所属成员的工作及各方面的表现进行考核和评定。通过考评,及时指出员工的成绩不足及下一阶段努力的方向,从而激发员工的积极性、主动性和创造性。

为了让考评激励发挥最大的作用,在考评过程中必须注意制定科学的考评标准,设置正确的考评方法,提高主考者的个体素质等。

奖罚激励是奖励激励和惩罚激励的合称。奖励是对人的某种行为给予肯定或表扬,使人保持这种行为(奖励得当可进一步调动人的积极性),也叫正向激励;惩罚是对人的某种行为予以否定或批评,使人消除这种行为,也叫负向激励。

奖罚不仅能消除人的不良行为,而且能化消极因素为积极因素。奖惩都是一种强化手段,奖励是对人的行为的肯定,是正强化,属直接激励;惩罚是对人的行为的否定,是负强化,属间接激励。奖励的心理机制是人的荣誉感和进取心理,有物质和精神需要;惩罚的心理机制则是人的羞怯和过失心理。

通常,人是不愿意遭受名誉或经济损失的。与实际情况相符合,即奖罚分明,是正反馈;奖励或惩罚不符合实际情况、不公平,是逆反馈,会适得其反。因此,在实施奖罚激励时要尽量做到与实际情况相符。

"众所周知,管理需要科学化,科学化需要进行制度化,制度化需要规范化,而规范化离不开清晰的流程。所以我们要建立简洁清晰的流程,将流程落实到相关的管控表单,通过信息系统将表单固化下来。"

陈秋桂认为最重要的就是"闭环流程",无论是一线的生产还是管理，凡事都要善始善终，从计划、执行、检查、反思巩固四个流程进行自检与管理。

首先，计划是做任何事情的第一阶段，需要根据顾客的需求，摸清用户对我们产品的质量要求。同样都是办公家具，不同行业、不同客户对质量的细节要求也不相同。了解客户的质量要求是基础也是重中之重，能够帮助我们确定质量政策、质量目标和质量计划等。

其次，明确好计划后需要切实落实即执行。在了解客户质量要求、制定相关的质量目标与计划后需要进行落实。我们要按照预定的计划、标准，根据已知的内外部信息，设计出具体的行动方法、方案，这个过程需要同级以及上下级积极沟通，以便更加高效地执行。

再次，执行后的检查是关键步骤，能够确保每道工序、每个产品质量过关，放心交付给客户。每道工序结束后都需要操作员进行自查，早发现早改正，而不是认为检查只是管理员的任务，越早发现问题，解决的成本越低。

最后，根据检查结果进行反省，即反思巩固。有问题的地方需要及时采取相应的措施，优秀的地方要及时归纳总结经验方法、巩固成绩，把成功的经验尽可能地纳入标准，进行标准化，并且借助信息系统将这些信息进行录入。

为了将质量优先的意识和理念落实到行动上，在陈秋桂对质量优先的内涵进行了详细阐述后，参会人员对接下来的工作重点都有了较为明晰的方向，并且决定将5月作为"质量月"进行示范，并提出"增量提质"的生产口号以鼓励全员。

一个月期满，中泰龙收到了巨大的经济效益和社会效益，客商纷纷来电，对他们表示称赞。

为了检验生产工艺、展示过硬的产品质量，在陈秋桂的号召下，公司乘势而上，成功地举办了质量月成果分享会，使公司的员工和客商进一步亲身感受到了中泰龙的诚信保证和质量意识。

有人说,产品的品质,就是企业的品质,更反映了企业老总的品格。此话不虚。

星光不问赶路人,时光不负有心人。

2010年2月6日,当陈秋桂的父亲打来电话,关心地问他公司今年全年的"收成"如何时,陈秋桂从办公椅上一跃而起,自豪地说:"这一年,我们不断扩大生产规模,还以过硬的品质实现了产销两旺!爸,您还记得吗?当年您在耒阳城里办家具厂时,就给我讲过:质量是产品的生命,产品是企业的命脉。我们公司始终就是这样,将产品质量摆在各项工作的首位。2010年,为了夯实'中国派'品牌体系,我们进一步从产品的源头抓起,无论是原材料的采购,还是产品的制造过程,我们都凭借坚实的行动赢得了市场的赞誉。今年年初起,我们就在科学分析市场前景的基础上,持续扩大生产规模,在东升镇适时地增加了文件柜与台面两个专业的生产基地,并成功实施了战略调整、优化管理、工艺改良、技术革新等,实现了全年生产总值在2009年的基础上的大幅增长!这大大超出了年初我们制定的计划。"

这一年,中泰龙在员工人数仅增加400人的情况下,公司的生产总值与三年前相比增长了一倍多,又一次在中国办公家具行业谱写了神话,而这一切离不开陈秋桂在企业飘飘然时,及时将西方的PDCA(Plan—Do—Check—Action)循环法[①]与公司实际情况相结合,提出了具体、切实可行的管理思路与流程,为企业打下一针强心剂。

📖 管理启示

PDCA循环法是全面质量管理的思想基础和方法依据,将质量管理分为四个阶段,即计划、执行、检查和处理。

P(Plan)即计划——确定方针和目标以及制定活动规划。

---

① PDCA循环法是美国质量管理专家沃特·阿曼德·休哈特(Walter A. Shewhart)首先提出的,由戴明采纳、宣传,获得普及,所以又称"戴明环(Deming Circle)"。

D（Do）即执行——根据已知的信息，设计具体的方法、方案和计划布局；再根据设计和布局，进行具体运作，实现计划中的内容。

C（Check）即检查——总结执行计划的结果，分清哪些对了，哪些错了，明确效果，找出问题。

A（Action）即处理——对总结检查的结果进行处理，对成功的经验加以肯定，并予以标准化；对失败的教训也要总结，引起重视；对于没有解决的问题，应提交给下一个PDCA循环去解决。

以上四个过程周而复始地进行，一个循环完了，解决一些问题，未解决的问题则进入下一个循环，整体呈阶梯式上升。这一工作方法是质量管理的基本方法，也是企业管理各项工作的一般规律。

陈秋桂在PDCA的基础上进一步对公司的全体员工提出了更高的要求：无论是管理层还是一线员工，都要做到今天完成的事情必须比起昨天有质的提高，明天的目标必须比今天更高，不断地改善和提高。只有公司全体上下共同努力，把"日事日高"作为工作宗旨，公司产品才能越做越好，才能立于不败之地。

管理启示

"日事日毕"和"日清日高"是海尔把国外精益生产的及时作业（Just in Time，JIT）和全面质量管理的戴明环用中文进行的解释和实践，并通过在企业中的完美运用与发扬光大而衍生得来。

对于"日事日毕、日清日高"管理模式的具体运用，海尔有"三个管理原则"和"九个控制要素"。

所谓三个管理原则，即"闭环原则，螺旋上升"——凡事要善始善终，plan（计划）、do（实施）、check（检查）、action（行动）；比较分析原则——与自己的过去纵向对比，与同行业国际先进水平横向对比，没有比较就没有发展；不断优化的原则——根据木桶理论，找出薄弱项并及时整改，提高系统水平。

九个控制要素包括"5W3H1S"。"5W"包括 why（目的）、what（标准）、where（地点）、who（责任人）、when（进度）；3H 是指 how（方法）、how much（数量）、how much cost（成本）；1S 则是 safety（安全）。

良好的控制是管理的重要内容，也是企业成功的必要条件。没有管理控制，就没有止动力来防止小球的下滑，企业也就不可能成功。同时，管理控制又是一件非常艰苦而又细致的工作，其水平的高低直接关系到处于斜面的企业是否会下滑。好的管理控制方法可以作为强有力的支撑点，使企业稳居斜面之上甚至还会对企业的上升形成推动力。因此管理方法在需要加固的同时还应当随着企业的发展而更好地提高。在管理控制上，海尔的口号是"练为战，不为看"，一切服从于效果。配合信息化，将"日事日毕""日清日高"的控制循环落实到每一件事和每一个细节上，遵从管理科学化、科学制度化、制度规范化、规范流程化、流程表单化、表单信息化。

4.5 万般皆下品，唯有质量高

> 赢在起跑线。
> 优秀的结果需要优秀的过程来支撑。
> 结果导向，数据支撑。
> ——2013 年初，陈秋桂在做企业发展报告时讲到的
> "三大管理思想"

从 1983 年到 2013 年，在中国办公家具的版图上，中泰龙通过 30 年的努力成功地占领了行业的制高点，奠定了其领先地位。步入 21 世

纪的前10年，随着大环境的变化，家具行业由原来注重零售渠道转向工程战略渠道，倒逼整个行业通过降低成本来获得竞争优势，并推动信息的交流互通以及风险控制能力的提升。与此同时，工程市场的采购比起零售市场也更加专业，因为零售市场的客户相对来讲是出于感性消费的驱动，而工程市场的采购则是理性型的购买。所以中泰龙在战略方向上也有所转变——及时洞察市场，把握工程市场的机会，工程订单的销售占比逐渐上升至公司总销售额的70%～80%。公司在做增量的时候也没有放弃存量市场，原来的传统零售模式占比只是缩减到20%～30%。

众多的工程订单对中泰龙而言有利也有弊。

有利的一面在于可以帮助中泰龙一步步走向规模化、批量化、集中化的大体量采购、生产，达到规模经济、节省成本，同时抢占更大的市场。规模经济是当企业的产量规模达到一定水平后，生产要达到或超过盈亏平衡点。由于各生产要素的有机结合产生了"1+1>2"的效应，平均成本呈现下降的趋势，经济效益提高。因为任何生产都是有成本的，一般包括固定成本和可变成本。要达到盈利，必须使得销售收入大于生产成本，而这其中的固定成本是不变的，所以生产得越多，分摊到单个产品中的固定成本就越少，盈利就越多，比如流水线大规模生产就是规模经济的典型体现形式之一。

有弊的一面则在于交期不确定，因为工程进展的问题，导致有的订单在下单一两个月后客户都不一定来提货，而有的订单仅在下单几天之后客户就来催货。一旦出现紧急订单，工厂就不得不面临临时插单、排产的局面。

日益增长的多品种、小批量的工程订单给生产线的运转带来了不小的压力，规模不经济[①]的效应突显。为了抑制这种规模不经济状况的蔓

---

① 规模不经济与规模经济相对应，指因生产规模扩大而导致单位产品成本提高的现象。当生产规模扩大时，开始为规模经济阶段，继而为规模经济不变阶段。若继续扩大生产规模，在超过一定限度之后，便会产生种种不利，使同种产品的单位成本比原来生产规模较小时有所提高，从而形成规模不经济。

延，工人们一门心思地赶工、赶货。由于频繁地换线，忽略了对质量的把控；为了完成订单任务，品质控制的步骤能省则省，这也致使产品的质量一度下滑。在这种频繁换线赶工的状态下，所有人都没想到竟会造成如此大的损失。

2013年的某月，售后部门办公室的电话每天从早到晚都"丁零零"地响个不停，反馈品质问题的来电一个接一个。

售后处理员小王刚完成一批问题产品的记录，说道："刚刚又接到了经销商们对一批油漆发白产品的投诉，这个月已经接到不少关于这批产品的投诉了。"

"没错，不仅是经销商反映这批油漆产品的市场反应不好，各个大区受理的投诉也不少！"另一个客服小李接话道。

售后部门经理一看今天的订单反馈，当机立断让部门人员围绕这批油漆产品做一个简单的总结报告，然后及时向上级进行反馈说明。

第二天，陈秋桂的办公桌上摆着一份关于油漆类产品售后反馈的情况报告。他一看报告，立即决定召开公司生产部门的工作会议，要求员工们自查自纠，立即对出现问题的生产线进行整改，并对近期生产的产品质量重新进行检验。随即，公司便联系广大经销商及下属门店，追溯到每一末端，紧急召回了这批问题产品并进行货物更换。中泰龙以迅速的行动，尽力挽回自身的品牌形象。

"万般皆下品，唯有品质高。中泰龙还能承受几次这样的事后补救呢？没有一个专门的质量检测部门，就难以第一时间察觉到产品的纰漏。"陈秋桂这样想道。

经过这次事件，在陈秋桂的极力推动下，2013年7月12日，公司的质监部门正式成立。以此为契机，中泰龙召开了品质大会。在会上，陈秋桂向众人强调："质量是产品的生命，是产品的安身立命之本。一旦出现产品质量问题，就会对我们的品牌造成很大的损失，也会对市场产生很大的影响。我们花费了这样大的代价才得以挽救这次的损失，难道大家还没有意识到'产品的质量就是企业的生命'吗?产品质量要永远摆在各项工作的首位!"

这天,公司展览馆中那把冷冰冰、硬邦邦的"质量锤"第一次被动用。

陈秋桂率先抡起大锤亲手砸下了第一锤,紧接着,他便下令砸掉所有有缺陷的油漆产品。生产线上的员工们看着砸碎的产品内心十分震撼,真真切切地感受到了公司对问题产品零容忍的坚持和"零收一退"的质量态度。

与此同时,他也要求质监部立即组建调查小组,围绕这次油漆发白的产品展开详细调查、查明原因。通过调查发现,这批问题产品产生的主要原因有两个:一是油漆的问题,可以通过更换油漆来解决。二是原材料的储存问题,由于工人们在赶工时省略了很多流程和环节,并且保管时操作不规范致使板材含水量过高。以上两点可以都归结为员工质量意识不到位、材料的储存不规范。

看到调查结果,陈秋桂感叹道:"做任何一个行业,材料的重要性不言而喻,没有好的材料,再好的工艺也做不出好的产品。除去材料,加工过程、仓储环节也要高度重视。这几个环节,可谓环环相扣。"

针对这次油漆发白的事件,陈秋桂并没有到此为止,也没有把"经济惩罚"这一管理的传统手段用上。他充分利用这次机会,顺势提出"全员、全面、全程管控质量"的质量管理方针,将管理理念渗入每一个员工心里,再将理念外化成制度。他不仅大力促成中泰龙的质监部牵头制定了公司的质量管理制度、继续强化原材料源头管理、加大加工过程质量管理力度,也进一步完善了流通环节和仓储管理。将安全管理的"四个不放过"用到了中泰龙的品质控制上,即发生品质问题后原因分析不清楚的不放过;品质问题的责任者和群众没有受到教育的不放过;品质问题没有整改措施的不放过;有关主管和责任者没有追究责任的不放过。

在接下来的一个月里，陈秋桂又发动和主持了一个又一个的会议和质量月成果分享会，讨论主题非常集中："我这个岗位有质量隐患吗？我的工作会对质量造成什么影响？我的工作会影响到谁？谁的工作会影响到我？从我做起，从现在做起，怎么提高质量？"在讨论中，大家相互启发、相互提醒，进行了深刻的内省与反思。这种讨论也为中泰龙日后推进精益生产打下了基础。

坏事的发生往往是问题长期积累后的爆发，因此将问题消灭于萌芽阶段最为省力，做好源头的把控能更好地减少质量成本的损失、保证产品的高质量。同样地，"产品质量零缺陷"的理念也得到了广泛认同、形成口号标语，并通过数据量化来评估产品质量，以此进行分析改善，做好产品的质量把控。陈秋桂提出的质量箴言深深地印在每个中泰龙人的心中，从此，中泰龙从上至下面貌焕然一新。

📖 管理启示

质量成本是指企业为了保证和提高产品或服务质量而支出的一切费用，以及因未达到产品质量标准，不能满足用户和消费者需要而产生的一切损失。质量成本一般包括：为确保与要求一致而做的所有工作叫作一致成本，以及由于不符合要求而引起的全部工作叫作不一致成本，这些工作引起的成本主要包括预防成本、鉴定成本、内部损失成本和外部损失成本。其中预防成本和鉴定成本属于一致成本，而内部损失成本和外部损失成本，又统称为故障成本，属于不一致成本。

具体而言，预防成本是检验费用和为减少质量损失而发生的各种费用，是在结果产生之前为了达到质量要求而进行的一些活动的成本，它包括质量管理活动费和行政费、质量改进措施费、质量教育培训费、新产品评审费、质量情报费及工序控制费；鉴定成本是按照质量标准对产品质量进行测试、评定和检验所发生的各项费用，是在结果产生之后，为了评估结果是否满足要求进行测试活动而产生的成本，包括部门行政费、材料工序成品检验费、检测设备维修费和折旧费等。故障成本是在结果产生之后，通过质量测试活动发现项目结果不满足质量要求，为了纠正其错误使其满足质量要求发生的成本，分为两部分：内部损失和外部损失。内部损失是指产品出厂前的废次品损失、返修费用、停工损失和复检费等；外部损失是在产品出售后由于质量问题而造成的各种损失，如索赔损失、违约损失和"三包"损失等。上述概念也可用公式表示为：质量成本＝预防成本＋鉴定成本＋内部损失成本＋外部损失成本。

"产品质量零缺陷"的理念是六西格玛①管理中流程改善的重要工具，瞄准的目标有两个，一是提高顾客满意度。以顾客为中心关注顾客需求，通过提高顾客满意度来占领市场、开拓市场，从而提高组织的效益。二是降低资源成本。降低资源成本，尤其是不良质量成本损失。强调"用数据说话""依据数据进行决策"，通过DMAIC改进方法，即定义质量定义（Define）、数据衡量（Measure）、数据分析（Analysis）、质量改善（Improve）、质量控制（Control）来实现。

"改进一个过程所需要的所有信息，都包含在数据中。"另外，它通过定义"机会"与缺陷、计算机会缺陷数（Defects Per Opportunities，DPO）、每百万次采样数的缺陷率（Defects Per Million Opportunities，DPMO），测量和评价产品质量，把一些难以测量和评价的工作质量和过程质量，变得像产品质量一样可测量和用数据加以评价，有助于获得改进机会，达到消除或减少工作差错及产品缺陷的目的，对失误零容忍从而追求完美、追求卓越。

4.6 良心质量，道德品质

"要做就要做成行业的质量标杆！"陈秋桂不止一次向中泰龙员工

---

① 六西格玛，即6σ，指换算为百万分之3.4的错误/缺陷率的流程变化（六个标准偏差）尺度。

强调公司的质量标准。以点带面，自上而下地引领公司进行品质建设。

在质量管理中，逐步达成了通过中泰龙实验室开展对新产品、库存产品及原材料的检测；由质量监督管理事业部制订质量标准及管理制度，监督各工厂生产线质检工作的运转情况；各生产事业部及工厂生产线承接对原材料的质检、制程检验及成品检验的质量管理体系。而且公司定期举行"质量行动月"，由全体员工亲手砸毁存在质量问题的产品，时刻灌输"零收一退"的质量态度。

此外，每月举行质量综合评比活动，通过质量分数、质量分析报告、质量牌及质量红旗等形式，客观地展现每条生产线当月的质量情况。

除了严格的质量管理工作之外，坚持开展"产品质量大比武"活动，每个月由生产部门的相关人员组成质量控制（Quality Control，QC）小组对产品采取现场抽样检验；每两个月再由销售部派出业务经理代表以及生产部门管理员等，以消费者的身份对产品质量进行极为苛刻的现场检验，并现场分析、现场评定，对前三名和后三名分别实施奖惩。通过种种行之有效的方式，产品品质变得更加稳定，为生产一线提供了有力的产品质量保障。

公司长期以来注重标准化管理，中泰龙在品牌及资质认证上投入了大量的人力和物力，共取得相关体系及资质认证二十余项；拥有各项专利 2000 多件，处于行业领先水平；部分资质（如绿色供应链 5 星证书①）为行业唯一获得该资质的企业。众多的资质认证，体现了公司身为行业龙头的责任的同时，也为后来的企业起到了带头作用。

技术创新方面，中泰龙在原材料应用、产品工艺改良等方面均取得

---

① "绿色消费与绿色供应链联盟"以在全社会倡导和推动绿色消费，形成节约资源、保护环境的生产生活方式，促进环境质量改善为根本目标和宗旨；在绿色消费及绿色供应链领域，为推动政府、企业、社会与公众对话和交流搭建桥梁；为促进产、学、研信息共享，技术研发与创新构筑平台；为国内外经验交流、成果展示与分享提供窗口；为推动生态文明建设和绿色发展发挥积极作用。中国环境标志对政府绿色采购和印刷行业绿色发展也起到了积极推动作用，2016 年制定并发布了《绿色供应链管理体系技术规范》《绿色供应链外部供方评价指南》《绿色供应链组织绿色评级标准》以及《绿色供应链绩效评价指南》等四项国内首批绿色供应链管理系列标准和技术规范。

了良好的经济效益和社会效益。尤其是针对产品异味的问题，公司通过认真分析，找出原因，大胆对德国技术的设备进行改进，从而使产品异味得到了很好的控制，使业内的顽疾得到了有效的改善。为了给新技术、新工艺、新方法的应用保驾护航，公司健全了各项规章制度，构建了完善的内外部技术评估体系。与此同时，公司还制定了规范、实用的管理制度，努力将技术创新计划落到实处。

一直以来，中泰龙积极参与国标、行标的起草和修订，目前已参与起草和修订的国标、行标多项，并且取得了30多项采用国际产品标准的认可，是行业当之无愧的领航者。

在"成为办公家具领航者"愿景的牵引下，公司成立了标准技术委员会，逐步搭建并完善了各类标准及规范，取得了良好的成效。公司通过持续的技术创新获得了行业的高度认可，获得"创标准化良好行为AAAA级企业""中山市企业技术中心""中山市工程技术研究开发中心""广东省民营科技企业"等称号。也被全国质量监管重点产品检验方法标准化技术委员会（TC374/WG30）聘为"家具产品检验方法专业工作组"委员、广东省专业标准化技术委员会"家具制造标准化技术委员会"委员，并担任副秘书长单位。

管理启示

责任意识是一种自觉意识、一种传统美德；责任意识是一种能力，也是能力的一种体现形式；责任意识是一种精神，更是一种品格；责任意识就是面对自己可能并不喜欢的工作，毫无怨言地承担并认认真真地做好，这就是责任。

中泰龙为了承担起领导者的责任，努力实现着办公家具领域领航者的愿景。坚持技术创新，瞄准标杆，争做行业领航者，自觉地完成了自身应当完成的工作，既体现了能力，也体现了企业精神；以市场需求为导向，研发高附加值产品，并将其转化为能推动企业经营进步的优质产品；以推动行业技术进步和产业升级为己任，整合行业优质资源，引领行业进步。

4.7 功不唐捐，玉汝于成

品质是企业的生命线。

形象地说，产品没有好质量，恰似人没了骨架，想立也立不起来；没有持续的好质量，恰似园中花，今日娇艳无比，一场雨来，明日就花瓣四散，散落凋零；没有持续稳定的好质量，也势必难以支撑下去，一旦出现严重的质量事故，就会像江边堤线，一个缺口，全线崩溃，一泻千里。

在目前"质量时代"的大环境下，中泰龙以导入首席质量官制度为契机，不断提升全员质量管理意识，充分发挥质量管理的优势，对质量管理体系进行梳理与升级，努力打造家具制造业的质量管理标杆企业，打造出从源头到成品严格控制质量的质量监测体系。

早在2013年，陈秋桂便极力倡导成立质量监督管理事业部，同时在每个品牌与工厂分别设置质监部和品质部，形成"产线+总部"双监督的行政交叉质量管理线，严格把控从源头的材料采购到成品检测的每个环节。

在材料采购方面，中泰龙要求质量板块的材料必须符合国标甚至达到E0[①]级的行业标准，这也是公司的底线所在。公司统一以E1级板材、环保水性漆、环保胶粘剂等为主要原材料。主要原材料和半成品经

[①] 新国标GB/T 39600—2021文件规定了室内用人造板及其制品甲醛释放量的分级要求、试验方法以及判定规则。该标准将室内用人造板及其制品的甲醛释放量按照限量值分为3个等级，即E1级（$\leq 0.124mg/m^3$）、E0级（$\leq 0.050mg/m^3$）和ENF级（$\leq 0.025mg/m^3$）。E0级标准直接对标美国CARB-NAF标准（甲醛值0.04~0.06ppm），而新国标的标准是E0级为$\leq 0.050mg/m^3$，可以看出新国标E0级已经超过了美国CARB-NAF标准。

中环联合北京认证中心（中国环保部下属单位）现场抽样做甲醛、TVOC[①]、重金属检测。只有甲醛、TVOC及重金属含量均低于标准水平，才表明产品对消费者来讲是安全的，不会损害消费者的健康。

由于中泰龙对材料的质量标准要求很高，加上严控加工和生产质量，产品的失效成本[②]很小，所以公司产品的质量不但不比其他厂家差，而且也能有效控制成本。对于一些报价很低的订单，如果使用市场上的便宜材料，公司其实也可以做，但是这类订单产品不可能通过质检部的检验，所以公司根本不会采购这类便宜的材料进行生产。

对于原材料的检测，每一批原材料都会进行目视，从物理、目视化、测量上完成粗略的检测。除此之外，总部与工厂同时会对原材料随机抽取样品送原材料实验室检测。随后，生产工厂每个车间、每个工序之间都有班组长或品质部进行质量监督。同时，采购部也会在车间不定期巡查，询问工人材料是否存在问题、是否有使用异常等现象。生产完成后，成品包装前工厂还会统一组织验收，质监部、实验中心会不定期地抽检成品。最后，在产品发给客户之前还会拆包检查一次。

中泰龙拥有先进的制造和实验设备，配备了国际一流水平的科研检测设施，建立了高标准、通过CNAS认证的实验室。公司下设"中山市龙鼎家居科技有限公司"，拥有自主开发智能制造装备和智能制造系统的能力。为"良心质量，道德品质"的打造提供了强有力的支撑及保障。

公司持续深化"良心质量、道德品质"的品质理念，集采部不断改进采购方式，加强原材料的质量监督。质监部不断完善质量检验标

---

① 室内空气品质采样分析中所有室内有机气态物质的总称。TVOC具有刺激性气味,有些化合物具有基因毒性,能引起机体免疫水平失调,影响中枢神经系统功能,出现头晕、头痛、嗜睡、无力、胸闷等自觉症状;还可能影响消化系统,出现食欲不振、恶心等,严重时可损伤肝脏和造血系统,出现变态反应等。

② 失效成本包括内部失效成本和外部失效成本。内部失效成本是产品出厂前因不满足要求而返工等支付的费用。外部失效成本是指产品出厂后因不满足要求,导致索赔、修理、更换或信誉损失而支付的费用。

准，优化质检人才队伍，强化对原材料、半成品、成品、外协品的质量监督，产品品质得到了持续的提升和改善。公司加大了产品的抽检力度，每月的质量评比总结大会可以让员工不断提高产品质量管理的意识，把产品质量视为企业生命的理念已经深入人心。基于此，公司成为中山市"质量强市"的标杆企业。尤其值得肯定的是，2018年公司成功获得"中山市政府质量奖"荣誉称号。

2019年6月，广东中泰龙集团在总部举行了首席质量官制度建设启动大会，质监部总监陈尹山被任命为"中泰龙集团首席质量官"，成为中山市企业首位就职宣誓的"首席质量官"。在全体员工的共同见证下，中泰龙集团首席质量官制度建设正式启动。这意味着中泰龙产品质量由质量管理升级为质量运营；由企业内部监控升级为社会监控，是企业更坚定地履行产品质量责任的一种承诺。

质量是企业的生命，是管理者的使命，是全体员工的职责，质量管理之路任重而道远。每个人都在为中泰龙的梦想添砖加瓦！

管理启示

道阻且长，行则将至，行而不辍，未来可期。成功的道路险阻而又漫长，但只要坚持不懈地走下去，就一定能够到达目的地。认准目标做好自己，坚持下去，或许前路未必光明坦荡，但也一定充满无限可能。

第 5 章　精益求精

> 精益成功的基石是精益文化,要求领导清楚地认识并高度重视,精益文化是企业的软实力。
>
> ——陈秋桂对"精益"的认识

5.1　力排众议,推行精益

40 年来,中泰龙从小企业做到如今的龙头企业,经历了无数的风风雨雨,终于登上了行业的高峰,为实现"中泰龙梦"打下了坚实的基础。然而,随着时代的发展,由丰田所带动的精益生产风潮也渐渐出现在中泰龙眼前。要迎着风潮而上、顺应潮流而动,还是因循守旧、维持现状,成为摆在企业面前的重要抉择之一。

当初集团决定做精益管理时,尚有些摇摆不定——担忧对公司的冲击较大,员工适应不了,造成人员流失。因此,公司里有相当一部分员工,包括高层都对精益模式能否在中泰龙成功顺利推行持怀疑态度。

但陈秋桂认定精益一定是一套成功的管理体系。按照以往的经验,他对事情的界定和解释通俗易懂、眼光独到,管理人员也很喜欢听他讲话并学习他的思想,故而经过多次开会讨论,公司正式决定开始推行精益生产。

管理启示

精益生产（Lean Production，LP）是通过系统结构、人员组织、运行方式和市场供求等方面的变革，使生产系统能很快适应用户需求的不断变化，并能使生产过程中一切无用、多余的东西被精简，最终达到包括市场供销在内的生产的各方面取得最好结果的一种生产管理方式。其本质就是用更少的成本去获取更多的产出，凭借准时制①生产方式和全员参与去实现，使得企业的竞争力得到提高。

精益生产的"八大浪费"有：等待浪费、搬运浪费、不良浪费、动作浪费、加工浪费、库存浪费、管理的浪费、制造过多（过早制造）的浪费。

等待浪费（Waiting）——由于生产原料供应中断、作业不平衡和生产计划安排不当等原因，员工不能为客户创造价值，等待上级的指示、等待下级的汇报、等待对方的回复、等待生产现场的联系而造成无事可做的等待浪费。

搬运浪费（Transport）——流程中物品需要在距离较远的地方进行搬运（比如对成品、半成品、辅料、包材等）而造成的资源浪费（比如人力、物力、时间等）。

不良浪费（Defects）——处置工厂内的不良品所需要花费的额外的时间、人力、物力。具体包括：材料损失、不良品变成废品；设备、人员和工时的损失；额外的修复、鉴别、追加检查的损失；需要对产品做降价处理，或由于耽误出货而导致工厂的信誉受损。

动作浪费（Moving）——生产线中的两手空闲、单手空闲、作业动作突然停止、作业动作过大、左右手交换、步行过多、转身的角度太

---

① 准时制（Just in Time，JIT）生产是指，在所需要的时刻，按所需要的数量生产所需要的产品（或零部件）的生产模式，其目的是加速半成品的流转，将库存的积压减少到最低的限度，从而提高企业的生产效益。

大，移动中变换"状态"、不明技巧、伸背动作、弯腰动作以及重复动作和不必要的动作等，造成了时间和体力上不必要的消耗。

加工浪费（Over Process）——多余的加工和过分精确的加工，例如实际加工精度过高造成资源浪费、多余的作业时间和增添辅助设备，以及生产用电、气压、油等能源的额外增加，另外还造成了管理工时的增加。

库存浪费（Inventory）——没有合理地安排生产量的同时，没有根据市场需求来生产加工产品，导致受众不大的产品在持续生产，并有大量的产品堆积在仓库，导致库存过多，浪费了仓库的存储空间。

管理的浪费（Intelligence）——制造现场没有良好的管理人员和管理制度。管理的目的是让工作人员和生产设备处于一个良好的工作状态下，处理问题使其得到有效解决，从而提高生产效率。若不能精细化管理，实施效果就会不尽如人意。很多时候，这种浪费是管理人员导致的。

制造过多（过早制造）的浪费（Over Product）——制造过多或过早制造，提前用掉了生产费用，不但没有好处，还隐藏了等待所造成的浪费，失去了持续改善的机会。有些企业由于生产能力较强，为了不浪费生产能力而不间断地生产，增加了在制品，使制品的生产周期变长、堆放制品的空间变大，还增加了搬运、堆积的浪费。此外，还会带来庞大的库存量，使利息负担增加，不可避免地增加了贬值的风险。

2017年10月19日，中泰龙精益管理的启动大会隆重举行。此次大会由中泰龙集团精益管理推行委员会主办，整合3A公司的顾问资源。董事长陈秋桂等16位集团领导均出席了本次大会，集团全体员工参会，充分体现了精益管理全员参与的精神。会上，陈秋桂再一次强调精益管理是公司的重要战略举措，是制造业的必经之路，精益一定能够助力中泰龙成为行业的标杆，实现中泰龙新十年的梦想。精益管理启动大会激励着全公司员工身体力行、脚踏实地地推行精益。

以前的中泰龙,生产模式比较粗犷,对生产成本、经营收益也没有过分关注。此次中泰龙引入精益生产方式,可以通过核算工时成本、优化流程、优化设备利用率、减少劳动消耗、精准动作等方案去施行。公司引入外部3A咨询管理公司,在各生产板块驻点、开展精益优化工作并给予建议进行逐步改善,培养精益生产的思维和意识。在3A公司的建议下,中泰龙也鼓励各部门着手撰写中泰龙《精益手册》,将公司各个部门各个岗位这些年来在精益生产上的经验进行总结、传承和传播。具体包括:材料改善、协同供应商;改善工作流,衔接从订单到物料分解,从排产计划再到采购和仓库等各个环节。以前是大批量的自主排产,而现在由于市场、消费者需求的变化,将更多地以客户需求为导向进行拉式生产①。

引入了精益管理之后,公司开始实行目视化管理、规划路线等。现场的精益主要依靠员工的自觉并与其工资考核挂钩。后期则要求各部门都要提出改善方案,包括但不限于产品的生产工艺、设备、环境等。每3个月进行一次"精益之旅"(访问兄弟厂、丰田、五金厂等),通过互相观摩、学习来不断提高自己。此外,从基层的精益感想中提炼编写了《精益手册》并对其不断完善、修改、进行版本升级。

在精益改善措施推行后,搞出了简单的物流台车线,还申请了实用新型专利并投入了几万元进行研发。从厂长、主管到员工都不断地做测试,效率提升明显——从开料到木工贴好木皮的效率提升了一倍,由原来3天完成1批货到现在最多一天半就可以干完;把4个小时的冷压提

---

① 拉式生产是指在储备一定的成品和工序的条件下,根据需求由后向前层层拉动每道工序生产,从而达到按时按量提供所需产品。通过需求拉动式的组织方式可以逐步消除无效生产,压缩库存储备,降低生产成本,更加及时和有效地满足市场需求的变化,不断改进和完善系统运行方式,从而逐步达到精益生产的要求。与拉式生产相对的是推式生产,即按照MRP的计算逻辑,各个部门都按照公司规定的生产计划进行生产,上工序无须对下工序负责,生产出产品后按照计划把产品送达即可。推式生产不符合准时生产方式(零库存)的要求,会产生很多重大"浪费"。

升为现在的热压,极大地缩短了等待时间,打通了生产线瓶颈。此外,为了减轻包装人员的劳动强度,投入了四五十万元引进了自动包装线,将原先需要三条包装线包装的物品都集中到一个地方进行包装,既降低了包装人员的流失率,也对扩张生产线瓶颈工序的产能起到积极的作用,效果显著。

通过推行精益,对"企业强盛,员工幸福,担得起社会责任"的中泰龙梦的实现又向前迈了一大步。

5.2 刻苦钻研,全心全意为工厂

> 所有成功的大道理都来自众多的小道理。
> ——陈秋桂谈成功的秘诀

中泰龙的精益改善工作正是由"众多的小道理"堆积起来的成功。正如陈秋桂所言:"做精益工作只靠某个人是做不好的,一定要让全体员工都参与进来,每天坚持,才能做好。"

企业在推行精益管理策略时,如何引导全体员工积极踊跃地参与,是一个非常值得讨论的问题。这其中,组织承诺起到了非常关键的作用。

组织承诺是指个人对所属组织的目标和价值观的认同、信任以及由此带来的积极情感体验,是一种重要的员工态度变量,对工作绩效产生重要的影响。陈秋桂深刻地认识到这一点,因此在改善过程中,鼓励管理层下到生产线,和一线工人一起发现问题、解决问题。

在陈秋桂鼓励员工终身学习、全员参与、大力推行精益生产的氛围下,员工们都对中泰龙未来的发展充满了信心。大家认识到只有对产品的品质做到精益求精，才能够提升中泰龙产品的口碑，从而实现自身在中泰龙的价值，其中电工小石的事迹就是优秀的全员设备管理（Total Productive Maintenance，TPM[①]）改善的案例。

2004 年，还是一个青年小伙儿的小石，以优秀的电工技术被当时的领导邀请加入中泰龙，成为地板厂的一名电工。转眼 15 年过去了，如今他已经是木皮加工中心电工组的组长，和自己的团队一起完成了对木皮加工中心流水线生产的自动化改造；2018 年，在精益生产思想的指导下，完成了对砂光机的改造，参与电工房的整理、整顿，大大提高了工作效率，其工作成果在员工之间广为传扬。

能做出这一系列的成绩并不容易，小石回忆道，那时候为了减轻工人们的劳动强度，提高生产效率，他们团队齐心协力，每天不断地研究和攻破各项技术难题。用了三年的时间，自主研发了各种机器设备，初步建立起了全国首家木皮加工流水线作业的生产模式。

"在流水线的改造过程中，记忆最深的一件事情是对光电开关的改造。"小石说。最开始设计光电开关是想用简单一点的方式来实现自动控制，但后面发现控制效果达不到实际的生产要求。于是又进一步地改善，对光电开关进行了多次升级和实验，又花了一个星期的时间才最终设计成功。对砂光机的改善也充满了艰辛。砂光岗位员工工作强度大、招工难，人工接板的工作效率很低。为了解决这个问题，在厂领导的指导和信任下，小石带领自己的电工团队开始了对砂光机实行自动化操作的改善。最终他的团队以扎实的电工技能，通过十多天的技术攻关，成功研发出了自动化接板砂光机，大大提升了工作效率。

"自动化接板砂光机的整个改造过程看似只有十多天的时间，但在这个过程中，小石却遇到了许多困难。"小石的领导说。为了设计一个

---

① TPM 致力于设备综合效率的最大化，对设备/生产建立彻底的预防维修体制，由各个部门共同推行，从生产部门开始实施,逐渐发展到开发、管理等所有部门；从最高领导到一线作业者，全员参与。通过自主的小组活动来推进,实现设备的综合管理效率的持续改进。从意识改变到使用各种有效的手段,构筑能防止所有灾害、不良、浪费的体系,最终构成"零"灾害、"零"不良、"零"浪费的体系。

合理的电路，他进行了反复的修改和实验，然而效果都不理想。但是他没有就此泄气，而是更加用心地投入研发工作中，通过不断地设计、实践、修改，最终设计出将两个电源箱整合为一个电源箱的方案，这样不仅降低了电路的复杂性，而且还能对整台机器进行灵活的操作和控制，很好地解决了自动化接板砂光机的控制电路问题。

当问及为什么能一次又一次地对设备做出优秀的改善时，小石说："可能是不断地学习吧。"这其实也是受陈秋桂的鼓励和影响——人必须终身学习才能不断进步。正如陈秋桂曾在致辞中讲的："不学习就是一种罪恶。"这句话深深地影响着小石。平日里小石除了跟工厂的老师傅学习，自己也会独自去摸索，有针对性进行学习和钻研；经常买书学习，不断给自己补充新知识，有时甚至到外面参加南方电网集团组织的类似"高级电工培训"等，专注自我提升。

最初推行精益改善时也并非一帆风顺，遇到过很多问题——比如刚刚改善好的地方，因为没有坚持，又回到了最初的模样。为了维持做好的改善，陈秋桂鼓励员工在每天的早会后进行工序检查，使员工在平时的工作中养成习惯，而不是为检查而做检查。

正是这些一个又一个的小道理，使得中泰龙的生产事业部里诞生出一个又一个优秀的精益改善小案例。

管理启示

感情是指人们受外界刺激时所产生的喜怒哀乐等心理反应，包括情绪和情感两种类型。感情需要是人类最基本的需要，也是影响行为的最直接的因素之一。

人与人之间的感情联系蕴藏着无限的潜能，可以超越物质利益、精神理想和外部压力的影响，产生"士为知己者死"的激励力量。因此，现代领导者不仅要注意以理服人，更要强调以情感人。

感情激励，即加强与员工的感情沟通，从员工思想、生活、工作等各方面给予诚挚的关怀，想人所想，急人所难，与员工建立平等、亲切的感情，让员工感受到领导的关心和企业的温暖，以此来激发其积极性、主动性和创造性。

期望理论告诉我们：一个人在工作中受到的激励程度，与其对完成工作的主观评价，以及工作报酬对他的吸引力等有很大关系。当一个人认为自己无论付出多大的努力都不能完成工作时，其工作的积极性也肯定很低。

出现这种情况，有时候是因为工作确实超出了个人的能力范围，但更多的时候是由于个人对自己缺乏信心所致。他们往往不能清楚地认识和评价自己，不清楚自己的优势和劣势所在，怀疑自己的能力，因而错误地判断了实现目标的可能性大小。

这时就需要管理者在相信自己的员工的基础上，及时进行心理疏导，让他们充分认识到自身的优点和潜力，给予充分的鼓励，让他们看到未来的机会和希望，帮助他们树立"我能做好"的信心。员工有了良好的心态、必胜的信念和动力，就能激发出巨大的创造力。正如一句广告词说的那样："只要有激情，一切皆有可能。"

在陈秋桂以身作则的带动下，中泰龙人在与公司共同成长的过程中建立起了很强的工作责任心：上班时间兢兢业业，下班或者周末休息时间，只要公司有需要，大家都会在第一时间赶来，了解并协助处理；都能根据实际情况，在尽量为公司节省成本的前提下，把工作做好。

虽说团队中每个人的分工不一样，但只有当人人都充满信心和责任心，耐心、细心地去做好自身的工作，在自己的岗位上独当一面时，才会促进中泰龙的发展，让它越来越好，同时员工的幸福感也会越来越强。

中泰龙在推行精益改善的过程中，一个大有用处的工具就是 A3 报告。

> **管理启示**

如同"看板管理"一样,"A3管理"同样以内容的载体得名,它是由丰田公司开发的一种精益报告方法,也称"一页纸报告"。一页典型的A3纸上包括标题、所有人、日期、背景、当前情况、目的与目标、分析、建议对策、计划、跟踪等要素,所有问题可以且应该用一张纸来体现,这样可以使涉及此问题的人从同一视角来了解它。

用一张A3纸即可展现问题解决的整个"过程",一目了然。通过A3报告,可以推动上司确认你的计划,并提出有价值的建议,与你共同探讨。

5.3 全力奋战,情景演练

> 在情景体验中全身心投入,在实战演练中发现自己的短板并不断修正,从而提升自我的各项技能和素质。
>
> 不断自我成长,通过团队成员间的相互磨合和历练发现自身价值,并在情景体验和自我成长的过程中感受中泰龙这个大家庭的幸福、快乐和温暖。
>
> ——陈秋桂在"我体验·我成长·我快乐"主题情景演练活动动员大会上的讲话

中泰厂作为中泰龙成立较早的工厂之一,陈秋桂一直很重视它的发展,也对厂长黄正贵提出了发展的新要求。陈秋桂说,厂里很多人都是老员工,不愿意动脑筋、只图安逸,这样不利于工厂的转型和未来的发展。作为管理者,应当引导员工,鼓励员工积极参与到中泰厂未来的建设与发展上。为了调动中泰厂员工参与企业精益改善的积极性，黄厂长也曾利用现金奖励的方式对员工进行激励，但效果并不理想，对员工没有造成太大的吸引力。经过不断地优化改善奖励形式，逐渐形成了现在的积分兑换方案——根据改善方案的内容，将其划分成5—200分的积分等级，只要员工的改善方案是合理的或者被总部采纳，就能获得积分。工人文化水平偏低，如果有会做不会写的，精益办则派专人到现场，按照提案人的思路帮忙撰写提案，相应的积分归提案员工。当员工的积分积累到一定程度，可以将总积分兑换成自己需要的东西，这样就很好地避免了公司给出了奖励而员工却不想要的情况。奖励形式的改善大大调动了员工参与精益改善的热情，除了对工厂的发展有所帮助外，也让员工形成了想问题、提问题的好习惯，而通过撰写精益提案也锻炼了老员工的写作能力，对其自身成长也有帮助。

此外，为了进一步激发员工参与的热情，黄厂长创办了"情景演练"比赛——将不同岗位、不同生产线的员工打乱分成几个队伍，围绕平时的五大工作目标（生产目标、产品质量、生产货期、6S①、当天的工作表现）设置奖惩的"苹果"，获得苹果多的队伍获胜。每次比赛都会设置主题，把趣味融入工艺、安全和6S里。每年下半年都会进行"情景演练"的扩展训练，持续3—4个月，由厂长做教练，带头进行培训。

情景演练比赛具有趣味和挑战性，各个小组成员为了获胜齐头奋进，在比赛过程中也涌现了一批突出的人才。员工们的积极性非常高，一些卫生死角也在活动中被发现，很好地实现了短期冲刺的效果。陈秋桂在开会时多次表扬了中泰厂的这种做法，其他厂也纷纷效仿学习，均取得了良好成效。

---

① 整理（Seiri）、整顿（Seiton）、清洁（Seiketsu）、规范（Standard）、素养（Shitsuke）、安全（Safety），其作用是：现场管理规范化、日常工作部署化、物资摆放标识化、厂区管理整洁化、人员素养整齐化、安全管理常态化。

企业内部开展趣味比赛，可以缓解员工的工作压力，进一步活跃工作氛围，提升团队的凝聚力。

管理启示

团队凝聚力是维系团队存在的必要条件，作为企业管理者，需要巧妙地融合知识和实务经验，激发团队的创新开拓精神和团队凝聚力。这其中，团队任务是凝聚力的一个重要影响因素。

首先，任务目标的一致性是团队凝聚力的前提条件，如果团队目标与个体目标一致，那么个体就会被团队所吸引。团队建立共同目标的过程往往意味着确立竞争对手或"共同敌人"的过程。有研究表明，"共同敌人"的出现会加强团队内部的彼此认同，也会使团队成员的身份显得更加重要。

其次，还要关注目标任务实现过程中的相互依赖程度。实现团队目标需要每个团队成员的共同努力且密切协作，因此团队成员在行为、情绪和心理上往往会与其他成员融为一体、形成合力，因而团队实现目标的过程也是凝聚力形成的过程。相反，如果目标实现过程中所必需的相互信赖程度低，则不易形成团队凝聚力。

最后，还需考虑团队任务对成员的吸引力。团队任务的活动内容、形式和完成频率适合成员，则吸引力大；反之，活动不受成员的欢迎，则吸引力低，甚至会令成员产生厌倦和反感的心理，从而参与活动的态度消极。

完成具有一定挑战性、经过努力可以达到的任务，并且是整个团队必须要共同面对的任务，需要团队成员保持高度一致、齐心协力，而这样的完成任务的过程也可促进更高凝聚力的形成。

心理学家、哲学家威廉·詹姆斯曾说过："在人类所有的情绪中，最强烈的莫过于渴望被人重视。"哈佛大学康特教授则进一步指出：

"薪资报酬只是一种权利，只有肯定才是一个礼物。"

松下幸之助相信，许多员工都非常注意如何在工作中进步，并希望得到老板的承认。于是，他在带客人参观工厂时，会随便指着一位员工说"这是我最好的主管之一"，从而使被指者倍感自豪。

管理启示

员工们都希望能和尊重自己的人一起工作，当工作表现好时能受到表扬，从而获得满足感。

一个有效的管理者必须破除对金钱的迷信，随时了解和掌握员工的工作情况，及时给予承认和肯定，送上一声谢谢，给予一句赞美，充分满足员工的尊重需要。

同时，肯定和赞美员工需要管理者怀有真诚之心、情真意切、发自内心地赞赏，充分发挥员工身上蕴藏着的无限潜能，激励员工进步。

反之，怀有笼络人心的目的，花言巧语，虚情假意的做法，不但不能激励员工，反而会令人生厌。

5.4 开源节流，没有终点

> 开源节流只有起点，没有终点。
> ——2012年5月，陈秋桂在公司"开源节流"活动动员大会上的讲话

"精益成功的基石是精益文化，精益改善文化是企业的软实力"。陈秋桂对精益生产的重视，如同一面旗帜引领着公司的精益改善。

2018年8月22日，受第二生产事业部总经理陈冬桂的邀请，陈秋

桂同一众事业部经理、销售精英到该事业部进行参观交流，了解其在经营管理和车间改善上取得的一系列成果。

上午9时，全体参观人员集合完毕，在陈冬桂总经理的带领下，大家走进生产车间开始参观。

此次参观活动的第一个改善点为管理架构的精简。通过对管理架构的整合，第二生产事业部整体的管理结构更加优化，工作效率进一步提升，管理成本明显下降，体现了管理浪费的改善。在进行整体的管理架构优化后，第二生产事业部的管理更加有序，组织更加清晰且扁平化，消息传达迅速、明确，同时减少了两种管理浪费。

第二个改善点是对余料的再次利用。通过提高材料的利用率，减少材料成本。与此同时，关注研发，用研发的改善来优化材料的使用。

第三个改善点是对生产流程的改善。第二生产事业部在陈冬桂的带领下，对车间的生产设备进行一步到位的布局，使现场整洁规范，让整个生产过程不需要横向流动，减少了搬运浪费。通过改善，工人们培养了不用搬运的概念，认识到了搬运和寻找也是一种动作浪费。重整后的物流路径让员工不仅方便找到材料，同时也大大提升了工作效率。

为减少原材料的库存，第二生产事业部在生产及物料控制（Production Material Control，PMC①）部门和其他部门的共同努力下，将库存式生产（Make to Store，MTS）向订单式生产（Make to Order，MTO）②进行转变，生产与订单对接，从而大幅度减少了库存浪费。

除此之外，在士气方面，在陈冬桂的带领下，第二生产事业部在第

---

① 指对生产计划与生产进度的控制，以及对物料的计划、跟踪、收发、存储、使用等各方面的监督与管理和呆滞料的预防处理工作。PMC部门主要负责两方面的工作，即PC（生产计划、生产进度的管理）与MC（物料的计划、采购、跟踪、收发、存储、使用等各方面的监督与管理，以及废料的预防与处理工作）。

② 在MTS类型中，客户基本上对最终产品规格的确定没有什么建议或要求，因此生产商生产的产品并不是为任何特定客户定制的；而MTO则是按订单制造，强调按单生产，具有客户导向，先有订单，后有产品。其他的生产类型还有按订单设计（Engineer to Order，ETO）方式和按订单装配（Assemble to Order，ATO）方式。

十届企业文化节上屡获佳绩；员工们的精神风貌也焕然一新，大家全身心地投入自己的工作中，兢兢业业。在这样的团队氛围下，第二生产事业部建立起了订单模式生产，不断创造条件，优化排产，克服困难提升产能，将订单留在公司内组织生产，减少了外协加工，从而提升了集团的整体收益。

带领大家到生产一线参观的方式，很好地驳斥了此前个别销售人员对生产事业部报价偏高的质疑，也让大家看到了生产线是如何降低生产成本、实现低报价的。

参观尾声，陈秋桂进行总结讲话时表示，第二生产事业部能取得今天的成绩，离不开全体员工一点一滴、日积月累的改善和努力，也为集团树立了优秀生产事业部的标杆。通过参观活动组织各兄弟事业部相互学习借鉴，可以增进"产、销"之间的互信，共同抓住胶板时代的契机，占领市场的制高点。

管理启示

倡导全员节约意识。在企业内部倡导节约文化，让节约成为企业的一种精神，让节约意识深入每个员工的心田。

抓住决策龙头，避免全局的浪费。建立节约型企业首先应从科学决策开始，以最小的投入获得最大的产出，才是对企业最大的节约。

要从细节入手，使节约体现在点滴之中。通过精益生产管理，用制度把利润挤出来。人们都羡慕世界500强企业，然而仔细分析的话，它们又是最抠门的企业，如丰田，在全世界无分公司、无办事处，只在名古屋设有销售中心。

采购环节的节约——控制采购成本，进行科学的设置和压缩。主要方法有：加强库存成本控制；化整为零，小批量采购；建立采购成本分析制度；采用招标、询价、比价、议价、定价收购、公开市场采购等措施；建立供应商选择制度；堵住采购中的"回扣"漏洞等。

生产过程的节约——如降低材料和能源的消耗、提高生产率；建立原材料用量定额标准；建立人工耗用量定额标准；控制生产费用；实施节约奖惩制度等。

生产流程自动衔接——"没有规矩，不成方圆。"一旦缺乏明确的规章、制度和流程，工作中便容易产生因职责不清、业务能力低、有章不循、业务流程无序的现象，从而造成管理的浪费。因此，要精细管控生产过程中的每个环节，解决现场的各种浪费，如库存数据精准化，自动同步更新，实时统计查询，解决库存过剩现象；严控产品质量，支持产品每道工序质检，减少退货和索赔风险；销售订单直接生成生产订单，通过订单统计预测生产效果，避免生产过剩；将生产涉及的机器、工序工艺、制造过程等一体化并行处理，避免资源闲置和浪费；实时监测设计人员进度和设计图样，减少因设计不合格造成的生产浪费；生产自动排程，以自动调度替代人工排产，使效率更高、错漏更少，避免车间管理混乱；通过日程总结及工作互动提高和改善员工学习能力，减少人才浪费。

5.5 降本增效，挖潜创效

> 一家企业，必须在发展市场销售的同时降低成本才能获取利润。
> ——陈秋桂制胜经验

家具行业的共同特性之一，就是产品的重量和包装体积普遍比较大，产品各工序间断点多，存在着大量的等待和转运浪费。因此，无论是原材料、半成品还是成品的物流成本都极高。在计划和物料控制、准时化生产和连续化生产组织方面,以及从研发设计源头开始的在产品结构设计、包装设计、货运装载设计等方面的浪费,都可以成为精益改善的重要突破口。

科学地计划生产、设备保养到位、科学设置关键参数、对设备进行标准化和数据化管理、规范管理人机料法环的工程变更等都可以提升设备的使用效率。在设备导入的初期管理、技能的教育培训、员工的日常保全、机修的专业保全、设备损耗专案的个别改善、品质保全、间接部门的事务改善、环境安全改善等方面也都有很大的改善空间。

基于此,企业推行精益管理必须目的明确,而不是盲目跟风或做一些表面工作,因为结果不会撒谎。

有舍才有得,聚焦才能发力。明确精益管理目的后,就要紧紧地围绕目的展开工作。"实践是检验真理的唯一标准。"所有的管理模式、管理措施都必须因地制宜、量体裁衣,精益管理也不例外,在选取精益改善模块时,中泰龙结合企业的实际情况,由点带线、由线带面,紧张而有序地开展和推进。

首先,为践行精益"降本增效"的新理念,中泰龙制定了"降本增效规划",通过做好研发与销售的协同、生产与供应的协同、业务和财务的协同,消除公司运营过程中的瓶颈环节,规划增效与降本的目标。对此,集团精益管理推行中心建立了"从财报中来,通过精益的改善之后,回到财务中去"的工作方向,关注三张财务报表(损益表、资产负债表、现金流量表)、三张运营报表(绩效报表、成本管理会计科目表、成本结构表)、三张营销报表(年度营销收入规划表、客户盈利能力分析表、销售/回款/费用分析表)、四个财务数据(年度利润目标数据、损益平衡点数据、竞争对手报价数据、管理失败成本数据)。通过项目、产品倒逼成本,各生产事业部和工厂生产线的精益办按照集团精益中心培训的思路,分别从生产线的三大成本——"材料成本""人工成本""制造管理费成本"着手进行现状剖析,具体步骤为:

①分析现行的成本结构与数据;②进行现场调研走访;③挖掘降本的空间;④制定降本目标(目标制定要符合 SMART 原则);⑤根据对上支撑性和对下承接性的原则对目标进行分解;⑥策划精益实施项目;⑦组建项目改进团队;⑧推动项目实施;⑨达到降本的目标,获取经营利润;⑩对精益的过程与结果进行双控制、双考核。

其次,集团注重营销创收增效,透过"产品力、品牌力、渠道力"三力的打造,把产品卖贵、卖好,舍弃不给产品或服务增加价值的活动,并对营销资源进行合理有效的配置,把重要且关键的资源集中在优质客户上。运用研发与销售协同的工具,实现产品的"好卖";运用独特销售主张(Unique Selling Proposition,USP)①、SPIN、FAB②等方法,实现产品的"卖好"。通过对客户、产品、通路的盈利能力的分析和改善,实现产品毛利率的增长;通过集团公司的"三力模型"(产品力、品牌力、渠道力)、"四会能力"(精产品、熟市场、会介绍客户的需求点/产品的价值点/对手的差异点、通人情)、"五朵梅花"(需求首倡者—了解想法、技术把关者—厘清标准、关键使用者—考虑异议、内线支持者—关系保密、核心决策者—说明价值)、六大突破策略(客户盈利能力和贡献率分析、客户分类/管理聚焦/优质客户、提高优质客户的内部占有率、增加边际贡献高的产品销量、提升客户审厂验厂的满意度、提炼好 USP 提高销售的成交率)做好营销的增量增效。

---

① USP 包括以下四个方面:(1)强调产品的每一个广告都必须对消费者有一个销售的主张;(2)该主张必须具有独特性,使竞争对手无法也不能提出;(3)该主张必须有强劲的销售力;(4)USP 的创造力可以揭示一个品牌的精髓,并通过强有力的、有说服力的数据证实它的独特性。USP 理论有三个特点——第一,必须包含特定的商品效用,即每个广告都要对消费者提出一个说辞,给予消费者一个明确的利益承诺;第二,该说辞必须是唯一的、独特的,是其他同类竞争产品不具有或没有宣传过的;第三,该说辞必须有利于促进销售,即这一说辞一定要强有力以招来大量的消费者。

② FAB 是按照属性(Feature)、作用(Advantage)、益处(Benefit)的顺序来逐步介绍的销售模式,是一种说服性演讲的结构,让客户相信你的产品是最好的。这是一种最常用、最实用(但也是最容易出现问题)的技巧。

管理启示

SPIN 指顾问式销售技巧，通过一系列提问启发准客户的潜在需求，使其认识到购买此产品能够为他带来的价值。S（Situstion Question）即情况问题/状况询问；P（Problem Question）即难点问题/问题询问；I（Implication Question）即内含问题/暗示询问；N（Need－pay off Question）即需要回报的问题/需求确认询问。

大订单的销售具有时间跨度大、顾客心理变化大、参与人员复杂等特点，大多数购买行为的发生是在买主的不满达到真正严重迫切的地步，并且足以平衡解决问题的对策所付出的成本时才会发生。这就要求发现并理解买方的隐含需求——难题和不满，并进一步放大澄清，使其转为明确需求——一种清晰的、强烈的对对策的欲望或愿望，而产品或服务可以做到满足它，这一过程的不同阶段会对买主购买过程的心理变化产生潜在的影响。SPIN 提问模式犹如销售人员手中的一幅交通图，为销售人员开发客户的需求指明方向，步步接近目标，直到目的地——明确需求。

再次，研发环节的降本增效也大有可发挥的空间。零件的标准化和部件的通用化带来产品的系列化，产品的系列化则带来成本的低减化。运用模组化设计缩短开发周期时间以降低研发成本，运用通用化设计减少零部件的数量以降低材料成本，运用平台化设计和少件化设计减少加工工时以降低人工成本。企业 80% 的产品成本锁定在设计阶段，70% 的库存是由设计人员决定的，80% 的不良产品则是设计不良造成的。针对企业经营的三大成本，通过上文介绍的 10 步法，透过研发降本增效、TRIZ 创新设计、设计优化、功能优化、工艺优化，在设计阶段就可将产品成本控制到最低。

📖 管理启示

TRIZ 为"发明问题的解决理论"的俄文（теории решения изобрет－ательских задач，ТРИЗ）转换成拉丁文 Teoriya Resheniya Izobreatatelskikh Zadatch 的词头缩写，英文全称是 Theory of the Solution of Inventive Problems，缩写为 TSIP，主要研究技术冲突和物理冲突。技术冲突是指技术系统中两个参数之间存在着相互制约，在提高技术系统的某一参数时，导致了另一个参数的恶化从而产生的矛盾。物理冲突是指技术系统中一个参数无法满足系统内相互排斥的需求。TRIZ 引导设计者挑选能解决特定冲突的原理，按标准工程参数确定冲突，有 39 条标准冲突和 40 条原理可供应用。

另外，集团在采购环节中制定了相应的"降本增效规划"。抓住"采购降本增效 8 大指标"（价格、应付款的账期、现金流的承兑比例、预付款比例、采购周期和距离、存货周转、缺一件就等于零的物料齐套率、合格率）与"采购降本增效 4.0 模型"（1.0 谈判、2.0 战略集采招标、3.0 设计优化、4.0 辅导双赢）的"牛鼻子"，实现采购总成本的控制与削减。在采购总成本的改善上，改进采购过程及价格谈判的贡献率是 11%，供应商改进质量的贡献率是 14%，利用供应商开展 JIT（即时生产）的贡献率是 20%，利用供应商的技术与工艺的贡献率是 40%，供应商参与产品开发的贡献率是 42%。因此，无论是运用 ESI 和 EPI 降低采购成本，还是通过采用分阶段蚕食谈判砍价降低采购成本，采购总成本的改善是个永恒的课题。

📖 管理启示

ESI（Early Supplier Involvement）指早期供应商介入，是客户和供应商在产品生命周期早期阶段所进行的一种合作方式。在产品开发初期，邀请特定的供应商，参与客户的产品设计小组，借助供应商的专业技术知识以及经验共同设计开发出合适的产品，以利于后期的批量性制造及采购。

EPI（Environmental Performance Index）为环境绩效指数，关注环境可持续性和每个国家的当前环境表现。通过一系列的政策制定和专家认定的、表现核心污染和自然资源管理挑战的指标来收集数据，可以形成一套反映当前社会环境挑战的焦点问题的综合性指标体系。

最后，生产过程中，管理者不改善不创新就是其工作的失职。一流的企业没人知道有浪费，人人改善浪费；二流的企业有人知道有浪费，有人改善浪费；三流的企业人人知道有浪费，没人改善浪费。集团浪费改善先宏观后微观，先整体后局部，于整体改善布局和流程，于局部改善工序和动作。

中泰龙通过研发与销售的协同、生产与供应的协同、业务与财务的协同实现了增效与降本。降低了材料成本、直接和间接的人工成本，提高了设备的利用率，设备的使用寿命得到了延长，厂房的利用率得到了提升，水电气等能源损耗得到了降低，管理杂项费用得到了显著下降，产品的合格率得到了较大提升，产品的返工次数也大大减少。业务线通过战略降本增效、研发降本增效、工艺降本增效、采购降本增效、物流降本增效、生产降本增效、质量降本增效、人力资本降本增效、营销创收增效促进了企业利润的提升；财务线通过年度经营计划、全面预算、会计管理、独立经营体制机制改善了企业的经营业绩。两线并行，获得了良好效果，公司的盈利能力得到显著的提升，增强了市场的竞争能力。

5.6 强身健体，造物育人

> 自身的能力是核心，外在的力量只是加持和赋能。
> 没有内在的原动力，一切的外在力都是破坏性的。
>
> ——陈秋桂箴言

每个人都必须有强健的身体，足够的免疫力以抵抗病毒的侵蚀。企业如人，时时刻刻要面对本行业市场的变化、客户需求的迭代、与行业竞争者的对抗。精益管理在实现降本增效的同时，也帮助企业打通"任督二脉"，练就铁骨铮铮，实现强身健体。

"强身健体"的关键在于造物育人——企业以人为核心。中泰龙以集团精益管理推行中心为主导，通过内部培养为主、外部引进为辅的人才发展机制，识别、发掘、培养、储备了一批具有大专以上学历、三到五年以上精益管理或生产管理相关工作经验、学习能力强、品德优良的年轻员工。通过系统培训中泰龙的精益体系与方法论以及推行精益管理项目，使其积累实战经验、巩固理论知识、强化文化认同、发扬"敢拼敢干敢打仗敢打胜仗"的精神，为集团生产事业部工厂生产线未来的快速发展建立了后备人才梯队。这些精益管理人才，结合成本财务的意识和对企业文化的认同，不断学习、取得进步，3～5年后即可发展成为生产事业部工厂生产线的中高层管理人才。

中泰龙公司的管理体系是以 ISO9000、ISO14000 和 OHSAS18000 为基础框架，多年来推行了全面质量管理、零缺陷管理、精益生产和 TPM 等方法，通过体系审核、内外部满意度测量、平衡计分卡（Balance Score Card，BSC）以及成本-收益分析、劳动生产率分析、市场份额分析、竞争对手分析、员工构成分析等,结合卓越绩效评价标准进行综合评价,找出公司的竞争优势及与标杆之间的差距,不断地改善着各方面的业绩。

在成为领航者这一愿景的引领下,公司鼓励创新、不断创新,力争为客户创造更多的价值。

2017年,公司成立了精益管理推行中心,大力推行精益与"6S"管理,将改善创新与文明现场同时抓,培养全体员工遵章守纪的良好习惯,从而稳步提高安全生产的管理水平。公司以市场需求和公司战略目标为导向,以高新设备为依托,使用家具行业领先的智能制造工艺技术进行规模生产。通过与3A精益咨询顾问公司合作,全面导入精益生产,结合标杆管理的理念识别产品制造的管理过程,将卓越绩效管理、精益生产、TPM融入生产制造各个环节,确保企业实现卓越的运营管理。

在精益生产方面,发扬自力更生的精神,本着"降本增效,强身健体"的宗旨,精益管理推行中心通过抓核心问题、项目立项、解决重点课题等,为公司增效创利增砖添瓦。此外,通过开展大型精益之旅、聚焦改善提案、举行技能比武与6S红牌[①]作战等活动,营造了全员参与改善的良好氛围,培养了一批优秀的精益管理人才。

精益宣传、精益之旅的活动开展得有声有色。在精益团队的精心努力下,编辑出版了中泰龙《精益手册》,将公司在精益管理方面宝贵的经验与方法整理成册,分享给中泰龙上下游客户与经销商,促进企业、行业与社会的共同进步,对公司的精益推行具有里程碑式的意义。

以上中泰龙的精益管理,充分体现了精益管理中的"PQCDSM"六大要素。

---

① 指的是在工厂内找到问题点并悬挂红牌,使大家都明白并积极地去参与改善,从而达到整理、整顿的目的,是5S(有的加上安全Safety即为6S)活动运用的技巧之一。

管理启示

提高生产效率（Productive）是每一个企业在生产管理板块中所不断追求的目标，提高生产效率可使企业在产量管理、成本管理上作出满意的答卷。

产品质量（Quality）——随着市场端的需求和要求越来越高，产品质量的稳定是企业生产管理中一个非常重要的环节，甚至成为企业安身立命的根本。

产品成本（Cost）——进入成本市场经济的管理，必须以产品成本作为企业的驱动，企业必须做到成本合理可控，粗放的成本管理产品是没有市场竞争力的。

交期（Delivery）——包括产品给到客户的交期和生产过程中各个工艺环节上的交期，对这两个交期进行管理和控制都非常重要。

安全管理（Safety）——是所有正常生产活动的前提，具有一票否决的地位。

士气（Morale）——一个企业若没了士气，整个工作环境都会显得沉闷，对团队和企业的文化建设，特别是精益生产的文化建设都会造成非常不利的影响。

第 3 部

品牌为王
固本开源

　　品牌是一种无形资产，这种资产是在企业和消费者相互联系、相互作用的过程中蕴含的沉淀成本，能为企业带来更高的溢价以及未来稳定的收益。企业可以通过对品牌的专有和垄断获得物质文化等综合价值。企业苦心经营和维护自身品牌，就是求得一个公众认可的品牌质量知名度，让公众认为其"诚信、守法、可靠、专业、价值、经济、高效"。品质是企业树立品牌的前提，良好的品牌依赖产品的高品质，没有优质的产品难以树立好的品牌形象。

第6章 任重道远

> 光是壮大规模还不行,我们必须走品牌之路。
> ——陈秋桂对未来的规划

6.1 发现商机,开办公家具先河

在拿下某省政府的大额订单之后,陈秋桂心里就萌生了一个想法:把中泰家具定位为办公家具生产企业。中国家具行业发展多年,当时民用市场家具品牌众多,而办公家具品牌却很少。办公家具的主要客户是企业、政府、学校、医院等拥有大型办公场所的组织机构,如果能获得他们的订单,就相当于拿下了成百上千个民用家具订单。随着中国经济建设的快速发展和我国国际化进程的加快,银行、证券、学校、医院以及企事业单位不断地扩张,国外企业以后也会陆续在中国设立办事机构,对办公家具的需求将会持续增加。对当时规模还不算大的中泰来说,如果既做民用家具又做办公家具,便会没有足够的条件集中资源深入研究市场,反而难以抢占更多的市场份额,说不定还会被竞争对手击败。考虑到企业未来的发展,陈秋桂决定进行产品战略的调整。经过一段时间的摸索,陈秋桂和彭树坤取得一致意见,把原来长而宽的产品线进行收缩,把有限的资源和重点放在办公家具这个主导产品类别上,将打造中国办公家具的专业品牌作为公司的长远战略目标。

根据调整后的战略方向，陈秋桂对板式家具、实木家具、家用沙发、儿童家具等原有的产品线进行优化。保留优质、有市场成长空间的产品，将其余的产品线有序收缩，把资金、人才、研发的重心慢慢地往办公家具方面倾斜。通过分析中国社会的整体发展变化、产业结构的调整、家具行业本身的发展方向，陈秋桂确信属于办公家具的黄金时代即将到来。

驱动陈秋桂进行调整的原因是他敏锐地预见了市场未来的变化，找到适合中泰扩张和赢利的新路径，从而对公司的战略做出调整，确定了企业的竞争优势，并为之调动资源，组织员工把所有的精力集中在一个或几个关键的目标上，进行重点突破。

从分散的家具经营到聚焦办公家具的战略调整，中泰把现有的资源集中在开发办公家具产品上。这在家具产品同质化程度越来越高、竞争越来越激烈的时代，有利于建立起客户对企业的信任和对品牌的忠诚。

办公家具和民用家具的侧重点是不同的，民用家具重视环保和实用性，而办公家具具有承载力大、应用频繁、使用时间长、易被碰撞、磕伤、刮擦、污染等特点，维护保养工作的欠缺和不到位都非常容易导致办公家具毁损速度加快。因此，办公家具在抗压强度、耐用度和稳定性能等方面的要求远高于民用家具。中泰的产品在抗压性、耐用性等方面远比普通家具产品做得好，如果集中力量专攻这个板块，很快就能形成良好的口碑。此外，还能增强企业对供应商的讨价还价能力，这也是差异化战略提高了企业边际收益的必然结果。

然而，战略调整对企业同样存在风险——例如丧失部分老客户。中泰的老客户大部分以购买民用家具为主，因此他们不太理解中泰做出的这种战略调整。有的经销商为此专门去找陈秋桂，陈秋桂向他们耐心地解释了调整的原因，分析了现有的市场状况和未来的发展前景，并鼓励他们和中泰一起开拓办公家具市场领域。一些经销商被他的分析所吸引，没有离开中泰，办公家具巨头从这一刻起渐渐有了雏形。这次产品战略调整的实施,奠定了中泰产品的发展方向,为后期品牌的建设打下了坚实的基础。

管理启示

企业战略规划是企业对未来几年工作重点的设想,是企业未来发展的风向标,是对企业各种战略的统称,既包括竞争战略,也包括营销战略、发展战略、品牌战略、融资战略、技术开发战略、人才开发战略、资源开发战略等。企业战略规划的具体类型包括:发展型战略、稳定型战略、收缩型战略、并购战略、成本领先战略、差异化战略和集中化战略。通过制定战略,企业根据环境变化,依据本身资源和实力选择适合的经营领域和产品,形成自己的核心竞争力,并通过差异化在竞争中取胜。

其中,产品战略是企业对其所生产与经营的产品进行的全局性谋划,是企业经营战略的重要基础。它与市场战略密切相关,比如企业要依靠物美价廉、适销对路、具有竞争实力的产品,去赢得顾客、占领与开拓市场、获取经济效益。产品战略解决的问题是向市场提供什么样的产品,并应如何通过产品在更大程度上满足客户需要从而提高企业竞争能力。产品战略是否正确,直接关系企业的胜败兴衰和生死存亡。

陈秋桂进行的战略调整是一种特殊的决策,是对企业过去决策的追踪。这种追踪决策受到企业核心能力、企业家的行为以及企业文化等因素的影响:企业经营过程是某种核心能力的形成和利用过程,企业核心能力的拥有及利用不仅决定着企业活动的效率,而且决定着企业战略调整方向与线路的选择;决策的本质特征决定了企业的战略调整也是在一系列的备选方案中进行选择,这种选择在一定意义上反映了经营者的行为选择;企业文化则对上述选择过程以及选择确定后的实施过程中人的行为产生着重要的影响。

6.2 崭露头角，初创品牌

在一个庆祝宴上，回首过去、一路走来，公司的发展让大家对未来充满信心和干劲。"我们公司规模越来越大了呀。"彭树坤发出感慨。

陈秋桂接过话题，却也道出了长久以来的疑虑："在中山，大大小小的排档有成千上万家，却并没有多少人能记得住排档的名字，而五星级的酒店屈指可数，大家却都能叫得出名字。虽说现在我们公司的发展蒸蒸日上，但真正知道我们的人又有多少呢？"

此话一出，打开了大家的话匣子，一时间议论纷纷。家具行业的门槛低，技术含量并不高，大大小小的家具厂先如雨后春笋般不断地涌现，而后却又一阵风地败落。如何在暴风雨中扎稳脚跟、茁壮成长，确实是如今中泰龙需要思考的重要议题。

"我发现了一个新动向。以往，家具企业的竞争路线各不相同，有数量竞争，有价格竞争，还有服务竞争等，而今年这些竞争升级为企业品牌之间的竞争，已经有不少大企业开始走高端品牌的路线。从品牌店的建设、个性化设计到邀请明星代言，这些走在前面的企业已经摸索出了一套属于自己企业的品牌发展路线。"陈秋桂道出了他对公司发展的新思路，"因此，光是壮大规模还不行，我们必须走品牌之路。"

这一想法很快得到了大家的一致认同。"可是，该如何创立自己的品牌呢？"大家目前还都充满着疑惑。

"事实上，我也不是太清楚，但我们必须迈出这一步。"陈秋桂用肯定的语气说。可以说，对于品牌的投资是一种永不亏本的买卖。就目前的发展趋势来看，品牌的搭建是每一个企业发展的必需环节，越早搭建越好，这样便能更早一步进入市场，占据更多的市场份额。

于是，创品牌的任务就这样定了下来。

2006年，中泰龙成立了品牌推进小组，由陈秋桂、彭树坤、罗耀华、徐飞等人组成，陈秋桂任组长，徐飞负责具体落实，由此开启了中泰龙的品牌之路……

创立品牌绝非嘴上说说那么简单，其中困难重重。陈秋桂是一个很"倔"的人，既然定下了创立品牌的目标，他就绝不会因为一些困难就停下前进的脚步。

第一个创品牌项目是申报"广东省名牌产品"。刚开始由于没有经验，他们请了一家专业的顾问公司做指导。顾问机构评估后，得出的结论却是中泰龙目前的条件不成熟，建议选择放弃。虽然遭到顾问公司的打击，但陈秋桂并没有退缩，而是重新仔细地分析了中泰龙现在的处境，认为创立品牌势在必行，不能轻言放弃。

在当时，"名牌认定"对于很多职能部门来说还是一个新鲜名词，员工们对于名牌认定制度的认识也远远不够。另外，由于认定制度各方面尚不成熟，因此认定程序具体要怎么走还得企业自己去摸索。在这样的条件下，取得名牌认定之路几乎是"步步悬崖"，稍有不慎便功亏一篑。

从资料准备到质量监测再到产品认证等，一系列问题纷繁复杂，牵涉众多部门，包括行业协会的推荐，环保、消防、税务、统计等部门的达标认定，公司内部指标达标、健康体系认证、国际标准产品认定……以及更为复杂的人际协调问题，几个项目负责人被折磨得焦头烂额。

祸不单行，2006年5月的一个周末，原本是陈秋桂难得的一家团聚的日子，却被他身体上的不适扰乱了。心血管主任医师袁勇告诉他，必须立即做心脏搭桥手术。这对被公司的事情忙得晕头转向的陈秋桂来说无疑是一个重重的打击，公司的事情离不开他，然而自己的病情又非常紧急。

那一刻，陈秋桂想了很多。面对生死问题，他的思维也活跃了起来。过往的事情像放电影一样，一段一段地闪现在他的脑海里。他想起多年前孤身一人离开老家来到广东，从一个厂辗转到另一个厂，睡在脏乱的员工宿舍，被一群地痞流氓追着打。那时，他便暗下决心：有朝一日，一定要出人头地，让一家老小有吃有喝，能拥有自己的工厂，能在族谱里留下光辉的一页……

手机响起，是父亲的来电。听闻儿子病情的父亲控制着情绪，心疼地安慰他："毛（湖南农村长辈通常称自己的小孩为'毛'），我们相信你一定会好的。好人一定有好报！"说了这句话后，父亲便没有再说什么。陈秋桂挂了电话，泪流满面。

"好人一定有好报！"父亲的这句话触动了他内心深处埋藏了许久的心绪。

因为牵挂太多，陈秋桂突然明白了活着对于他来说也是一种责任，没有比活着更难的事情了。陈秋桂在他几个孩子的身上看到了希望，特别是他的儿子，陈秋桂从儿子的身上看到了自己的影子。就算只为了孩子们，他也有千百种活下去的理由，他必须活着让自己走得更远。

那时，陈秋桂感悟到了生命的真谛。如果把生命比作一段旅程，那么工作只是你搭乘的一列火车，它能将你送往目的地却并非旅程本身。生命的意义，不在于搭上火车并把它错认为终点，而在于旅途中去体验那些易被人们忽视掉的沿途的风景，以及割舍不下的爱与责任。陈秋桂必须努力地活下去。

在陈秋桂手术住院期间，名牌认定的申请工作仍在继续。消息时好时坏，陈秋桂躺在病床上，忍受着希望时明时灭的折磨。公司离开了主心骨大家难免有些不知所措，应对变幻莫测的局面也常常感到力不从心，但依旧努力地将工作推进下去。

一天，公司的彭树坤、徐飞、罗耀华三人来到医院。

"我们用尽了办法，实在是没辙了……"经历了一番努力，公司却被告知没有达到申请名牌的硬性指标。

"这就怪了，我们的硬件条件不错呀。"陈秋桂对此感到疑惑，他躺在病床上吃力地听完了众人的汇报。

"是这样的,我们的税收没能达到硬性指标的 300 万元……"

"我们不能这么快就放弃,你们想想看,如果这次申报不了,就得再等三年。对一个发展中的公司来说,三年里的变数太多了,我们等不起。只要有百分之一的希望,我们就要做出百分之百的努力!"陈秋桂斩钉截铁地说道。

"我们这会儿一定得上下联动。"陈秋桂随即开始认真地分析,提出把为公司代工的几家工厂(ODM 厂)联合起来。几个负责人一听,如梦初醒,急匆匆地离开了病房,立刻按照陈秋桂的思路操办。名牌认定这一项目由于"三拿三放"耽误了时间,此时距申报截止时间非常紧迫。徐飞一咬牙,带领自己的团队经过 40 多个小时的连续奋战,终于赶在最后一刻将所有的资料重新整理完成。

这一年,在全体中泰龙人的不断努力下,公司获得了无数荣誉:8月,中泰龙被国务院直属机构评为"中国名企";9月,首次通过了采用国际标准的品牌认证,这在广东省内家具行业里开了先河;9月下旬,中泰品牌(JONGTAY)的产品荣获"广东省名牌产品"称号。这些荣誉都为中泰龙日后的发展奠定了坚实的基础。

管理启示

品牌虽然是一种无形的资产却最能体现出产品的价值。除了增加产品溢价外,品牌还能为消费者带来安全感,增加消费者对产品的信任度。随着人们生活水平的不断提高,消费者最初追求物美价廉的消费习惯渐渐变成了对高品质生活的需求,而品牌就是不同品质产品的划分标志。消费者往往愿意在能力范围内购买更高层次的商品,这也成了企业不断打造和提升品牌层次的原因。品牌层次的高低甚至决定了一家企业在市场中的话语权,一个好的品牌甚至能用自己的 LOGO 代表其所在的行业。

陈秋桂提出的品牌战略,是中泰办公家具产品发展的又一里程碑。

品牌战略包括品牌化决策、品牌模式选择、品牌识别界定、品牌延伸规划、品牌管理规划与品牌愿景设立六个方面的内容。

品牌化决策，解决的是品牌的属性问题。是选择制造商品牌还是经销商品牌，是自创品牌还是加盟品牌，在品牌创立之前就要解决好这个问题。不同的品牌经营策略，预示着企业不同的发展道路与命运——比如是选择"宜家"式产供销一体化，还是借鉴"麦当劳"（McDonald's）的特许加盟之旅。总之，不同类别的品牌，在不同行业与企业所处的不同阶段有其特定的适应性。

品牌模式选择，解决的则是品牌的结构问题。是选择综合性的单一品牌还是多元化的多品牌，是联合品牌还是主副品牌，品牌模式虽无好与坏之分，但却有一定的行业适用性与时间性。如日本丰田汽车在进入美国的高档轿车市场时，没有继续使用"TOYOTA"这一品牌，而是另设立了一个崭新的独立品牌"凌志"，这样做的目的是避免原有的"TOYOTA"可能会给消费者带来低档次的印象，而使"凌志"成为可以与"宝马""奔驰"相媲美的高档轿车新品牌。

品牌识别界定，确立的是品牌的内涵，也就是企业希望消费者认同的品牌形象，它是品牌战略的重心。它从品牌的理念识别、行为识别与符号识别三个方面规范了品牌的思想、行为、外表等含义，包括以品牌的核心价值为中心的核心识别和以品牌承诺、品牌个性等元素组成的基本识别。如2000年海信的品牌战略规划，不仅明确了海信"创新科技，立信百年"的品牌核心价值，还提出了"创新就是生活"的品牌理念，立志塑造"新世纪挑战科技巅峰，致力于改善人们生活水平的科技先锋"的品牌形象，同时导入了全新的VI视觉识别系统。通过一系列以品牌的核心价值为统帅的营销传播，海信一改以往模糊混乱的品牌形象，以清晰的品牌识别一举成为家电行业首屈一指的"技术流"品牌。

品牌延伸规划，是对品牌未来发展领域的清晰界定。明确了未来品牌适合在哪些领域、行业发展与延伸，在降低延伸风险、规避品牌稀释的前提下，谋求品牌价值的最大化。如海尔家电统一用"海尔"牌，就是品牌延伸的成功典范。

品牌管理规划，是从组织机构与管理机制上为品牌建设保驾护航，在上述规划的基础上为品牌的发展设立远景，并明确品牌发展各阶段的目标与衡量指标。企业做大做强靠的是战略，"人无远虑，必有近忧"，解决好战略问题是品牌发展的基本条件。

品牌愿景设立，是对品牌的现存价值、未来前景和信念准则的界定。品牌愿景应该明确地告诉包括顾客、股东和员工在内的利益关系者什么是"三个代表"——品牌今天代表什么？明天代表什么？什么代表从今天到明天的努力？

6.3 生生不息，打造"中国派"

当年的家具行业还处在一个粗放型的状态，即把原先家庭作坊式的经营与管理扩大成流水线的方式，技术研发、品牌营运等这些现代企业耳熟能详的管理思维，对当时的管理者而言都是极为陌生的词汇。树立一个能在行业内和客户眼中耀眼夺目的办公家具品牌的想法，自那时起便在陈秋桂的心里扎下根来。

振兴民族企业是陈秋桂一直以来的梦想。为了这个梦想，他果敢、坚韧地打造了一个个特色品牌——2001年正式推出的"中泰"，2003年创立的"国景"以及2005年创立的"派格"，形成了"中国派"的品牌体系，也彰显了陈秋桂的一颗拳拳爱国心。

创立"中国派"三个品牌后，陈秋桂没有停止前进的步伐，又提出了新的构想——使三个品牌全部成为办公家具的金字招牌，而这需要一个更大的交流、展销、展览平台，为此中泰龙准备了多年。三个品牌即意味着三种不同风格的家具和三个不同的目标客户群体，由此，三个风格的展览馆应运而生。2010年，公司装修了"中泰"品牌所在的总部大厦，把原来的工厂改造为现代化的办公展馆。2012年3月22日，中泰龙的国景办公环境展览馆以及新基地举行了隆重的开张庆典。该展览馆集展览、办公、休闲于一体，建筑面积达6万多平方米，总投资超过1.5亿元。也就是在这一年，"国景"一鼓作气，拿下了"广东省名牌产品""广东省著名商标"的荣誉称号。"派格"展馆也紧随其后，赶在2013年公司30周年庆典举办前正式投入使用。三个品牌展馆成了当时中国最大的办公家具展馆，为公司未来的大发展翻开了崭新的一页。

2012年12月，陈秋桂在经营管理会议上这样描述了"中国派"三大品牌的经营状况：

中泰：有势头；国景：有看头；派格：有盼头。

2013年，"中泰"商标再次被省商评委认定为"广东省著名商标"。2018年，中泰龙被授予中山市政府质量奖，成为中山市第一家获此殊荣的办公家具企业。至此，中泰龙品牌建设已取得一定成效。未来，公司将致力于将中泰龙由行业品牌打造成有责任感、有担当的社会品牌和民族品牌！

三大特色品牌以自身所代表的不同文化进行运营，保障中泰龙在文化自信、道路自信、策略自信的道路上扬帆远航。

"中泰"品牌以"和"文化为核心元素，同时融入中国古典文化元素，并运用现代科技再现了经典的产品设计，有"和生万象"之意。其产品雅致、经典、中庸、稳重，富有中式文化内涵。"中泰"品牌定位为中高端的多元化产品，为政府单位、国营企业、医院、银行、教育等组织机构定制出具有品位的家具，引领家具行业的潮流。

"国景"品牌以"鼎"文化为核心元素。"鼎"为国之重器，彰显了王者风范，其意韵"鼎盛国景"寓意"一言九鼎，诚信为本"的品牌文化。"国景"品牌主要生产办公配套家具，目前已形成了以企业办公家具、政府办公家具、教育办公家具、医疗办公家具、法院办公家具等为核心的办公家具解决方案。

"派格"品牌以"橄榄枝"文化为核心元素，以绿色为基调，采用亮丽的色彩配合新颖的格调，整体设计简洁而不缺内涵，与时尚、环保的品牌文化完美融合。积极响应着党的十八大以来，习近平总书记提出的"绿水青山就是金山银山"这一理念。"派格"以不断提升人们办公生活品质、引领绿色办公家具行业发展为己任，坚持以科技配合服务，引导用户共同体验。

在陈秋桂的带领下，中泰龙打造的"中国派"三大品牌享誉国内外，引领着办公家具的风潮！

说起国景品牌的诞生，还要追溯至2003年。为了抢占更多的资源、让体量快速增长，一个偶然，陈秋桂萌生出再复制一个中泰的念头。如果国景和中泰两个品牌可以同时出现在一个家具城中，便能更好地实行同一产品多品牌的战略。这与家具城中的×斯六号、×斯九号这种差异化定位有着异曲同工之妙。

虽说"中泰"品牌目前所经营的品类和经营模式跟"国景"品牌较为相似，但两者间还是存在着一些细微的不同。比如在目标客户群体方面，"中泰"主要以政府项目为主、以企业项目为辅；而"国景"则是以央国企等大型企业项目为主，以政府项目为辅。由于两个板块存在市场特点的差异，两个品牌的产品设计思路也略显不同。政府使用的办公家具较为简朴，风格庄重，设计经典；而企业用到的产品设计则相对大胆，更具有创新性思维。另外，公司对两个品牌的定位也进行了区分。除了原先的办公家具领域，中泰龙还重点关注了医疗养老和教育这两个未来5~10年国家财政资金进行重点采购的商用家具板块。公司将"中泰"的主营业务定位在医疗养老板块，则让"国景"瞄准了教育板块。

虽然目前品牌在定位上还有一些重叠，但是品牌差异日后肯定会随两个品牌的发展而进一步彰显。公司内部的管理架构也对此作出了相应的重构：将"国景"与"派格"合并为一个公司，独立经营、独立管理、自负盈亏，让中泰龙总部机关的领导把工作重心从各品牌的建设转移到公司的发展战略上来。原先所有的品牌都归公司统一管理，时间久了品牌的建设便会趋同，最后反而会磨灭每个品牌的特点。

为了更好地发展"中国派"三个品牌，陈秋桂多次与高层进行商讨，最终确定进行架构调整：建立事业部并分设三个销售部，让各事业部按自己的定位进行研发、生产和销售，逐步形成产销研一体化。这一调整的目的是统一领导、凸显品牌特点，在公司内部形成品牌与品牌、部门与部门之间"找标杆、立榜样，找对手、齐竞争"的良性合作和竞争机制。当内部竞争大于外部竞争时，内部的这种良性的竞争便会驱动几个兄弟品牌你争我赶、越走越好。三个品牌，各有特色，形成了"三足鼎立"的局面，将办公家具中的中国文化元素最大限度地彰显出来，形成了各自独特的风格。

管理启示

"中国派"的打造，正契合了多品牌策略，即企业根据各目标市场的不同利益分别使用不同品牌的决策。多品牌策略能较好地依据不同利益的细分市场，强调品牌各自的特点，吸引不同的消费者群体，从而占据较多的细分市场。多品牌策略在具体实施过程中又可划分为个别品牌策略、分类品牌策略、企业名称加个别品牌策略三大类。

多品牌策略具有较强的灵活性。没有十全十美的产品，也没有无懈可击的市场。浩瀚的市场，为企业提供了诸多进行平等竞争的机会，能否在市场上抢占一席之地，关键在于企业是否及时抓住了机遇。见缝插针就是多品牌灵活性的一种具体表现。比如宝洁公司从洗发水的功能出发，为满足不同目标市场上消费者的不同需求，面向市场及时地推出了不同功能和不同品牌的洗发水。多个品牌沿着各自的路子走入市场，各有各的特殊用途，可供消费者"各取所需"，共同提高了企业产品的市场占有率，使其产品迅速覆盖了中国的大江南北。

多品牌策略能充分适应市场的差异性。消费者的需求千差万别、复杂多样，不同的地区有着不同的风俗习惯，不同的时间有着不同的审美观念，不同的人有着不同的爱好追求，等等。因此，同一品牌在不同的国家或地区也有着不同的评价标准，如上述的宝洁公司就是运用了多品牌策略，充分地适应了市场的差异性。

多品牌策略有利于提高产品的市场占有率。其最大的优势便是通过给每一个品牌进行准确定位，有效地占领各个细分市场。如果企业原先的目标顾客群体范围较窄、难以满足扩大市场份额的需要，便可以考虑推出不同档次的品牌、采取不同的价格水平、形成不同的品牌形象，以抓住不同偏好的消费者。

6.4 齐头并进，竞合共赢

在确立了三大品牌的战略后，陈秋桂将中泰龙的市场划分为四大区：东北区、华东区、西北区、华南区。在四大区域中，三个兄弟品牌的营销中心均设有四个部门，也就是每个区域内一共有十二个部门。而这十二个部门各自的营销总监所负责的地理区域是一样的，各自开展竞争的同时又可根据需要开展合作。

竞争与合作无处不在。

首先，片区与片区之间有竞争。由于区域的划分，三大品牌在相同区域上存在一定的市场重合，通过品牌间的相互竞争，可以提高各自的区域优势，从而更好地抢占区域市场。

其次，相同的区域里品牌与品牌之间有竞争。三大品牌你追我赶，比的不是销售的绝对值，而是各自订单的完成率。即使在相同的片区，品牌与品牌之间虽有合作，但也是竞争关系，在良性竞争的驱动下，更能发挥品牌各自的潜力。

再次，品牌内部有竞争。品牌内各部门虽是合作关系、形成一个完整的业务流程，但在绩效的比拼上也存在竞争。这种竞争带动了品牌的活力，使品牌在合作竞争中以螺旋式的方式稳步提升。

最后，个人与个人之间有竞争。客户的维系是一种个人能力的体现，同样也是一种竞争方式。员工之间进行交流与心得分享、相互学习、不断进步，让保持优秀成为每个人的习惯。

陈秋桂说，公司内部不仅需要合作，也需要形成竞争，而这类竞争并不能只体现在财务绩效上，也要体现在其他方面，中泰龙的这种竞合文化使各品牌为了共同的战略目标齐头并进。

管理启示

部门内竞争是指企业内不同部门之间的市场竞争。其竞争的内容主要是：扩大同类产品的市场占有率，掌握足够的要素市场；在产品市场不能扩大、获得要素的条件也难以改变的情况下，努力采用新的技术和生产方法，改善经营管理，从而降低成本、提高利润率。部门内竞争的结果是降低同类产品的成本，通过提高部门内各个运营环节的经济效益，促使整个部门提高经济效率。

生产同类商品的企业，一方面由于各自的经济利益不同，都想获取超额利润；另一方面由于各自的生产规模、技术装备和经营管理水平等主客观条件的不同，使得商品的个别价值量也不同。然而，商品交换总是要按照社会价值量进行的。生产条件好的企业因为商品个别价值低于社会价值而获利较多，甚至获得超额利润；生产条件差的企业则处于不利地位，获利很少，或者无利可得，甚至亏本。在同类商品供过于求的情况下，企业间的竞争将会更加激烈。

内部良性的竞争能带来不少积极的作用，促使企业采用新技术、新工艺，提高产品质量，开发新产品，增加花色品种，加强企业管理，降低产品成本等，从而有利于社会生产力的发展。

同时，在中泰龙庞大的竞争文化中，离不开对于竞争指标的量化考核，其中绩效的比较更是利用了平衡计分卡（Balanced Score Card, BSC）的工具和方法——从财务、客户、内部运营、学习与成长四个角度，将组织的战略落实为可操作的衡量指标和目标值，从而将企业战略目标逐层分解转化为各种具体的相互平衡的绩效考核指标体系，并对这些指标的实现状况进行不同时段的考核，为企业战略目标的完成建立起可靠的执行基础。

平衡计分卡的使用能够克服财务评估方法的短期行为，使整个组织行动一致，服务于战略目标；能有效地将组织的战略转化为组织各层的绩效指标和行动；有助于各级员工对组织目标和战略的沟通和理解；有利于组织和员工的学习成长和核心能力的培养，从而实现组织长远发展，提高组织整体管理水平。

品牌体系的确立，为日后决定"中国办公家具看广东，广东办公家具看中山，中山办公家具看中泰龙"的地位打下了坚实的基础。三大品牌以各自的特点、不同的模式和市场定位为中泰龙赢得了更多的市场。

三大品牌齐头并进，2006年8月，"中泰JONGTAY"牌办公家具以其独特的竞争优势与创新能力跻身"广东省名牌产品"之列，成为中山地区行业内唯一获得该称号的企业，并在2009年再次获评。2008年，"派格"品牌办公家具凭借消费者的良好口碑以及较高的市场知名度，被广东省工商行政管理局评为"广东省著名商标"。

6.5 产品升级，引领潮流

2009年10月25日，德国科隆。

陈秋桂正在参加国际办公家具展销会，琳琅满目的家具让他目不暇接。他注意到了展销会上生产时期不同的8把椅子，从20世纪50年代到 21 世纪，随着时代审美的变化，这些椅子的设计样式也经历了演变，没有一把是雷同的，每把椅子都刻下了时代的印迹。

拙朴—夸饰—简洁，变化的是观念，不变的是功能。

陈秋桂一时陷入了沉思，类比到自己的企业，在脑海里进行着情景比拟。

随着经济收入的不断提升，人们的消费观念也在升级，不同的时代，人们对产品的需求也不一样。从老一代的"三转一响"——家中有能转的自行车、缝纫机、手表和能出声响的收音机就已达到了令人羡慕的小康水平，到后来升级为结婚时的三大电器——彩电、洗衣机、空调，再到房钥匙、小车钥匙、保险柜钥匙，以及现在的工资卡、会员卡、信用卡，人们的消费观念和消费需求都在大踏步升级。家具行业也是如此，沿着"实用—美观—潮流—健康—绿色"的轨道进行着产品的升级换代。中泰龙找到了办公家具产品升级的突破口，一直紧跟顾客的需求进行产品研发，持续不断地创新并进行迭代升级，不断为客户带来更高品质的家具，引领着家具行业的潮流，走在行业前沿。

要打造一个品牌，一定要使它具备核心的内容。对内，中泰龙在研发和技术两方面下深功夫；对外，中泰龙致力于塑造品牌的美誉度。中泰龙之所以能够引领市场，主要是因为其产品的设计美感和内在所蕴含的家具文化。

前些年，中式家具的设计给人的感觉较为笨重、不洋气，尤其不受当代年轻人的欢迎，因而现代中式家具的市场反应一直不温不火。现在由于原材料的匮乏，不可能再像以前那样使用大批量的木材进行生产。与此同时，技术的进步节约了制造成本，促进了生产工艺的标准化，生产工艺、产品结构、材料的运用等板块也发生了较大的变革。此外，考虑到当代年轻人更喜欢具有美感的、更加现代化的家具，产品的升级需要化繁为简——既要传承原来的精髓，更要在总结历史、预测未来趋势的基础上，迎合当下消费者的眼光。由此，具有现代中式风格的家具品牌"和砚"横空出世，引领起中式家具的新潮流。

产品创新是企业的核心竞争力。互联网的快速发展进一步加剧了市场竞争，当前消费者的需求也因此更趋向于多样化和个性化，使产品创新逐渐从技术驱动转变为用户需求驱动模式。在这一过程中，产品的迭代创新模式应运而生，其核心在于关注用户的反馈，对产品进行多次迭代，不断地完善，在短期内开发出令用户满意的产品。用户需求很大程度影响着产品迭代创新的效率和效果，因此，对用户需求的挖掘和分析是进行产品迭代升级的前提和基础。

管理启示

消费需求逐步上升的趋势，反映了产品升级的规律。产品升级是创造消费的前提条件，就长期而言，科技的创新不断地创造着新产品，新产品的产生不仅会改变现有产品的供给状况，同时也会促进人们消费需求的升级。产品升级主要通过引进新产品或改进已有产品，提高单位产品的增加值，转向更高端的生产线以超越竞争对手。

一般来说，产品升级可以分为三个层次，即"创新型产品升级""跟进型产品升级"和"改头换面型产品升级"。

"创新型产品升级"主要以满足消费者的潜在需求为主，在产品研发方面具有重要的创新，包括产品内在品质的创新和外在包装的创新等。尽管它属于最难把握且开发难度最大的一个产品升级层次，一旦取得成功，不仅能带来较大的利润，还可树立起品牌的某种价值形象，提升消费者对品牌的某种价值认知，甚至奠定品牌在某个细分市场领域里的领导地位。

"跟进型产品升级"主要以满足消费者的现有需求为主，研究并跟随市场上领导品牌的畅销产品，在扮演"跟随者"的过程中，也能够获得一部分消费者的认可，并满足一部分领导品牌的畅销产品覆盖不到的市场需求。

"改头换面型产品升级"主要是为了更好地提升原有产品的竞争力,让原有产品既能够持续受到消费者的青睐,又能够提升其利润。在这三个层级中,"创新型产品升级"对品牌形象的提升贡献最大,一个创新型产品的上市,不仅能够起到引领消费和潮流的作用,而且还非常有助于品牌形象的提升。

快速变化的竞争环境中,产品的生命周期变得越来越短,竞争者的模仿能力也越来越强,这让企业产品创新的工作更加具有挑战性和紧迫感。新产品往往没有足够的时间来进行需求分析及相关测试,而用户也未必清楚自身的需求,这就更需要企业具备良好的审美水平和创新能力。

6.6 展厅升级,一步到位

> 只要是对公司有利的事情就放开膀子去做,哪怕是做错了,天塌下来有集团顶着。
> ——陈秋桂对年轻主管的激励

在产品升级后,中泰龙进一步建立并完善了多个销售渠道,形成了独有的、具有市场竞争力的营销体系。

十年磨一剑,周云是一个见证者。十年前"国景"搬家,陈秋桂带来一株海南黄花梨,周云在花园里将其种下,十年花开花落,如今依旧生机勃勃。2021年,"国景"开始计划装修新的展厅,预计于2022年3月29日完工,恰逢国景搬家十周年(2012—2022年)。

周云作为国景的执行总裁,想对传统的展厅布置进行升级改造,但考虑到国景 2021 年 8 月才刚成立为一个子集团，他自认没有陈秋桂那样的魄力去执行改革，所以在谋划整个展厅的升级改造工程时，他打算采取一些保守做法——在原有的基础上进行改造，将展馆的部分空间改造成文化馆和其他的区域，尽量节省开支，留出富余资金。按周云自己的话来说，就是没有以整体的思维去做新的东西。

然而，在向上级汇报之后，陈秋桂问了一句话："如果只是小打小闹、一层层地改造，你们自己去搞就可以了，又何必从集团的层面来做这件事情呢？现在既然成立了国景集团，要么不做，要做就做行业里最漂亮的展厅。"

世界之大，天地之高，唯有格局大的人才能心怀天下、眼光长远，每一步的谋略都是在为日后的发展铺路。

周云深受启发，决定大胆一点，做一个极具前瞻性的展厅设计，整体的规划也要力求创新，这才有了今天国景极具视觉冲击力的展馆。尽管投入了上千万元的资金，但由于一切都按照计划、量力而行，所以并未对公司的正常运营造成影响。去年赚的钱用于今年的装修，今年赚的钱投入明年的装修，最后装修出来的效果非常好：展厅大气恢宏又富有现代设计感，让往来的客户也都忍不住驻足观看、赞叹不已，从展厅就可以看出公司的资质和实力不容小觑。

周云起初是站在经营的角度来想问题，节省一点，只需要五百万就可以完成装修改造，但陈秋桂的想法却不一样，他想的是如何在行业里成为标杆，认为钱应该花在刀刃上。风物长宜放眼量，凡事都应该将眼光放得长远一点。受陈秋桂行事风格的教化，周云等管理层决定一步到位，将"派格"的展厅也一并装修完成。

大格局者，心有大谋，不图小利。大格局的人，仿佛是挥毫泼墨的书画家，心中自有万里江山，抬笔即成大江大河，从不计较花草。许多企业对"亏损"二字唯恐避之不及，而对于"大"企业来说，战略亏损是为了完成市场布局。企业家都是冒险家，拥有大格局的企业家不会有冒进的思想,但具有冒险的勇气。陈秋桂具有非凡的前瞻性视野和宽广的格局,他总是以系统思维去思考公司的发展和品牌的经营。陈秋桂常说:"要做就做到最好呈现给大家,努力做成这个行业里的一面旗帜。"领导者的格局,决定企业的高度。

管理启示

领导者有两个重要任务:确定方向和用人。确定方向就是决策,决策和用人都需要眼光。决策需要前瞻性、预判性和远见,需要洞察力;用人首先是识人,识人之明也需要洞察力。领导者要有选人之眼,识人之明。概括起来,即领导者的眼光包括前瞻性和洞察力。前瞻性主要是指对市场趋势的判断,洞察力则主要指的是对人的判断。

前瞻性的基本要求是有远见,能够基于现状把握未来。领导者对行业成长和发展趋势的认识应当有预见性,能够看到别人看不到的事物,对变化充满好奇,能够快速、敏锐地发现并抓住市场的机会。

领导人的敏锐可以为组织带来新的发展机会,找到新的突破口,为组织的发展提供正确的方向。例如诸葛亮,未出茅庐已知三分天下,就体现了一种预见性。

洞察力是指能透过现象看到本质,是一种对事物和人的分析、抽象以及概括的能力。当然,洞察力也包括能够对事物做出准确的判断,辨别出各种因素的相互作用,抓住问题的缘由和实质,预测问题的发展及其影响,制定解决问题的措施,并判断这种措施实施以后会出现什么后果。

洞察力有两个要求:一是要看得透。事物表面现象纷繁复杂,人的心理千变万化,要透过现象看本质。只有知道人的真正想法才能做出正确的判断,进而采取合适的方式,把握良好的时机,取得工作实效。二是要看得细。受到粗疏之风的影响,忽视隐患的苗头和机遇的萌芽,便容易导致风险的发生,错过最佳开展工作的机会。人生经验和工作感悟的结晶往往体现在细微之处，经历的事越多，眼光就会越深邃、越清晰。历史上能成就一番事业的雄才大略之领导者，都是有洞察力的。

在陈秋桂管理思想的影响下，周云在接手国景后，重新梳理了发展战略，提出了"三个大"和"四个好"。

"三个大"即大城市、大客户、大项目，这也是国景成为行业品牌的第一要素。只要做成大城市和大项目的销售，就能突显品牌的影响力。按照原来的产品思维很难提升行业对品牌的认识度，而现在国景承接的项目普遍定位高、体量大，既包括中国移动、大兴机场、白云机场、综合集团等的大项目，又包括医院和学校等项目，品牌传播快，美誉度逐步提升。同时，国景还成立了一个教育基金会，将大项目所得的一定利润捐助给基金会，扶持偏远山区教育的发展，资助贫困大学生，彰显了公司在社会责任方面的担当的同时，扩大了品牌的影响力。

"四个好"即好产品、好政策、好模式、好服务。国景也好，中泰龙也好，身为制造业，必须要把产品摆在第一位。若想打造好的产品，就要制定出恰当的政策来推动生产经营。"好政策"包括两个方面，一个是内部政策，另一个是对经销商的监督政策。"好模式"则是不断地创新，例如发展新业态。为了发展家具电商这一新业态，在领头人周云的带领下，国景在各大数字化采购平台上均取得了可喜的成绩——不仅在京东家具销售排行榜上位列第一，还与京东结成了战略合作伙伴关系。

"好服务"包括对外的客户服务模式和对内的沟通服务模式。公司内部的每一个部门、每一个岗位不仅要服务好客户，也要服务好内部相关部门，相互提供服务支持，例如生产部服务于销售部门，销售部门服务于客户。为此公司不断地培育新人，这个新人不是指招聘的新员工，而是唤醒的一批新生力量，以期通过新生力量，激发强劲活力，带动公司的发展。

无论是"三个大",还是"四个好"的发展战略,都是为了打造好产品、服务好客户。在这个过程中,通过国景这个大平台,把员工推上去,让员工有归属感、有发展的机会、有成长的空间,让合作伙伴愉快地合作共赢,实现企业的基业长青。

第7章　渠道为王

> 现在的市场已经变成了快鱼吃慢鱼的时代，时间优势成为了决胜的关键。
>
> 快速的市场信息反馈可以及时把握市场脉搏，快速的新产品投放可以刺激客户的神经末梢，从而抢占先机。
>
> ——陈秋桂对营销的认识

7.1　卖场营销，广泛覆盖

1986年，中国改革开放，百废待兴，放眼全国，处处商机。

在这一充满生气和机遇的时期，消费经济被前所未有地带动。其中，家具行业在巨大的供需差异中悄然萌生并壮大，让踏上这趟"快车"的年轻人为自己的人生按下了"加速"按钮。

陈秋桂便是其中一人。1987年初，通过他的搭桥，父亲在家乡城区五里牌办起一间家具厂，自主经营。后来，该厂由于地方经济欠发达，生产经营难以为继而倒闭。父亲办厂失败的经历，给陈秋桂带来许多的思考。他认为一个地方的经济发达与否，最终会影响一个企业未来发展的走向，因此至关重要。

1993年，陈秋桂离开耒阳，南下广东中山。在往返耒阳与中山期间，陈秋桂观察到：因为行业的进入门槛低，越来越多的人加入家具行业，导致行业竞争变得异常激烈，尤其是在三四级市场。哪怕在一个小县城里，很多以前做木工的师傅也可以取个名字、开个定制家居馆。各个家具店的工艺程序更是参差不齐，要求低一点的店家自己买了板材后现场做，要求稍高的店家才会把板材拿到外面的工厂加工。

家具行业杂、乱、散等特点，让陈秋桂陷入深思。他认为，行业门槛低致使在市面上形成了众多的品牌，同时产业的集聚形成了一定区域性的特征，在一定程度上也导致了市场的无序竞争。在众多的品牌中，有实力的品牌屈指可数，能够走到上市的企业更是寥若晨星。未来，家具行业必定要经历由低端产品向品牌和高端产品扩张的进程，如何打造独特的品牌、打开市场渠道想必是关键。

时光如梭。2000年，陈秋桂重回中泰。现在想来，在当时濒临倒闭的困境下，为了拿下订单，彭树坤等人可谓是费尽心思地应酬客户，今天前往这个酒店、明天去赴那个饭局……靠着吃吃喝喝、靠着人脉关系才得以拿到一个又一个订单，这也是当时业内主要的营销手段。

"目前国内本土办公家具品牌最突出的问题就是缺乏科学的营销战略，应酬抢单的销售模式还能维持多久呢？"陈秋桂开始从企业管理决策的角度，暗自思考着家具行业未来的营销模式。

中泰龙地处中山，无论是引进生产线、做出口，还是搞展会、做商场，中山的家具企业均是先行者。广交会等工商界盛事的举办，让陈秋桂发现展会是个推销产品的好机会，也是进行品牌宣传的好平台。

经过缜密的筹备、布局，大手笔的投入和精心地包装展位，陈秋桂带领的中泰龙虽是第一次参加，仍然成了整个展会的焦点，打了个漂亮的翻身仗。

搞了几次展销会，收到的全是喜讯，中泰龙的产品被不少客商认可，受到了市场的热捧。

当然，国内的这些成功并没有满足陈秋桂的胃口，天生敏感的他意识到国外市场才是中国家具行业的主要扩张点。为此，中泰龙积极开阔国际视野，每年参加"意大利米兰家具展""德国科隆家具展"等国外顶尖展会。陈秋桂大胆尝试和勇于开拓的精神让业内的同行折服，也让外国的同行企业认识了中泰龙这个品牌。

当时企业直接面对消费者的销售渠道较少，因此，中泰龙选择培育经销商，建立销售网络，组合运用营销策略和与分销环节有关的渠道覆盖、商品流转、中间商、网点设置以及储存运输等可控因素来建设和优化自身的营销渠道。通过积极向下开发经销商、入驻消费力高度聚集的卖场和家具城，中泰龙构建起稳定且有序的销售网络，加大了盲区的开发力度，经销商遍布全国。

靠着"敢拼，敢干，敢打仗"精神，中泰龙的业务员们从产品的一个个细节出发，向客户渗透公司的理念，从而让中泰龙的营销体系得以从一线、二线城市到三线、四线城市，再到乡镇逐层覆盖进行客户开发。中泰龙营销体系铺设的过程正如陈秋桂所言的"用双脚去丈量每一寸土地"。

中泰龙注重产品的质量，着力保证产品的质量功能，并把产品的品质作为功能诉求放在第一位，迎合了消费者对家具产品结实好用、价格公道的需求。对消费者而言，中泰龙的产品性价比极高。几年间，中泰龙的产品需求急剧上升，出现了供不应求的现象。为了能拿到货，不少客户从很远的地方提前一天赶到中山，隔天一大早就在中泰龙门口排队，等待中泰龙的员工上班。大门一打开，客户们纷纷走进去争抢签单提货。销售部门忙得不可开交，订货电话响个不停。

销售产值是公司实力的最好体现，也是中泰龙实现梦想的数据支撑。中泰龙对产品质量的把控和新颖的款式，让其在业界逐步积累起自身的品牌效应，掀起了珠三角家具消费的热潮。中泰龙迅速蹿红大江南北，产品持续旺销。

在宣传方面，陈秋桂一直强调并致力于推进中泰龙的品牌建设工作，以此为基础进行品牌的宣传、公关、促销等一系列的营销行为，利用各种信息传播手段刺激消费者的购买欲望。中泰龙集团的中泰、国景、派格三个品牌，通过经销商进行全国性的销售，每年销售额可以达到10亿~15亿元，占全国市场销售额的首位。在提升品牌价值、调整产品结构的同时，中泰龙极大地扩张了自身的渠道。

通过销售人员的推销、经销商的宣传、公司广告的促销，三大品牌同时发力推广，充分运用了当时环境下可利用的资源。通过产品、价格、促销和渠道四个方面实施的营销组合策略，中泰龙很快建立起自身的分销渠道并实现了商品实体的流通，其发展气势节节高涨！

管理启示

从企业管理决策的角度看，影响企业市场营销活动的各种因素（变数）可以分为两大类：一是企业不可控因素，即营销者本身不可控制的市场和环境，包括微观环境和宏观环境；二是可控因素，即营销者自己可以控制的产品、商标、品牌、价格、广告、渠道等。

传统营销模式中，产品一般需要经历好几个环节才能到达消费者手中。为了把握好其中的几个产品流转环节，将尽可能多的产品和服务提供给尽可能多的顾客，4P营销理论将这些可控要素概括为4类，即企业可以通过产品（Product）、价格（Price）、促销（Promotion）和渠道（Place）四个基本策略的组合抓营销。

具体来说，产品策略要求企业注重开发的功能，要求产品有独特的卖点，把产品的功能诉求放在第一位。价格策略则需要企业根据不同的市场定位，制定不同的价格策略，产品的定价依据的是企业的品牌战略，注重品牌的含金量。渠道策略主要是指企业以合理选择分销渠道和组织商品实体流通的方式来实现其营销目标。而宣传策略则指企业以利用各种信息传播手段刺激消费者购买欲望、促进产品销售的方式来实现其营销目标。通过产品、价格、促销和渠道四方面的营销铺设，企业便可以很好地组织商品实体流通，建立起自身的营销模式。

7.2 渠道下沉，尝试代理

> 雄鹰选择蓝天必与狂风为邻，海鸥选择大海定与风浪共舞，而我们选择奋斗必与挑战为伴。
>
> 平静的海面永远锻炼不出精悍的水手，在挑战中崛起的人才是真正的强者。
>
> ——面对办公家具行业前所未有的大萧条，
> 陈秋桂发出的激励

从 2000 年到 2006 年，经过 6 年的发展，中泰龙渐渐走向了平稳发展的阶段，名声远播，经销商遍布全国。

一次高层会议上，销售总经理的发言引起了陈秋桂的注意。

"上半年广告花费和促销活动所带来的销量没有达到我们的预期。"

"详细展开说说。"陈秋桂翻看着各产品款式的销售数据说道。

"现在市场上大多数家具公司都采取了相似的营销策略，比如在家具店里贴几张海报广告（Point of Purchase Advertising，POP 广告①），在门口放上几块展板，和家具经销商搞好人际关系，做些带金销售，等等。营销方式逐渐趋同导致大家都在做类似的家具包装，失去了彼此的个性与特色，难以吸引消费者的注意力。客情关系变成了看促销返现的多少，你返 50 元我就返 100 元，越来越难以达到预期的效果。"

行业中有句话叫作"渠道为王，成也渠道，败也渠道"。

大量的广告花费和强有力的促销并没有带来预期的效果，这对于目

---

① 所有在店面内外、能帮助促销的广告物，或者其他提供有关商品情报、服务、指示、引导等的标示，都可称为 POP 广告。

前徘徊在销售增长缓慢期的中泰龙来说，无疑极具挑战。

闻此，陈秋桂在会上顺势提出了自己对办公家具渠道的见解："家具行业的发展，一方面让办公家具的厂商顺应现代人的多元化需求，把品类做得越来越丰富；另一方面，传统模式的营销渠道同现代产品的丰富程度出现了严重的不对称。这就需要对办公家具的渠道进行新一轮的调整和变革，以顺应现代人对办公家具的个性化需求以及对购物环境的要求。传统办公家具的营销渠道发展到今天多少已经到了需要变革的时候，我们需要寻找一个能快速反馈市场信息的新渠道。"

计划没有变化快。就在中泰龙人按部就班地探寻新渠道的时候，2008年席卷全球的金融危机悄无声息地爆发了。

世界金融危机不断蔓延，整个办公家具行业出现了前所未有的经济大萧条。各知名品牌在渠道建设上进行了全方位的竞争，对中泰龙的产品销售造成了不小的冲击。如何增加销量，如何最大限度地减少金融危机带来的负面影响，已经成为各家具营销经理们日思夜想的问题。

面对经营困境，陈秋桂逆势而上，将产品思维扩散到品牌的营销思维上，率先提出创设"形象店"这一概念。

他分析道："在我国，办公家具的营销渠道紧随社会发展的步伐经历了从无到有、从小到大的发展过程，但由于办公家具一直没有完全从民用家具领域中细分出来，只是作为家具的一个门类而存在，影响了它的发展速度。目前大部分的办公家具经营场所普遍还处于一种无序的发展状态，多数办公家具由小型专卖店经营，或者居于民用家具大商场的一角。购物环境大多不尽如人意，存在着诸多缺陷：一是卖场环境简陋，粗糙的场地，灰暗的灯光，有些甚至连吊顶都没有装，露出了水泥墙面和管线；二是产品陈设较为简单，写字台、屏风、大班椅、前台等依照类别摆放在一起，如同一个个大排档。这样的购物环境为各种劣质办公家具提供了栖息地，好的产品和差的产品都混在一起，让消费者无从选择。"

因此，要让家具店实现销售增量，就必须根据现时的市场态势对家具店的经营做出新的调整，在家具店的营销中做出新意。

中泰龙渠道建设中的"形象店"就是在这种背景下出现的一种新的营销尝试，为的就是给消费者带来情景式的购物体验、缩短市场反馈的链条，更快速地开发适合市场需求的产品。

当时整个家具行业的营销仍处于站在企业的立场考虑问题的阶段，比较注重对产品的推销。陈秋桂在这种大环境下，率先看到了消费者在消费过程中强交流性的价值和体验式购物环境带来的休闲乐趣，在消费者购买的意愿、成本、便利性等方面做出了周到的考量。

体验式购物环境这种销售模式更好地体现了办公家具的搭配、运用和摆设，有利于消费者进行选择，容易引起消费者的消费欲望。结合众多商品的优势，通过设置每个区域的主题，并在每个主题下按职位级别、部门职能模拟出相应的办公模式，摆放不同的办公用具组合，"形象店"很好地展示了办公现场的格调及布局，突出了产品的品牌优势。

在这个宽敞明亮的卖场中，人们听着悠扬舒心的音乐，看到的不再是灰暗灯光下大排档式的家具布局，而是一个个富有现代时尚感和生活化的空间，给人以美的享受。主题体验式的展厅，实现了"空间、家具与人"三者的和谐统一，让消费者对办公环境有了更为清晰的概念，可以帮助消费者轻松实现办公家具的选购，处处体现了现代商业空间的精心规划和人性化设计。

2011年冬天，经过严格的选址和论证，中山国景办公环境体验馆在港口镇破土动工。建设的过程漫长而曲折，名字也由先前的"情景体验馆"改为"国景办公环境展览馆"。

2012年3月22日这天，国景办公环境展览馆正式投入使用。这是集团实现战略发展，向更大市场迈进的务实之举，树立起了良好的企业品牌形象，凸显了对中国办公家具产业发展的引领作用。

时间证明了陈秋桂的判断是正确的。体验式办公家具卖场虽然不能说是家具行业的最新趋势,但也成了家具行业的一大历史性转变,是不可逆转的消费趋势。

果不其然,同年7月,国景品牌在市场经济环境极为不乐观的情况下,首次实现超额完成月度目标,陈秋桂顺势题写了"龙腾国景"横幅,赠予国景品牌销售部以鼓舞士气。

站在顾客的立场,在追求产品的质量和个性化的特点、保障价格和供货渠道的基础上,中泰龙直接建立起面对消费者的直销渠道,将企业端(Business端)的卖场打造得更加精致,更加注重为顾客提供优质的服务,使消费者得到最大限度的满足。这不仅为中泰龙赢得了大众更多的信赖,也增加了自身对消费者需求的了解以及对市场的把握。

通过品牌形象店的建设,中泰龙改变了过去"群雄争霸"的市场开发和销售模式。短时间内便在全国注册三百多家形象店,截止到目前,在全国范围内已建立起近千家优质品牌形象店,高效地完成营销体系的铺设,曾一度引领办公家具行业由"大排档"式的粗放经营向品牌形象店专业化、标准化升级的潮流。

这些都使中泰龙在业内积累了很好的口碑,在消费者的心目中树立起良好的企业形象,更加有利于自身的长远发展,可谓是独辟蹊径。

陈秋桂独到的眼光与市场营销从产品经营转向客户需求的发展历程相吻合,未来企业的生产经营活动会由产品的推式生产模式转向消费者需求拉动的模式,企业更应该以市场营销组合为手段满足消费者的需求、追求顾客满意度,达到获取最终利润的目标。

管理启示

PEST分析意为对宏观环境的分析,宏观环境又称一般环境,指一切影响行业和企业的宏观因素。不同行业和企业根据自身特点和经营需要,虽然在分析宏观环境因素的具体内容上有所差异,但一般都应对政治(Politics)、经济(Economic)、社会(Society)和技术(Technology）这四大类影响企业的主要外部环境因素进行分析。

政治环境包括一个国家的社会制度，执政党的性质，政府的方针、政策、法令等。不同的国家有着不同的社会性质，不同的社会制度对组织活动有着不同的限制和要求。即使社会制度不变的同一国家，在不同时期，由于执政党的不同，其政府的方针特点、政策倾向对组织活动的态度和影响也是不断变化的。

政府的政策广泛影响着企业的经营行为，即使在市场经济中较为发达的国家，政府对市场和企业的干预似乎也是有增无减，如反垄断、最低工资限制、劳动保护、社会福利等方面。当然，政府的很多干预往往是间接的，常以税率、利率汇率、银行存款准备金为杠杆，运用财政政策和货币政策来实现宏观经济的调控，以及通过干预外汇汇率来确保国际金融与贸易秩序。因此，在制定企业战略时，对政府政策的长期性和短期性的判断与预测十分重要，对政府发挥长期作用的政策企业战略应做必要的准备；对短期性的政策则可视其有效时间或有效周期而做出不同的反应。

市场运作需要有一套能够保证市场秩序的游戏规则和奖惩制度，这就形成了市场的法律系统。作为国家意志的强制表现，法律法规对于规范市场和企业行为有着直接规范作用。立法在经济上的作用主要体现在维护公平竞争、维护消费者利益、维护社会最大利益三个方面，因此企业在制定战略时，要充分了解既有的法律规定，特别要关注那些正在酝酿之中的法律，这是企业在市场中生存、参与竞争的重要前提。

经济环境主要包括宏观和微观两个方面的内容。宏观经济环境主要指一个国家的人口数量及其增长趋势，国民收入、国民生产总值及其变化情况以及通过这些指标能够反映的国民经济发展水平和发展速度。微观经济环境主要指企业所在地区或所服务地区的消费者的收入水平、消费偏好、储蓄情况、就业程度等因素。这些因素直接决定着企业目前及未来的市场大小。需要重视的关键经济变量有：国民生产总值（Gross

National Product，GNP）及其增长率、中国向工业经济转变、贷款的可得性、可支配收入水平、居民消费（储蓄）倾向、利率、通货膨胀率、规模经济、政府预算赤字、消费模式、失业趋势、劳动生产率水平、汇率、证券市场状况、外国经济状况、进出口因素、不同地区和消费群体间的收入差别、价格波动、货币与财政政策等。

社会文化环境包括一个国家或地区的居民教育程度和文化水平、宗教信仰、风俗习惯、审美观点、价值观念等。文化水平会影响居民的需求层次；宗教信仰和风俗习惯会禁止或抵制某些活动的进行；价值观念会影响居民对组织目标、组织活动以及组织存在本身的认可程度；审美观点则会影响人们对组织活动内容、活动方式以及活动成果的态度。

关键的社会文化因素有：妇女生育率、特殊利益集团数量、结婚数、离婚数、人口出生死亡率、人口移进移出率、社会保障计划、人口预期寿命、人均收入、生活方式、平均可支配收入、对政府的信任度、对政府的态度、对工作的态度、购买习惯、对道德的关切度、储蓄倾向、性别角色投资倾向、种族平等状况、节育措施状况、平均教育状况、对退休的态度、对质量的态度、对闲暇的态度、对服务的态度、对老外的态度、污染控制对能源的节约、社会活动项目、社会责任、对职业的态度、对权威的态度、城市城镇和农村的人口变化、宗教信仰状况等。

技术环境除了要考察与企业所处领域的活动直接相关的技术手段的发展变化外，还应及时了解国家对科技开发的投资和支持重点、该领域技术发展动态和研究开发费用总额、技术转移和技术商品化速度、专利及其保护情况，等等。

7.3 品牌营销，调整策略

> 没有萧条的市场，只有消极的思想。
> ——面对不容乐观的市场经济环境，陈秋桂在公司"两会"上激励战略合作伙伴及全体销售精英征战市场

这天陈秋桂的办公桌上摆着两份报告。一份来自江西省九江市销售商，另一份是公司1—6月份的生产总值情况报告。

看完两份报告，陈秋桂喜忧参半。

前者介绍了当地销售新政出台后良好的销售情况，后者却告诉他受金融危机的影响，2009年上半年，公司总产值增长幅度出现了历史性新低。没有人知道这个"冬天"到底有多冷，到底有多长。陈秋桂点燃了一支烟，陷入沉思。

伴随着产品时代的终结，制定独特的销售主张开始变得越来越困难。陈秋桂早已敏锐地发现在销售产品时，声誉与形象比任何明确的产品特点更加重要。正如广告大师大卫·奥格威所说的："每个广告都是对某一品牌形象的长期投资。"

2007年以前，全国各地的经销商像"天女散花"一样，只要经销商想卖就可以拿产品去卖。2008年以后，中泰龙正式在全国各地建立专卖店，推行"渠道下沉"策略，即从一线城市到二线城市再到三线城市，以层层递进的方式进行推广。

公司先后在香河、杭州、苏州、潍坊、北京、东营、鄂尔多斯、达拉特旗等地建立了近60家形象专卖店。形象专卖店的建立，为推动品牌建设、规范市场起到了积极的作用，使卖家与买家之间的关系从普通

的买卖模式转向了"品牌销售的新模式"。

江西九江店便是这60多家形象店之一,九江的经销商立即行动起来,他们递交了申请报告,希望公司能到九江去做一个品牌推介和分享会。销售不是营销。营销是战略,销售是战术。因此,品牌营销策略始终是企业经营管理的核心工作之一。

陈秋桂将烟头掐灭,果断决定:去江西九江。

2009年9月,来自全国的品牌经销商汇聚九江。公司与当地政府和家具城老板一道进行了商品展销,并在风景秀丽的庐山举行了以"相聚九江,携手共赢"为主题的厂商合作交流暨品牌分享会,即中泰龙历史上著名的"庐山会议"。

"庐山会议"分析了国内外形势以及专卖店形式的发展。对此,陈秋桂得出了这样的战略布置:随着新时代消费观念的变化和环境的改变,原有的专卖店将最终升级为"情景式"专卖店。在新的营销理念的推动下,品牌体验馆和主题式情景体验馆将会是未来营销的发展方向。其主要特点在于结合众多商品的优势,模拟真实的办公环境,突出品牌的优势和办公现场的格调及布局。

通过市场分析工具,在解析不同消费者对品牌印象的基础上,中泰龙也勾勒出了某一品牌的特有气质。就此,公司未来将遵循"个性化设计、时尚设计、高端精品化"的路径,通过一级市场打造高端品牌形象,深拓高端消费市场;在二、三线市场建立合理的经营模式的同时,继续推进"渠道下沉"策略,以循序渐进的"地毯式"渠道推广战略来填补空白市场。

"庐山会议"为日后的营销渠道指明了方向,并且做出了以后每年在不同的地方举行品牌分享会的决定。

实践证明,陈秋桂的判断是准确的。

公司在"庐山会议"后果断采取措施调整营销策略,通过参加广州国际家具博览会、环球市场推广、中国(广州)进出口商品交易会等方式，向国内外市场展示了自己的品牌形象。同时，公司加大了品牌文化的传播力度，2009年公司在全国各地新增品牌形象店100多家。

在陈秋桂决定维持品牌长远形象的执念下，不惜重金打造并推广的品牌形象店，既在品牌属性、名称、包装、价格、历史声誉、广告方式等方面巩固了自身三大品牌的良好形象，又将简单的买卖关系转向了"品牌销售的新模式"，让中泰龙硬是在经济不景气的情况下峰回路转、柳暗花明。

为了更有效地拓展并经营市场，公司毅然推行了分区域销售策略，将国内市场划分为东北、华北、西南、华南四个区域，对市场实行"分区分省"管理，推行"一城一店"的市场开发策略和销售策略，改变了以往的市场混乱局面，使业务员更有效地点对点服务客户，收到了良好的成效，做到了有的放矢。既提升了经销商的向心力，又有效地避免了无序竞争给销售渠道带来的长远伤害，实现了生产公司与经销商二者的共赢！

在中泰龙调整营销策略、推动品牌营销的过程中，可以看到品牌形象不是自发形成的，而是一个系统工程，涉及产品、营销、服务等各方面的工作。品牌形象的塑造需要企业全体员工坚持长期的努力，能否创造一个吸引潜在顾客的品牌形象是企业制胜的关键。陈秋桂对品牌营销的重视，印证了品牌形象论中"突出塑造形象，实现长远投资"的观点。

管理启示

品牌形象论突出塑造形象，强调每一品牌、每一产品都应该发展和投射一个形象，而形象可以经由各种不同的推广技术，特别是广告传达给顾客及潜在顾客。

然而，品牌形象并不是产品固有的，它与消费者的心理满足等因素相关。随着生活水平的提高，消费者开始关注心理上的满足，其购买行为追求的是"实质利益＋精神和心理利益"。简单来说，对某些消费群体而言，他们不仅注重产品的具体效用，更加注重产品背后的企业形象和产品信誉为自身带来的心理利益。

另外，随着产品之间差异性的减少，品牌之间的同质性越大，消费者选择品牌时所运用的理性就越少，决定竞争胜负的关键集中在消费者对于商标乃至企业本身特殊性质的印象上。因此，描绘品牌的形象比强调产品的具体功能特征重要得多。一旦把产品的品牌形象维持在较高层面，生产该产品的企业便可以更高的利润获得更大的市场份额，从而实现了品牌形象的长远投资。

7.4 顺势而为，开启招投标

> 真正的市场并没有转淡，只不过是在慢慢地变化。
>
> 市场营销模式已经由传统的零售市场慢慢地转变为工程营销模式。
>
> 只要我们同舟共济，未来的市场一定会好起来的，你们的生意也一定会好起来的。
>
> ——2012年11月，中泰龙集团成功举办"快乐海南，齐聚共赢"全国市场精英经验交流分享会，陈秋桂发表视频讲话并预测未来市场精英格局

一个早上，销售总经理面露难色地拿着最近几个月的销售情况报告出现在陈秋桂的办公室。

"出了什么问题？慢慢说吧。"陈秋桂宽慰道。

"最近一下子走掉了好几个政府的项目，公司的销售情况出现了断层。主管工程项目的局长这几天连电话也不接了，让人很头痛啊，这市

场是不是要淡了?"

2012年，一系列反腐措施的推行对办公家具行业也造成了影响，希望凭借人脉关系拿订单的销售思路渐渐行不通了。随着国家一些政策的落地，政府部门慢慢地不再被允许新建楼堂馆所，对中央行政单位使用的办公设备家具也将执行更为严格的配置标准，并禁止配置高端设备和豪华家具，政府办公场地的很多工程项目处于停滞状态……

毫无疑问，受政策环境的影响，家具行业进入了一个低谷期。

面对逆境，陈秋桂表现出了其极强的逆商，他超越当前的困难看待眼下的低谷并做出了预判："真正的市场并没有转淡，只不过是在慢慢地变化。前几天市政府刚发布了一则工程招投标的通知，看来这就是时代的风向，市场营销模式开始由传统的零售市场往工程项目转变了。没有萧条的市场，只有消极的思想，我相信未来的市场一定会好起来的。你带人研究研究这个招投标的通知，我们一起思考、摸索。"

不出所料，时间证明了陈秋桂的判断，流程清晰规范的工程招投标项目将"饭局订单"取而代之。陈秋桂对未来市场格局的预判提前给中泰龙打了一针强效的兴奋剂，同时也稳定了军心。

当中山市正式出台了工程招投标的管理办法时，全体中泰龙人毫不意外。在陈秋桂带领下，中泰龙按部就班、稳扎稳打地加速推进针对招投标项目的销售工作。

从无到有，从有到强。中泰龙从2012年的招投标项目销售"零基础"到2014年建立起了相对规范化的招投标项目销售模式并日趋走向成熟，同时诞生了一支堪称行业里顶级的招投标项目销售团队。

多年来，中泰龙一直坚持走规范化的招投标项目销售路线，依靠自身过硬的产品质量、行业领先的成本优势，接下一个又一个的工程订单，就此一步步地走向了规模化、批量化、集中化的大体量采购和生产规模，抢占更大的市场。

与此同时，中泰龙人一边梳理、完善自身的招投标项目销售工作，一边仔细地研读政府文件，针对中央文件标准开启了新一轮的产品转型。

由于政府、公共企事业单位对办公家具的需求不同于一般的私营企业，对于每一个级别职位的办公家具类型、价格、风格、使用年限等都有严格的要求，这就比较考验办公家具厂家灵活应变的能力。承接工程项目的企业需要充分利用办公室的布局，在讲究庄重、实用且兼顾不同级别的标准划分的前提下进行设计和搭配。对此，中泰龙的设计团队考虑了办公家具的严肃性、庄重性、耐用性以及创新性的特点和要求，在充分利用办公空间特性的前提下，注重庄重严肃氛围表达。同时，为用户提供创新、舒适的办公体验，以一站式配套服务为众多的政府和公共企事业单位提供办公家具的解决方案。

受政策启发，中泰龙针对不同行业客户的个性需求（行业属性、空间大小、风格喜好等）展开了专属家具定制服务，真正做到让客户省心、无忧。与此同时，中泰龙通过多种渠道向顾客提供详尽的信息以及良好的售后服务，减少顾客精神和体力的耗费，从而使消费者得到最大限度的满足，让顾客在购物的同时也享受到了便利。

从组建招投标项目销售团队到开展量身定制专属服务，中泰龙将"以顾客为中心"作为一条红线，使其贯穿于市场营销活动的整个过程——站在顾客的立场上，设身处地为顾客组织挑选商品货源，按照顾客的需要和要求组织、开展商品销售，更加注重为顾客提供优质的服务。既紧密联系顾客，在公司与顾客之间建立起长期而稳固的互动型关系，又提高对市场的反应速度，及时做出反应来满足顾客的需求并用心倾听顾客的声音（Voice of Customer，VOC[①]）。此外，中泰龙还着力研

---

① VOC 是理解客户需求和认知、定义和修正每个缺陷并提出问题的关键。既可进行定性分析又可定量分析，还可以针对定性数据，如调查中的焦点群体、在线论坛、开放式提问，以及根据排序的问题做定量调查。企业可以定期或不定期进行，"定期"的 VOC 包括调查、直接讨论或访谈焦点群体，注明客户所需的规格和应用位置；"不定期"的 VOC 包括客户购买记录、客户行为观察、保修期、现场服务人员的场地报告、电话中客户的音调。VOC 是六西格玛的几种"声音"之一，它还包括体验声音、雇员声音(Voice of Employee，VOE)及市场声音(Voice of Market，VOM)。

究顾客的购买行为，同顾客进行积极有效的双向沟通，这些都为中泰龙打造"金字招牌"起到了积极的作用。

就此，中泰龙形成了以市场养形象店、以形象店带动工程项目销售、工程再反过来回报市场的营销模式。近几年里，中泰龙顺应时代发展的变化，注重和客户关系的长期互动，体现出了以关系营销为核心、重在建立顾客忠诚的 4R 营销理论。公司对营销渠道的深耕，为其形成独有的营销体系打下了一个良好的基础。

管理启示

根据市场不断成熟和竞争日趋激烈的形势，4R 理论认为，企业需要着眼于与顾客的互动与双赢，重点关注关联（Relevance）、反应（Reaction）、关系（Relationship）和回报（Reward）四个要素。企业不仅要积极地适应顾客的需求，而且要主动地创造需求，运用优化和系统的思想去整合营销，并从更高的层级上以更有效的方式在企业与顾客之间建立起有别于传统的新型的主动性关系。

通过建立企业产品和消费者需求之间的关联（Relevance）、快速反应（Reaction）并迅速解决问题的方式等形式与客户形成独特的长期关系（Relationship），把企业与客户联系在一起，形成竞争优势，从而在最大限度地满足消费者需求的同时保证企业利润，达成回报（Reward）。它既从厂商的利益出发又兼顾消费者的需求，是一个更为实际、有效的营销制胜术。

7.5 携手京东，电商破局

信息技术的高速发展，使传统行业遭受了前所未有的冲击，人们的消费渠道发生了翻天覆地的改变，电商运营成了"渠道之首"。

"做互联网是找死，不做互联网是等死"，一句流行语道出了家具行业数字化的难度及未来发展的趋势。根据极光大数据《2019年Q4移动互联网行业数据研究报告》，直到2019年，家具行业互联网渗透率不足1%。如何借助技术推动行业的数字化进程，成了整个家具行业的共同命题。

中泰龙率先破局，其电商运营中心围绕着电商行业的现状与未来发展趋势、采购新机遇以及电商操作流程的三个方面，贴合时代发展，革新公司内部的电商发展观念，循序渐进地展开电商蓝图，辅助中泰龙走在电商市场的潮头。

而京东集团和中泰龙集团的合作也由来已久。

早在2017年底，中泰龙便瞄准了京东，开始筹备京东项目。

2018年，中泰龙集团旗下各品牌陆续进驻京东平台，双方聚焦"商品+服务"展开深入合作。企业客户通过京东平台采购中泰龙家具产品，可获取卖场看样、上门量尺、送货上门及安装等各项服务。借助京东，中泰龙在线上通过"品质节""家装节""618"等大促活动，销量大增，大获成功！

在陈秋桂的大力推动下，2020年10月16日，中泰龙与京东签署战略合作协议，携手为企业客户提供更高质量的办公家具数字化解决方案。双方在原有合作的基础上升级了合作范围，基于京东商用的采购—销售—库存（Purchase，Sales and Inventory，PSI①）平台打造了"场景方案+商品定制"服务。

由于安装、调试、售后等的服务流程、服务标准、服务内容都需要大量的线下沟通，服务难以实现标准化，因此一度成为过去掣肘家具采

---

① 最大限度地降低产品库存，以减少因库存问题而导致的费用开支增加。它表现为多种专题表格，以顾客需求为牵引，"销售多少生产多少，顾客没有需求就不生产"。公司与代理商一起制定轮廓性的销售目标，每个月的计划中又以周为单位，每周统计一次，清楚地看出经销商每周的进销存情况与产品的销售方向。公司可以与代理商共同进行协商，并相应地调整销售目标，共同研究营销和广告策略。这样，公司与代理商在处理各种问题时已经超越了单纯的商业关系，成了双方互利、共同成长的合作伙伴。

购数字化的难点。合作升级后,中泰龙将和京东并肩,基于京东的 PSI 平台,通过系统深度对接,实现大规模家具采购的直接线上定制,以更好地满足企业客户多元化的定制需求。

同时,基于系统平台的大数据,中泰龙探索出了更加完善的从企业客户到制造商(Business to Manufacture,B2M)服务模式,与京东携手共建标准化、数字化和场景化的服务产品。企业客户在京东采购平台提交定制需求后,通过 B2M 客制化系统平台,与中泰龙集团建立数字化连接通路,相关需求将直接反馈至生产工厂。这一模式解决了定制商品的规模性交付难题,进一步推动了行业的数字化进程。

此外,在线下落地服务方面,基于"1+N"的服务模式,中泰龙旗下各品牌拥有超过 4000 家深度合作线下经销商,与京东商用服务体系全面打通,转型成为企业业务服务落地商。"1+N"服务模式中的"1"代表品牌厂商原厂,"N"代表品牌商全国的品牌服务中心、服务网点,以及品牌授权、具备原厂服务能力的 1 级代理。

在选择战略合作伙伴方面,中泰龙有几条原则:一是在硬件与软件两个方面兼容。硬件因素包括企业的战略、组织结构、生产、销售、财务和安全等几个方面。软件因素包括相互信任和公司文化。二是能力,包括在拟合作领域合作伙伴的活跃程度,对方的市场购买力,对方的技术水平、生产能力、销售网络以及对方的市场地位。三是投入意识,包括合作对象的业务范围和退出合作的难度。

京东与中泰龙签署战略合作协议,成为亲密的战略合作伙伴,标志着中泰龙赢得了更为广阔的发展空间。中泰龙可以通过京东打开营销渠道,而京东也因此增加了商品种类,实现优势互补、资源共享,获得了协同效应,可以对市场的变化做出更为快速有效的反应。

通过与京东的合作,中泰龙迎来了一个新的发展历程,打造了一个"传统企业+互联网"的新运营模式,共谋未来,实现共赢!

管理启示

传统营销是一种强调将尽可能多的产品和服务提供给尽可能多的顾客的交易营销。随着市场竞争日趋激烈,顾客的需求在市场营销中的地位越来越高。4C 的市场营销理论就以消费者需求为导向,将消费者的需求整合到整个营销过程中来,并重新设定了市场营销组合的四个基本要素,即消费者(Consumer)、成本(Cost)、便利(Convenience)和沟通(Communication)。

4C 营销理论强调企业首先要了解、研究、分析消费者的需要与欲求,而不是先考虑企业能生产什么产品。其次要了解消费者为满足需要与欲求愿意付多少钱,而不是先给产品定价,并努力降低顾客的购买成本。再次要充分注意到顾客购买过程中的便利性,即产品应考虑如何方便消费者使用,而不是从企业的角度来决定销售渠道策略。最后还应以消费者为中心实施有效的营销沟通,通过互动、沟通等方式,将企业内外营销渠道不断进行整合,把顾客和企业双方的利益无形地捆绑在一起。这些都有利于企业在业内积累口碑,树立起良好的企业形象。

7.6 四驾马车,并驾齐驱

从 2000 年走到现在,陈秋桂同中泰龙一起经历了不少的风风雨雨。对陈秋桂来说,跟中泰龙一起,将父辈的工艺和匠心传承下去,顺应经济政策和市场环境,打造出更适合中国人的办公家具,就是最大的收获。

一路走来有苦有甜,即使到了现在,陈秋桂也从未想过停下来休息,因为想做的事情还有很多,勃勃的"野心"还没停息。

经过几年的发展,三大品牌如今均已成为响誉国内外的知名品牌。目前中泰龙在全国(除中国香港、台湾外)已开设了近 3000 家"形象店"或"品牌专卖店"。营销渠道在一、二线城市覆盖率达100%，在三线城市覆盖率达80%以上，并在县级城市形成销售市场。纵观海外市场，欧洲、美洲、东南亚等超过40多个国家和地区也出现了"中国派"的身影。

2013年，在全球金融次贷危机的影响下，中泰龙仍然创造了13.8亿元的营业额，实现了自2000年以来，平均每年超过30%的复合增长率的高速发展。

这些年来，中泰龙在渠道建设上节节开花。集团充分利用工程、直销、电商与渠道销售这四把利剑杀出自己的营销之路，充分体现了需求（Demand）、数据（Data）、传递（Deliver）、动态（Dynamic）的4D智慧营销。移动互联时代，媒体多元化、信息碎片化、活动社群化让人们的认知和行为逐渐发生了改变。4D营销理论是随着市场营销环境的演变所提出来的一种通过人的创造性、创新力以及创意智慧，将大数据、物联网、区块链、虚拟现实等新技术融合应用于营销领域的新思维、新理念、新方法和新工具，其本质是用新兴科技的手段提升营销的精准度和转化效率。

管理启示

Demand（需求），即了解用户需要，提供符合用户需求的产品和服务以超出消费者最高期望。聚焦用户需求策略是指利用网络环境收集和整理消费者信息，了解、预测和创造消费者需求。其特征是以"我了解消费者"为核心竞争力。

Data（数据），即充分挖掘分析网民的网络痕迹、行为数据、交易数据等，预测消费者行为。Data强调通过大数据进行挖掘分析，为了解、预测和创造用户需求提供支撑。

Deliver（传递），即将产品的各项价值更加便利地传递给客户。Deliver要求企业以消费者为中心，在有效识别消费者需求的基础上，快速响应，将产品价值传递给顾客。

Dynamic（动态），即适应多对多、立体化的动态沟通机制。随着社交网络的出现，沟通已不再是企业与消费者之间一对一、点对点的静态沟通机制，转而演变为多对多、立体化的动态沟通机制。

在工程建设项目销售方面，中泰龙致力于政府及大型国有企业等重要项目的销售，并参与了国家电网、军队定点采购等多项重要项目。坚持精准定位对标企业，积极采取措施向对标企业看齐，探索更加快捷、直接的工程项目报价方式，注重投标样品品质，提高工程中标率和工程转化率。迄今为止，中泰龙70%～80%的销售额是靠工程项目订单实现的。

在直销方面，中泰龙进行了直销团队改革，扩大了直销人员的队伍，重拳出击、全面铺开，提升了直销在业绩中占比的份额，抢占了重点城市及重点市场。推行直销承包、直销合伙、成立直销部等多种直销方式，提高了经营利润。

2019年，电商时代正式拉开帷幕。中泰龙也不甘落后，在营销模式上大力创新，努力开发电商销售渠道，迎合消费者购物方式的变化。中泰龙依托知名电商平台，充分借力，利用网络环境收集和整理消费者信息，了解、预测和创造消费者需求，达到聚焦用户需求的目的。通过平台的大数据分析，充分挖掘分析网民的网络痕迹、行为数据、交易数据等，从而预测消费者的行为。另外，中泰龙还利用物流运营系统和平台的知名度，拓宽自身的销售网络，在有效识别消费者需求的基础上，快速响应，将产品的价值传递给顾客。其首次推出的"双12"狂欢购物的概念，仅一天的销售额就突破亿元，而在行业内首次举行的办公家具行业高峰会，也成为业内一大壮举。

同时，全面布局和规划B2C运营模式，将个人用户（Customer，C端）作为业绩增量的重中之重。中泰龙一方面与京东展开全面的战略合作，另一方面积极响应国家"一带一路"倡议的号召，进军南非市场，并成功入围"中央国家机关政府定点采购单位""中直机关2018年度办公家具定点入围供应商"以及"中央军队定点采购供货商"。

在渠道建设方面，中泰龙在强化适合渠道销售的产品研发、满足店面销售需求的同时，不断调整渠道建设的思维，采取多维度、多方向的开店方式，开展多对多、立体化的动态沟通机制，填补市场空白，唤醒沉睡客户，扶持优质客户。陈秋桂以品牌定位布局，先后创立了中泰、国景、派格、凡度、和砚五大品牌，覆盖政府、事业单位、高端企业、跨国企业、中小企业、电商平台等多个领域，并向高端奢华及典雅中式商务领域冲击，使得中泰龙逐渐拥有国内最大的经销网络。

工程项目销售、直销、电商与渠道销售这四驾马车齐头并进，同步面向市场，成为中泰龙争霸市场不可或缺的四把利剑！

第8章 开疆拓土

> 当今的后工业时代，是一个全新的商品时代，也是一个全新的消费时代。
>
> 生产什么样的产品、怎样生产好的产品，可能都不再是问题了。
>
> 中泰龙风风雨雨走过了近四十年的历程，生产技术和生产工艺早已不是问题，而如何让公司的产品获得更大的影响力，赢得市场更广泛的认可、更多客户的认同，这是中泰龙集团一定要解决的头等大事！
>
> ——陈秋桂对市场的认识

8.1 抢滩澳门，撬动市场

2007年新年刚过，公司领导层决定进军国际市场。

公司决定从澳门入手——一个具有得天独厚的地理优势的"桥头堡"。

年初，在陈秋桂的办公桌上一直摆放着一份报告——《2006年中国家具市场研究报告》。报告介绍了2006年中国家具市场发展现状、经营理念的变化以及行业发展的趋势。该报告结合权威观点和大量新资讯，运用数据分析模型对近年来连续监测的海量数据进行了详尽的分析，并对中国家具行业未来的发展做出了科学的预测。

2006年，我国家具行业整体技术水平大幅提升，通过引进德国等发达国家先进的制造设备使生产制造水平与世界先进水平的差距不断缩小。国内很多家具企业在提高技术水平和产品质量的同时，稳步增加了市场的供应。2006年1—10月，我国家具出口总额较2005年同期增长约28%，国内销售额增长约29%。可以说，2006年是我国家具行业高速发展的一年。

报告同时也介绍了欧美等地区家具行业的发展状况。

通过前期的发展，中泰龙积累了众多社会资源，形成了竞争优势，产品销售量占据了一定的市场份额。公司进入上升发展的阶段，在战略规划的支撑下，中泰龙采取了扩张战略。公司在年初定下目标：健全中泰、国景、派格三大品牌的工程部机制，在原有的经营范围内提高生产能力，把直销业务推上一个新台阶——开发国际市场，以促进公司不断发展。为此，公司高层就选址问题进行了一番研究。

成熟的企业进行网点选址时，必须有长远的眼光，从大局着想。中泰龙正是如此，在分析了研究报告之后，公司决定启动国际市场，选定澳门作为撬动国际市场的支点。

计划得到了陈秋桂的首肯。

澳门是东西方文化的交汇地。以妈祖信仰为代表的中华海洋文化，以悦城龙母信仰为主的西江文化，还有由葡萄牙人、欧洲人带来的西洋文化、宗教文化，以及因贸易和移民传入的南洋文化等多种文化在澳门的碰撞、融合，从而造就了澳门具有多元化色彩的外向型包容性文化。

虽然不远的地方便是珠海、中山，但澳门与之相比又是那么的不一样。置身其中，感受到异域文化扑面而来，拜占庭式的建筑、穿梭往来的各色人种，行走其中，会让人产生置身于欧洲某个小城街道的错觉。

澳门是一个活标本。明朝中叶以来，澳门就是中西方文化交流的桥梁。澳门这一"中转站"把西方文化和科学技术传到中国，又把中国的文化,尤其是东方的哲学思想传至西方。从明清到近代,包括汤显祖、林则徐、魏源、郑观应、孙中山、康有为、梁启超、高剑父等中国文化名人都曾在澳门活动,他们在此学习、了解和传播了西方文化,从而影响了中国文化的发展。无论是以前还是现在,澳门对中国文化的海外传播都起到了举足轻重的作用。

澳门,曾是多少"睁眼看世界"的先行者的试验田。起码在陈秋桂的心目中,孙中山便是其中的受益者。年轻时他在此行医,并走上了革命之路。

历史不止一次证明:澳门是通往国际化道路的"桥头堡"。现在,中泰龙将从这里找到一条通往国际市场的路。

公司把选址范围初步划定在新口岸区宋玉生公园附近车水马龙、熙熙攘攘的商业街。公园东侧6条东西向街道是以西欧6个国家的首都命名的,从北至南依次为柏林街、巴黎街、布鲁塞尔街、罗马街、伦敦街、马德里街。公园的另一侧,则是为了纪念孙中山开辟的另一条路——孙逸仙路。

经过周密的考量,最终,公司选中了澳门巴黎街。

巴黎街地处澳门半岛的新口岸区。新口岸本是澳门海域,澳葡政府曾有意将此区域发展为深水港,后因航道收窄而长期未有发展。由于城市化的发展,澳葡政府于20世纪20年代后期至30年代初,开始在松山南面的山脚下进行大规模的填海,原属货轮停泊位置的水域,也于20世纪90年代初开始分阶段被填平。1993年,外港码头落成启用。90年代中期,新口岸的基础设施建设已经基本完成,学校、住宅、娱乐以及四、五星级酒店等方面的公用建筑配套齐全,这里开始成为澳门旅游业的主要地区之一。2006年起,因区内新建成的建筑物不再有高度限制,这里出现了不少高楼层的建筑物,如中华人民共和国驻澳门联络办公室大楼。

巴黎街人流大,旅游和娱乐业都很发达,又是时尚的前沿,对中泰龙来说是一个绝佳的位置。

2007年5月,中泰龙在澳门成功注册了"中泰龙国际家具有限公司"以及与美森家具有限公司合资注册了"龙泰家具有限公司",标志着公司为征战海外市场建立了自己的出口平台。通过适时参与国内外大型家具展会,中泰龙借中国"奥运风"在国际市场上争取到了一定的份额。

8月,公司国际贸易部也应运而生。公司引进了相关人才,建立了一个通专业、懂外语、熟悉进出口业务的精英团队。

自决定进军国际市场之后,中泰龙便科学地进行商业活动的选址。首先找准了澳门作为切入口,进而挑中了澳门的巴黎街作为长期性投资的"点"。中泰龙位于澳门巴黎街的出口平台,便是其朝向世界的窗口。陈秋桂成为新时代"睁眼看世界"的企业家,道阻且长,但他义无反顾,带领中泰龙跨出了历史性的一步。

管理启示

选址问题指决定在何处建立生产或服务设施用以制造产品或提供服务的策略,需要充分考虑城市、建筑设施、周边环境、道路交通、人口密度、人口结构、购买力、门店结构和成本等因素的影响。

选址的好坏会对企业的服务方式、服务质量、服务效率、服务成本等造成直接影响,从而影响企业的利润和市场竞争力,甚至决定了企业的命运。好的选址会给人们的生活带来便利,降低成本,扩大利润和市场份额,提高服务效率和竞争力;反之,选址失误往往会造成直接的经济损失,影响公司的业务拓展,给企业经营带来很大的风险。

许多企业虽然在扩张时对店址的选择进行了周密的考虑,但对整个市场的布局却没有长远规划,对每家分店的选址孤立考虑,认为哪里有开设条件就到哪里开,导致后来发展非常被动。因此,成熟的企业在开设网点时,必须有长远的眼光,从大局着想。

8.2 北上香河,营销征战

自陈秋桂加入中泰龙后,他就从未停止过对这个企业未来发展的思索。

2010年6月20日,陈秋桂像往常一样,一大早驱车来到自己的办公室。才坐下没多久,他便站了起来,背着手,习惯性地在办公室里来回踱步,不时抬头望一望窗外。此时此刻,外面车水马龙,一片欣欣向荣的景象,这与他的心情是相吻合的。

陈秋桂正在思考如何抢占先机,将公司这只销售的巨手伸得更长更远。他随即在手机大屏幕上轻轻一点,香河县电子地图便跃入眼帘。

对于中国办公家具行业,陈秋桂是再熟悉不过的了。中国家具销售集散地素有被业内公认且家喻户晓的两大旗舰,即"南有乐从,北有香河"。

河北省香河县,其家具销售名扬全国,辐射东北广大地区,区位优势显著,地理位置优越。该县南北全长155千米,其中122千米与京津接壤,素有"京畿明珠"之美誉。距北京市区45千米,距首都国际机场60千米,距天津机场70千米,距天津新港110千米,距曹妃甸港180千米。《北京城市总体规划(2004—2020年)》确定了"两轴—两带—多中心"的城市空间发展布局,中心人口和产业将在15年内实现东移,在东部的通州区规划建设了70万~90万人的新城,并预留了百万人口规模的发展空间。随着城际交通系统的不断发展与完善,香河到北京市中心的距离缩短到了15分钟的车程。香河县境内及周边有4条干线铁路、6条高速公路、4条国家级公路通过,京沈高速公路在县城北侧设有"河北第一出口",京津轻轨铁路和第二条京津高速公路已经开通并在香河西侧通过。北京大兴机场距离香河不足30千米。以香河为中心,500千米的半径区域内百万人口以上的城市有11座,总人口近2亿,完全具备了国际上通行的"一小时工业区"的最佳条件。

凭借优越的地理位置和特定的区域竞争优势,大量的家具销售商汇聚在香河，聚集了大量的资源，形成了产业集群。被称为"中国北方家具商贸之都"的香河，自然而然地成了众多家具企业打开北方市场的关注重点。

2010年，如果说成功举办的"质量月"活动是陈秋桂在公司内部修炼的话，那么挥师香河，借助产业集群抢占北方潜在市场，则展现了他开拓辽阔市场的雄才。

当今的后工业时代，是一个全新的商品时代、全新的消费时代。生产什么样的产品、怎样生产好的产品，可能都不再是问题。中泰龙风风雨雨走过了近三十年的历程，生产技术和生产工艺早已不是问题，但如何让公司的产品在华北市场上一枝独秀，获得更大的影响力，赢得市场更广泛的认可，得到更多客户的认同，这是中泰龙集团一定要解决的头等大事！

深入思考后，陈秋桂决定：要在北方家具第一城创造业界传奇！

于是，中泰龙集团经过会议研讨，制订了详细的营销方案。9月16日，公司便组织庞大的销售军团论剑北方家具都城，在北方家具第一城举办了一场盛大的品牌分享会。

这天，万里晴空，香河县家具城里彩旗猎猎迎风舞，鲜花朵朵朝阳开。在一片锣鼓声和音乐声中，来自全国各地的中泰龙经销商、当地政府领导、业内外专家及新闻媒体共襄盛举。

陈秋桂把北上营销战役的起点放在香河是有所考量的。他把主题定为"聚山河之势"，寓意为"香山（中山原称）—香河"，字里行间一山一河，地理位置一南一北，经营模式一产一销，遥相呼应，相得益彰，"二香"同艳，天造地成！此是一个考量。另一个考量，正如香河县委常委、常务副县长张学义讲话中指出的那样：经过10余年超常规的跨越式发展，香河家具城已经成为中国北方最大的家具流通集散地，于2007年被中国家具协会命名为中国北方家具商贸之都。到2010年底，香河家具城展馆面积达到了380万平方米，年销售额实现了380

亿元。

中泰龙进军香河就是想通过这个家具之都撬动整个北方市场，培养跟得上产业发展步伐的综合能力，帮助企业自我进化，实现企业与产业共生。

一碧如洗的蓝天之下，看着现场宏大的场面以及众多出席盛会的当地领导和各地经销商，陈秋桂一时心潮起伏。随着主持人的一声："有请中泰龙的发言人陈秋桂讲话！"现场的掌声如潮水般响起。

猎猎秋风掀起他西服的衣角，在现场彩旗的映衬下，陈秋桂的脸色也如秋天的红叶，一片红光，平时说话轻声细语的他，以强大的底气向现场观众传递他的豪情与喜悦。

坐落于伟人故里中山市的中泰龙集团，旗下600余家优秀品牌经销商遍布全国各地，尤以香河地区成绩最为突出。

北上香河，是中泰龙生态圈构建的起点，它为公司的资源调整带来了新的契机。"同恶相助，同好相留，同情相成，同欲相趋，同利相死。"生态圈内的企业大多有着共同的欲望与志向，如果联合起来、共同行动，必然能一同追逐家具业发展的荣耀与梦想，促进事业的成功。

"生态圈"的建设工作已经被提上日程，中泰龙不断地调整与平衡经营的各个环节，借助平台优势，进行平台化运营、产业链整合、服务规范化与系统化等工作，实现"滚雪球"式扩张，以点带面，开疆拓土。

中山之利造就了中泰龙生产"山"之积淀——中山市拥有办公家具成熟的产业链，产业集群已经形成，尤其是中山市东升镇，集群效应逐渐显现出了产业配套齐全的优势，具备全面发展办公家具产业集群的坚实基础，有"广东省办公家具专业镇"之称。中泰龙集团的主要生产基地遍布东升镇，并以中山市的家具产业集群优势为基础，成就了其"常青树"的美誉。

香河之利成就了中泰龙销售"水"之广阔——办公家具的生产型企业主要集中在中国南方地区，而北方地区却占据着整个办公家具市场的广泛空间，尤以香河及周边地区最具代表性。中泰龙集团在超前的战略部署下，以香河作为占领北方市场的根据地，以整个北方地区为腹地，向东北和西北两个方向全面展开，抢占了中国北方地区的广大市场。借助香河的产业集群，中泰龙打下了国内市场的"半壁江山"。

管理启示

产业集群是某一行业内的竞争性企业以及与这些企业互动关联的合作企业、专业化供应商、服务供应商、相关产业厂商和相关机构，聚集在某特定地域的现象。产业集群突破了企业和单一产业的边界，着眼于一个特定区域中具有竞争和合作关系的企业、相关机构、政府、民间组织等的互动，构成这一区域特色的竞争优势，从而形成资源集聚效应。这种资源集聚效应一方面体现在集群产品销售极强的市场渗透力上，可以将产品直接渗透到周边各地。另一方面，专业市场也为产业集群提供了市场平台、物流服务平台和信息交流平台等。

从单个企业的角度分析，借助产业集群的资源集聚效应，企业可以在生产成本、原材料供应、产品销售渠道和价格等方面形成一定的竞争优势，增强自身生产和销售的稳定性，提高对市场信息的灵敏度，达到降低交易成本和提高企业的市场竞争力的目的。

8.3 立足国际，引领时代

> 中国在世界家具行业的春天终有一天会来临，中国制造将会在产量上赶上去。
>
> 随后，中国品牌也将屹立于世界家具之林！
>
> ——陈秋桂对世界家具市场变化的思考

随着公司外贸订单不断增多,为了满足国际贸易工作的需求,经过长期的筹备,中泰龙完成了外贸工作和人员的整合与优化。2018年12月11日,广东中泰龙集团国际贸易中心正式揭牌成立,标志着中泰龙迈出了走向国际市场的第一步。

虽然近年来经济下行,市场环境恶劣,国际贸易形势动荡,但中泰龙不忘初心、砥砺前行。将传统的家具产业作为主业,中泰龙始终以"成为办公家具领航者"作为公司的发展目标不断前行。为了让国际友人更好地了解公司的企业文化和产品信息,国际贸易中心专门制作了广东中泰龙集团英文版宣传片并面向全球发布。

2016年,中国政府"一带一路"倡议下的发展计划给企业带来了众多机遇。中泰龙高度重视,抓住机遇,毅然调整战略部署,循序渐进地开展海外经营,逆风飞扬。

以国际贸易中心为依托,中泰龙首先瞄准了最早与中国签署"一带一路"合作备忘录的非洲国家——南非。南非位于非洲大陆最南端,是"金砖五国"和南部非洲关税同盟(Southern African Customs Union,SACU①)成员之一。南非国内基础设施良好,经济开放程度较高,经济增长速度也很快,是非洲综合实力首强和非洲第二大经济体。自中南建交20余年来,双方成功实现了"三级跳"——从伙伴关系发展为战略伙伴关系,再到如今成为全面战略伙伴关系。2009年以来,中国连续9年成为南非最大的贸易伙伴、出口市场和进口来源地以及主要投资、游客来源国。两国在探索符合各自国情的发展道路进程中始终相互支持、相互借鉴,政治互信达到了空前的高度,所谓"声同则处异而相应,德合则未见而相亲"便是如此。虽然中国与南非在地理上相距

---

① 1969年成立,前身是1910年南非联邦与南部非洲英属殖民地的关税同盟协定,是南部非洲国家间的区域性经济组织。它是全球最古老的关税同盟,也是非洲经济一体化程度最高的区域组织之一。2013年11月,SACU与世界海关组织和瑞典国际发展合作署合作建立了"南部非洲关税同盟地区关税贸易论坛"(SACU Regional Customs Trade Forum),致力于解决税收征管的挑战和应对商业环境变化,旨在加强成员国与私营部门之间的互动。

甚远，但两个国家"声调相同"，即使处在不同的大洲也能互相应和。

为了响应国家"一带一路"倡议的号召，中泰龙立足中山，将目光投向海外市场，将优质的办公家具产品输出到了"一带一路"区域，进驻南非中南展贸易中心展销平台，通过展会活动和电商平台全面对接南非的采购资源，整合南非当地的渠道资源，将中泰龙公司优质的办公家具销售至南非，有序推进中泰龙的品牌在南非市场落地生根。

改革开放以来，借着春风，广东省走在了中国经济发展的最前沿。2019年2月18日，中共中央、国务院印发《粤港澳大湾区发展规划纲要》。按照这一规划纲要，粤港澳大湾区由香港、澳门两个特别行政区和广东省广州、深圳、珠海、佛山、惠州、东莞、中山、江门、肇庆九个珠三角城市组成，是中国开放程度最高、经济活力最强的区域之一，在国家发展大局中具有重要的战略地位。粤港澳大湾区与美国纽约湾区、旧金山湾区、日本东京湾区并称为世界四大湾区。粤港澳大湾区不仅要建成充满活力的世界级城市群、国际科技创新中心、"一带一路"建设的重要支撑、内地与港澳深度合作示范区，还要打造成宜居、宜业、宜游的优质生活圈，成为高质量发展的典范。以香港、澳门、广州、深圳四大中心城市作为区域发展的核心引擎。

21世纪20年代末，中山，这一伟人故里，迎来了它发展的黄金时期。

固本创新，是中泰龙发展的主线之一。作为中泰龙创新工作的一个分支，国际贸易中心将为提升企业竞争力，开拓国外市场份额，扩大国内外品牌的知名度而不断努力。以一点带动多线，从而刺激全国经销网络，大力发展国际贸易，成为中泰龙未来发展战略的重大部署之一。

在中央电视台《匠心智造》栏目中，陈秋桂曾说："木工事业是我一生不变的初心！为了这个初心，我愿意用一生来付出，让'中泰龙'在前海这个世界'曼哈顿'地区发出中国办公家具的最强音。让世界听到中国的声音！"

"聚山河之势，中泰龙运筹帷幄，决胜千里。"谋定全局，在一番深思熟虑后，中泰龙先是向南打开了作为国际市场"桥头堡"的澳门，随后向北挥师香河、抢占潜在市场，现如今固本创新、走向国际，展现了陈秋桂开拓辽阔市场的雄才。

"集山河之气，中泰龙厚德载物，天道酬勤。"中泰龙经过近四十年的不断探索，厚积薄发，组建了一支引以为豪、能征善战的经销商队伍，走出了一条以战略创新为前提、技术创新为基础、营销创新为途径、管理创新为保障、人才创新为根本的可持续发展之路。

从参与国际大型家具展会到注册中泰龙国际家具有限公司，再到如今成立国际贸易中心专门筹划国际贸易的工作，中泰龙稳扎稳打，走好每个阶段脚下的路——由本地市场到地区市场、全国市场、海外相邻市场，再到全球市场，循序渐进地在国际市场上奋勇前行。

管理启示

在国际商务中，企业国际化阶段理论认为企业海外经营是由国内到国外、国际化程度由低到高的逐步发展的一个"连续""渐进"的过程，而且这种国际化的过程不仅是市场范围沿着地理顺序扩大，企业也会在这个过程中实现跨国经营方式的演变。

该理论指出了企业国际化的四个阶段，并以此分别表示一个企业的海外市场的卷入程度或由浅入深的国际化程度：企业最初与海外市场的联系是从偶然的、零星的产品出口开始的；随着出口活动不断增加，母公司掌握了更多的海外市场信息和联系渠道，出口市场开始通过国外代理商稳定下来；随着市场需求的进一步增加和海外业务的不断扩大，母公司开始在海外建立自己的产品销售公司；当市场条件成熟后，母公司开始进行海外直接投资，建立海外生产制造基地。

而企业决定开拓海外市场的次序，则依赖于企业国际化阶段理论中"心理距离"这一概念。简单地说，就是企业面临不同的国外市场时，会受到语言、文化、政治体系、教育水平、经济发展等环境因素的影响，从而产生的某些心理层面的因素，让企业认为在一个相对熟悉的环境下经营的成功率比在一个完全陌生的环境中高得多。因此，企业往往会遵循心理距离由近及远的原则，选择与母国政治基础、文化、经济发展阶段相似的海外市场进行国际化。

第4部

优化机制
强化执行

　　机制是指通过制度系统内部的组成要素，按照一定的方式相互作用实现其特定的功能，具有强烈的社会属性。机制普遍起着基础性、根本性作用。在理想状态下，良好的机制可以使系统接近一个自适应系统，即在外部条件发生不确定性变化时，能自动、迅速地做出反应，调整原定的策略和措施，实现系统的优化目标。因此，好的机制需要具备制衡性和自适应性。

第 9 章　吐故纳新

> 成功的管理体制犹如攀登向上的扶梯,
> 让我们扶摇直上、再展宏图。
> ——陈秋桂"立业"的决心和心态

9.1　建"内阁制",推陈出新

从 2000 年到 2007 年,经过 7 年的发展,中泰龙渐渐走向平稳并显现出强劲的发展势头。在陈秋桂的带领下,中泰龙三大品牌已经在全国范围内颇有名气,客户的订单蜂拥而至,每年的盈利增速迅猛。

有一组数据表明了这一点:

2000 年上半年,企业生产总值达 1800 万元;

2007 年上半年,企业生产总值超 2 亿元;

2000 年,公司员工 200 多人;

2007 年,公司员工超 1300 人。

这样的发展速度,不要说中山市,即便是在整个广东省的家具行业,也是一个奇迹。一时间,中泰龙声名远播,前来学习和取经的同行络绎不绝。

中泰龙的产品开始供不应求,产品上架即卖空。许多等不及的客户将车直接开到中泰龙的生产工厂门口蹲点,货一出来就直接拉走。销售部门忙得不可开交，订货的电话响个不停。以中泰龙当时的产能，一线工人三班倒 24 小时不间断生产，也未能满足所有客户订单的需求。

为了扩大产能，留住客户，销售部门联合生产部门向高层管理者提出了快速扩大产能的建议。陈秋桂采纳了这个建议，在采取租赁和自建相结合的方式后，中泰龙的产能迅速提升，销售部门这才如释重负。

面对企业良好的发展态势，公司管理层似乎并没有意识到随之而来的危机。

当时，中泰龙有五位股东，每位股东的名片上都印有"总经理"三个字。因此一到决策时刻，问题就凸显了出来。都是总经理，到底谁说了算？不仅公司内部无所适从，客户们也不明白：为什么一个公司会有五个总经理？

终于有一天，一位姓黄的江浙客户对陈秋桂说："陈总，有个问题我想跟你谈谈。"

陈秋桂以为客户是对产品的质量或其他业务流程有意见，连忙给他倒了杯茶，说："有什么问题，您尽管说，能解决的，我们一定解决。"客户喝了口水，说："陈总，我觉得跟你们打交道有些困难。"

陈秋桂说："您这话怎么讲？"

客户说："我去过很多公司，从来没有一个公司像你们这样，有那么多总经理。本来是一件很简单的业务，找完这个总经理，又得找另一个。只要一个总经理不点头，这事儿就办不成。我想知道，中泰龙到底谁说了算？能不能简化一下审批业务流程？一个公司搞成这样，我估计你们内部员工也都会觉得奇怪吧？"

听完客户的话，陈秋桂愣了一下。他没有想到客户会提出这个问题。

其实，陈秋桂也曾考虑过这个问题。一家公司，政出多头，决策缓慢，不仅影响效率，对员工也会造成误导。每个总经理分管的部门只受其领导，对其他部门的配合难免不够积极。如果总经理之间产生矛盾，员工必然派系化,从而影响企业的发展。

送走了客户,陈秋桂陷入沉思。要解决这个问题,说难也不难,但是要处理好几个总经理之间的利益关系却又十分棘手。处理不好,可能会引起公司内部的动荡,而对正处于快速发展期的中泰龙来说,任何动荡都可能是致命的。

经过一段时间的思考,在2007年10月的一次公司高层管理干部大会上,陈秋桂提出了对公司组织进行改革的想法:"按目前的组织架构,公司有五个总经理,虽然分工不同,但对内对外大家都搞不清楚到底谁是决策者,办一件事情,似乎谁说了都算,又似乎谁说了都不算。这样一来,严重影响了公司的运营效率。此外,我还有一个担心,由于决策机构不健全,公司的继续发展缺乏制度依据,五个人,五个想法,到最后,可能什么事情都做不成。"

听完陈秋桂的话,其他几位总经理点了点头,纷纷表示确实存在这个问题。但怎么解决?大家都看着陈秋桂。

陈秋桂望着大家说:"我有个建议,目前公司规模虽逐渐扩大,但也称不上特大规模。此外结合公司目前在多头领导下,处于无序、管理效率低、各部门配合比较困难的现状,公司可以建立集权与分权相结合,各个部门相互配合,快速、灵活、维持成本低且责任清晰、效率较高的现代企业制度。比如成立董事会,订立董事会章程,制定公司管理制度。首先选出董事长,再由董事会聘任一名总裁。通过这个机制,将公司的所有权和经营管理权分开。"

由于时间紧迫,先在董事会成员范围内确定总裁人选,再聘任。然而此话一出,会场的气氛沉重起来,选谁成了一个大问题。

散会后,陈秋桂回到办公室,长长地出了一口气。他知道这是一个棘手的问题,但这个问题不解决,以后会碰到更多、更大的问题。今天,他把问题抛出来了。对陈秋桂个人来说,他由衷地希望中泰龙能走得更好、更稳、更远。只要他在中泰龙一天,就必须对这个企业负责。

2007年11月，经过近一个月的筹划，最重要的时刻来临了。陈秋桂说："这次选择，我们尊重历史。"

董事长的选举，从尊重历史的角度，大家都选了彭树坤为董事长，其余四人为董事。徐飞被提名为董事会秘书。

接下来，便是从董事会成员中选举产生并聘任总经理，会议由彭董事长主持。

会议室里，五位总经理坐在一起，每人面前摆着一张纸、一支笔。大家表情凝重，他们都知道，这一票写上的不仅是一个名字，而是中泰龙的未来。总经理选得好不好，直接决定着一个企业的经营状况。在残酷的市场竞争面前，所有的虚情假意、钩心斗角都是没有意义的。市场只承认强者，只有强者才能生存下去。这个时候，人情、关系都是靠不住的。每个人都希望选出一个堪当此任的总经理，继续延续中泰龙的辉煌。

陈秋桂拿起笔，在纸上写下了"陈秋桂"三个字，随后将选票轻轻地叠起来。动笔之前，陈秋桂也一直在心里进行着激烈的斗争：是选自己，还是选别人？对自己的能力，他是有信心的，而其他几位总经理也各有所长。如果选自己，其他人会怎么看？会不会觉得他陈秋桂其实一直在惦记着这个位置？当写完"陈秋桂"这三个字时，他心里反而一下子轻松了。他知道，写下的三个字代表着责任与担当，至于其他人怎么看，就让未来去证明吧，时间将会证明他写下自己的名字是对的。

选票一一收了上去，统票人开始唱票：

陈秋桂，第一票！

陈秋桂，第二票！

陈秋桂，第三票！

听到这里，陈秋桂内心风云激荡，看着周围的一张张面庞，内心充满感激，他感受到了同事们对他的信任和期待。

陈秋桂，第四票！

陈秋桂，第五票！

全票通过！

雷鸣般的掌声响了起来。

2007年11月，陈秋桂正式担任公司的总裁！

陈秋桂站了起来，深深地鞠了一躬。他看着大家，想说点什么，喉咙里却有些哽咽。陈秋桂握了一下拳头，对大家说："谢谢大家对我的信任，这不仅是一个总裁职务，更是责任与担当。别的话，我就不多说了，我一定带领中泰龙走向更美好的未来！"

这一刻，五双大手紧紧地握在了一起，这是历史性的一刻，代表着信任、责任以及重托。

公司改制后，董事长彭树坤找陈秋桂谈了一次话，他说："陈总，经历了这次改革，公司各个部门的管理效率大大提高。各部门领导纷纷肯定了这个制度在保证公司集中领导的基础上，引入管理工作专业化的做法。既能统一指挥，又可以发挥各个职能部门的参谋作用。让大家各司其职，发挥自身最大的优势。"

中泰龙经过此次改革，形成了新的组织架构，即**直线职能型组织结构**。

管理启示

直线职能型组织结构是现代工业中最常见的一种结构形式，而且在大中型组织中尤为普遍。这种组织结构的特点是：以直线为基础，在各级行政主管之下设置相应的职能部门（如计划、销售、供应、财务等部门）从事专业管理，作为该级行政主管的参谋，实行主管统一指挥与职能部门参谋、指导相结合。在直线职能型组织结构下，下级机构既接受上级部门的管理，又受同级职能管理部门的业务指导和监督。各级行政领导人逐级负责，高度集权。因而，这是一种按经营管理职能划分部门，并由最高经营者直接指挥各职能部门的体制。

优点是快速、灵活、维持成本低且责任清晰。直线职能型组织结构比直线型组织结构具有明显的优越性。它既保持了直线型组织结构集中统一指挥的优点,又吸收了职能型组织结构分工细密、注重专业化管理的长处,从而大大提高了管理工作的效率。

缺点是它属于典型的"集权式"结构,权力集中于最高管理层,下级缺乏必要的自主权;各职能部门之间的横向联系较差,容易产生脱节和矛盾;直线职能型组织结构建立在高度的"职权分裂"基础上,各职能部门与直线部门之间如果目标不统一,则容易产生矛盾。特别是对于需要多部门合作的事项,往往难以确定责任的归属;信息传递路线较长,反馈较慢,难以适应环境的迅速变化。

事实上,一个企业的组织架构在企业的运营管理中是非常重要的,具体而言,是指公司决策权的划分体系以及各部门的分工协作体系。组织架构需要根据企业发展的总目标,把企业的管理要素配置在特定位置上,确定其活动条件,规定其活动范围,形成相对稳定的科学管理体系。

组织架构不健全的企业像是一盘散沙,会严重阻碍企业的正常运作,甚至导致企业经营的彻底失败。相反,适宜、高效的组织架构能够最大限度地释放企业的能量,使组织更好地发挥协同效应,达到"1+1>2"的合理运营状态。

从中泰龙组织结构逐渐成型的过程可以看出,陈秋桂在那时起就深刻地认识到,一个公司的组织结构是否合理,对于公司的发展与生存起着至关重要的作用。

在一个结构设计良好的公司中,每个个体和相关部门都能保持较高的运营效率,并且能彼此相互配合协调。而在一个结构紊乱、职责不明的公司,管理人员无所适从,员工也会对公司产生失望乃至不满情绪,最终公司效率低下,人员纷纷离开。

在大多数情况下，公司效益低并非因为没有一个正式的组织结构，而是由于采用了僵化的、不适合本公司特点和其他客观要求的组织结构形式。不论是紊乱的还是不合理的组织结构，最终都会导致公司效益低下。

因此，组织变革后的中泰龙形成了直线职能型组织结构，这样一来，公司上下权责分明、分工明确，能够使专业的人做专业的事。

这种权责分明的组织架构搭建体现了"抽屉式管理法"的原则。

管理启示

抽屉式管理法是一种通俗形象的管理术语，在现代化管理中，也叫作"职务分析"。

抽屉式管理的主要含义是在每个管理人员办公桌的抽屉里，都有一个明确的职务工作规范。它包含两个方面：第一，对每个人所从事的职、责、权、利四个方面进行明确的规定，做到四者统一；第二，明确每个人所从事的管理和主要专业业务、分工协作关系、横向纵向联合事宜以及上下左右的对口单位等，达到理顺企业管理关系的目的。

抽屉式管理是近几年世界上最为流行的一种新式管理方法。它的主要内容包括以下两个方面：

一是业务科室的职务分析，即业务科室的职责权限范围分析，应根据企业的总体目标、生产经营指标以及专业对口的要求和协作关系进行层层分解、逐级落实、明确规定。

二是管理人员的职务分析，即职务说明或职务规范。管理人员的能力分析要根据管理层次的不同分别进行，它的关键是处理好集权与分权的关系。

由于抽屉式管理把每个人的职务、责任、权力、利益规定得非常明确又具体，所以各级管理人员都可以在规定的职责权限内发挥最大的作用。

抽屉式管理的最大特点就是职责明确，它能大大提高企业管理工作的系统性和科学性，是顺利、有效地完成大中型企业各项工作的必要条件。它规定了企业内部各个职务的工作性质、特点和任务，并根据其要求来选人用人。所以说，企业内部实行抽屉式管理是企业战略管理的保证。

在现代企业管理中，既不能有职无权，也不能有责无权，更不能有权无责，必须职、责、权、利相结合。实行抽屉式管理，能理顺企业内部各个职务的主要责任、权力、利益，明确各个职务之间的分工和协作关系，同时可以有针对性地进行人员的培养，以达到人与事的合理配合。

9.2 内外夹击，势态分析

放眼瞭望，办公家具产业已经形成了全球化的供应链且日趋成熟。从国际家具市场的需求分布来看，欧美国家多以市场需求、人体工学设计为主，而拥有丰富木材等天然资源的东南亚国家则成为家具生产基地的大型聚落。新一代"工业4.0"①，更加强调制造业的升级，即传统的制造模式跃升至自动化、智能化与大量导入工业物联网的数字化生产时代。为了满足智能制造的产业发展需要，其所涵盖的技术层面十分广泛，包括生产流程中的传感器网络、机器设备之间的自动通信、数字三维（Dimension，D）模型的积层制造、人工智能（Artificial Intelligence，

---

① 新一代"工业4.0"是基于工业发展的不同阶段作出的划分。按照共识，"工业1.0"是蒸汽机时代，"工业2.0"是电气化时代，"工业3.0"是信息化时代，"工业4.0"则是利用信息化技术促进产业变革的时代，即智能化时代。这个概念最早于2013年在德国的汉诺威工业博览会上正式被提出，随后被德国政府列入《德国2020高技术战略》中十大未来项目之一。其技术基础是网络实体系统及物联网，旨在提升制造业的智能化水平，建立具有适应性、资源效率及基因工程学的智慧工厂，在商业流程及价值流程中整合客户及商业伙伴。

AI）与机器人技术、云端技术与大数据分析等先进科技，使现代制造业的生产更加集约化。

目前国内办公家具产业正处在内外夹击的混沌境遇中，一方面，国际众多强势办公家具品牌大举进入中国抢占市场，国内却一时难以找到一家办公家具厂或品牌可以与之全面抗衡。另一方面，目前国内有数万家办公家具厂为争夺市场彼此间相互厮杀竞争。

处在竞争如此激烈、内外夹击的市场形势下，中泰龙该怎么走？如何转型升级？怎样创新？陈秋桂一直在思考这些问题。

在陈秋桂的思想意识里，不存在"等待"这个词，想到什么问题，就一定要找到解决办法。

陈秋桂开始着手收集资料，无论是在国外超过百年历史的办公家具Steelcase公司，还是国内新兴的办公家具公司，陈秋桂都去仔细地收集、查阅他们的相关资料，看他们是否有值得学习的地方。

那中泰龙自己的优势和劣势又在哪里？陈秋桂反问自己。

他开始每周走访各个部门和一线生产车间，去和品牌管理层谈话，甚至去和国内外的大客户、供应商谈话，询问他们选择中泰龙的理由是什么。

有别于小规模经营的其他竞争者，中泰龙拥有强大而健全的企业经营资源，特别是品牌、口碑以及社会影响力等无形资源。由于在政商关系、社会责任、环境保护等方面严格遵循法律法规，中泰龙在中山市以及办公家具行业中都获得了很高的美誉度，丰富了企业的无形资源。同时，企业出类拔萃的研发技术、多姿多彩且多样多量的创新专利和注册商标、强大的营销体系，均带来了无可比拟的优势。

纵然过往已经取得了诸多佳绩，技术的发展却是一日千里、日新月异，顾客的需求也紧跟时代的发展而变化，中泰龙迎来了重大转型变革和转型升级的最佳契机，在一定程度上也迎合了时代发展的潮流。

然而，陈秋桂发现有些地方的转型还是困难重重，特别是油漆类家具,由于采用的是比较传统的加工流程,依赖于传统技术,劳动强度大,工况比较恶劣。同时,管理层都是从技术岗位转型过来的,思想观念也较为传统,这就形成了内部闭环,成为企业发展制约因素。

此外,从集团总部到各个事业部均拥有较完整且坚实强韧的经营组织体系,而这样的经营体系在使其拥有较强风险抵抗力的同时,也使企业组织结构臃肿、组织管理机械化。因此,在面对动态策略调控、时局变革、突发事件冲击、新计划与创新经营时,企业往往失去了对市场变化的灵敏度,造成决策滞后、组织弹性丧失,成为企业的另一重负担。

那么中泰龙发展的机会又在哪里呢?

电子商务技术为各个行业的发展带来了巨大的市场新机遇,人们可以通过线上搜寻产品、研究品牌、了解产品,线下实体店购买产品或通过实体店线下体验产品、线上完成交易。因此,中泰龙需要革新思维和观念、创造出适合自身发展的电商市场,从而适应新时代发展的变革。另外,伴随着科学技术的高速发展以及民众消费水平的提高,产品生命周期呈现越来越短的态势,更新换代更加频繁。

在持续且激烈的市场竞争、消费者对产品多样化的追求、电商等新业态变革步伐加快的形势下,家具产业的整合与转型正在被加速推进,面临着大规模洗牌的局面,唯有纯正优质的企业才得以涌现,中泰龙正是顺应了这一潮流,因时而动。

陈秋桂对企业外部环境带来的机会和威胁展开了分析,同时对企业自身的优势和劣势进行了反思,这些都为后续制定企业转型升级的战略做了充分的准备。

管理启示

态势分析法即SWOT[①]分析法,使用该方法可以综合地评估和剖析

---

① SWOT,即Strengths(优势)、Weaknesses(劣势)、Opportunities(机会)和Threats(威胁)。

目标客体，以其自身所具有的优势、劣势以及所面临的外部机遇、外部威胁来帮助企业实现转型升级的匹配方法。

战略应是一个企业"能够做的"（即组织的强项和弱项）和"可能做的"（即环境带来的机会和威胁）之间的有机组合。从某种意义上来说SWOT分析法隶属于企业内部分析方法，即根据企业自身的条件在既定范围内进行分析。

优势，即组织机构的内部因素，具体包括：有利的竞争态势、充足的财政来源、良好的企业形象、技术力量、规模经济、产品质量、市场份额、成本优势、广告攻势等。

劣势，也是组织机构的内部因素，具体包括：设备老化、管理混乱、缺少关键技术、研究开发落后、资金短缺、经营不善、产品积压、竞争力差等。

机会，是组织机构的外部因素，具体包括：新产品、新市场、新需求、外国市场壁垒解除、竞争对手失误等。

威胁，也是组织机构的外部因素，具体包括：新的竞争对手、替代产品增多、市场紧缩、行业政策变化、经济衰退、客户偏好改变、突发事件等。

SWOT分析方法的优点在于考虑问题全面，是一种系统思维，而且可以把对问题的"诊断"和"开处方"紧密结合在一起，条理清楚、便于检验。

9.3 架构重组，成立子集团

董事会的成立，既保持了直线型组织结构集中统一指挥的优点，又吸收了职能型组织结构分工细密的长处，使职能部门参谋人员的作用得以充分发挥，注重专业化管理的长处，从而提高了管理工作的效率。同时，命令传达速度快、政策执行起来灵活、运行维持成本低并且责任清晰。此外，由于该制度分工清楚，每个部门都思路清晰，知道自己该做什么、该怎么做以及遇到事情该找谁解决，因而效率高，使中泰龙高速发展。

随着企业规模的不断壮大、产品品类的不断增多以及国内外市场的复杂多变，原本产销一体化的总部组织结构无法使研发与产销融为一体，责、权、利方面也出现了不和谐的地方，导致研发部门不能及时了解市场信息和需求，只能凭借公司其他部门传递的间接信息来研发产品。信息传递链条的拉长以及传递过程中出现的滞后和失真，致使产品的竞争力减弱，管理成本急剧上升。在整个集团公司"大锅饭"的背景下，各个产品线缺乏经营自主权，员工积极性得不到充分调动，组织结构和公司的发展出现了诸多不和谐的地方。

进入2013年，次贷金融危机后的次生金融危机一浪接一浪，国内银根紧缩，东南亚紧跟中国国门大开，因而国内廉价劳动力的优势不再明显，人口红利出现了拐点。

面对企业内部信息滞后、产品竞争力低下、企业外部市场不明朗、国外品牌大举进军、国内厂家也异军突起等内忧外患，陈秋桂感觉改革迫在眉睫！

他对"中国派"三个品牌作了认真的思考，有一种不革新就不痛快的感觉缠绕着他。

回顾三个品牌单一的管理方式，陈秋桂发现正是这样的做法导致原本的良性竞争转向内部恶性竞争，由于每个品牌的文化没有被凸显，市场划分也不够细化，三个品牌以相似的面孔出现在市场上，彼此之间的产品可以完全被替代。各个品牌在片区之间为了抢占市场、相同区域内为了争夺订单而采取各种手段，造成了不必要的内伤，对企业整体而言造成了负面打击。

中泰龙在很多市场上都存在盲区，今后如何去填补这些盲区呢？

陈秋桂认为若想发展就必须有颠覆性思维，依靠保守的方式是实现不了的。

公司为了应对国内外市场上发生的巨大变化，鼓励品牌按照各自的特点，形成独特的经营管理模式。

中泰龙从长远利益出发，提出了"管道建设"构想，主要是针对人力资源进行优化组合管理，使公司的整体运营系统形成一个"管道网"。

要想人力资源不断优化，既要做好管道建设，又要用好、管理好管道。

管道建设分两个层面，一个是内部层面，另一个是外部层面。

2013年，公司将三个品牌分拆成三个事业部，分别为"中泰""国景"和"派格"，并对其进行了差异化区分，打造三个品牌不同的侧重点，以自身代表的不同文化进行运作，即中泰：有势头，国景：有看头，派格：有盼头。

"中泰"品牌以"和"文化为核心元素，融合了中国古典文化元素，运用现代科技再现了产品的经典设计，有"和生万象"之意。其产品雅致、经典、中庸、稳重，更加富有中式文化内涵。"中泰"品牌定位为打造中高端的多元化产品，针对政府单位、国营企业、医院、银行、教育等组织定制出具有品味的家具，引领家具行业的潮流。

"国景"品牌以"鼎"文化为核心元素。"鼎"为国之重器，彰显了王者风范，完美诠释意韵——鼎盛国景，寓意一言九鼎、诚信为本的品牌文化。"国景"品牌主要生产办公配套家具，目前已形成了以企业办公家具、政府办公家具、教育办公家具、医疗办公家具、法院办公家具等为核心的办公家具解决方案。

"派格"品牌以"橄榄枝"文化为核心元素，以绿色为基调，采用亮丽的色彩配合新颖的格调，整体设计简洁而不缺内涵，与时尚、环保的品牌文化完美融合。积极响应十八大以来，习主席提出的"绿水青山就是金山银山"的理念。它代表着年轻、时尚环保的理念，以不断提升人们办公生活品质，引领绿色办公家具行业发展为己任，坚持以科技配合服务，引导用户共同体验。

明确各个品牌的定位后，市场也随之细分，企业内部不同事业部之间的良性竞争替代了之前因抢占市场而进行的恶性竞争。

管道建设的优势则更为明显。

首先，每个事业部都有了自己的产品和市场，能够各自规划未来发展，也能够灵活自主地适应市场出现的新情况并且迅速做出反应，使中泰龙更加富有竞争力。

其次，形成事业部后，权力下放，在最高领导层坚强有力的决策支持下，各事业部经营绩效单独考核，使各事业部经营管理的积极性和创造性得以有效发挥，从而提高了企业的整体效益。

同时，按照产品划分事业部便于组织专业化生产、形成经济规模，并且易于对设备进行专业化改造，使个人的技术和专业知识在生产和销售领域得到最大限度的发挥，也能使各个事业部在相互比较、学习与竞争中增强企业的活力，促进企业的全面发展。

中泰龙的管道建设实质上是进行了组织结构的再次变革，将直线职能式组织结构进一步革新为目前的事业部制。

管理启示

事业部制是指以某个产品、地区或顾客为依据，将相关的研究开发、采购、生产、销售等部门划分成一个相对独立单位的组织形式。它表现为：在总公司领导下设立多个事业部，各事业部有各自独立的产品或市场，在经营管理上有很强的自主性并实行独立核算。

作为分权式管理结构，其优点包括：每个事业部都有自己的产品和市场，能够规划其未来发展，也能灵活自主地适应市场出现的新情况并迅速做出反应。因此，这种组织结构既有高度的稳定性，又有良好的适应性。

权力下放，有利于最高领导层摆脱日常行政以及直接管理具体经营工作的繁杂事务，从而成为坚强有力的决策中枢，同时又能使各事业部发挥经营管理的积极性和创造性，从而提高企业的整体效益。事业部经理虽然只负责领导一个比所属企业小得多的单位，但由于事业部自成系统、独立经营，相当于一个完整的企业，因此他需具备经受企业高层管理者面临的各种考验的能力与素质。显然，这有利于培养全面管理人才，为企业的未来发展储备干部。

事业部作为利润中心，便于建立衡量事业部及其经理工作效率的标准并进行严格的考核，同时易于评价每种产品对公司总利润的贡献大小，用以指导企业发展的战略决策。

缺点则是由于各事业部利益的独立性，容易滋生本位主义并在一定程度上增加了开支。

随着社会及经济的发展，市场需求更加多样化，为应对更加个性化、定制化的需求，公司推出了凡度、和砚两大品牌。凡度是集空间研究、设计研发、智能智造、专业销售为一体的办公空间产品的新资源科学应用型企业。和砚旨在以新中式风格设计，继承并延续博大精深的中式文化，是中华传统风格文化与现代时尚元素碰撞、融合的产物。

为了将企业做大做强，顶层设计尤为重要。2022年底，集团公司持续深化体制机制改革，通过全面布局与谋划，建立了集团公司"1+3"的组织架构体系：

广东中泰龙集团作为企业投资主体，负责企业战略决策、项目投资、监察审计、指导与赋能。3个子集团具体是指：将原中泰品牌事业部、凡度品牌事业部、第三生产事业部（中泰龙厂）、第二生产事业部（派格厂）整合组建中泰家具集团有限公司；将原国景品牌事业部、派格品牌事业部、第四生产事业部、凡度工厂整合组建国景家具集团有限公司；将原和砚家居科技有限公司销售、生产、职能部门整体划转，组建和砚家居集团科技股份有限公司。3个产销研独立的子集团体量变小，机动性和灵活性显著增强。

9.4 统筹协调，深入人心

3个子集团开始独立经营、自负盈亏，权力更大，责任也更大。每个子集团都充分利用已有的资源不断创新。

国景家具集团力争上游，加大产业优化升级力度，大力发展智能制造、绿色生产，加快布局集团数字化战略，促进数字经济和实体经济深度融合，增强企业核心竞争力。此外，加强自主研发投入和技术革新，并与知名设计师合作，实现全产品线的品质升级。建立六大配套体系和全面的服务支持，赢得了市场及用户的认可和肯定，并且荣获"2023中国商用家具领军品牌""2023中国商用家具十大品牌""2023中国金融系统家具十大品牌"三大极具含金量的行业大奖。

和砚——和天下·砚于心。品牌以"中式基因"为基础，以"时尚·融合"为设计理念，将中式神韵融汇到当代办公生活之中，营造时尚、自然、融合的办公空间。传承历史，秉承理念，坚守情怀。和砚将自然元素中的山、水、月以及中华传统文化中的"道"和"象"融入设计中，养性情于风雅居室，融贯于心，于中式美学大境中，给予体验者关于中式生活的文化价值和人生启迪。旗下形成4种人居风格，满足4种不同层次的消费群体：以时尚与东方的美学融合衍生"和砚·观"系列；以人文·艺术·家的情感链接衍生"和砚·言"系列；以禅意简约与民族的融合衍生"和砚·听"系列；以国际东方的视野衍生"和砚·悟"系列。2023年，和砚家居以优质的服务和良好的业界口碑成功荣获"广东省质量协会第十一届理事会常务理事单位"称号。

中泰龙集团不断更新企业内部的信息化系统，使其作为各个事业部的"大脑"，统领全局，协调各方。总部负责统一研发、销售，生产部门、各子集团按照各自产品销售的特点成立相应部门，自主经营、自负盈亏。

信息系统的更新迭代加之组织结构的高效变革，使得公司总部的目标管理和各个事业部的自我控制更加有效，加快了各级之间的信息流通速度，同时适当拓宽了高层领导的管理幅度，从而减少了管理层级。

及时调整经营决策的企业能够更快速地响应市场需求，适应市场变化。各子集团形成了独立的品牌体系，在市场上有着不同的营销模式和市场定位，避免了同质化并保有各自的特点，同时能够减少品牌之间的竞争，增强市场竞争力。

陈秋桂所在的总部负责制定公司的战略并形成具体的落实方案，再由各子集团具体执行。为了让各事业部能够快速响应公司上层的决策，总部将管理层级进一步简化，降低信息在传递过程中的失真，从而大大提高了管理效率。此外，总部各职能部门都做出了相应的调整措施，以便更好地配合子集团的工作。

在人才资源方面，陈秋桂说："数字化、智能化的'两化'建设是未来发展的趋势，也是家具行业发展从粗放型向集约化发展的必由之路，人力资源部门需要搭建好公司智能制造的人才团队，并为各子集团人力资源部门提供人才培训和人才成长的指导和帮助。"

在生产采购方面，陈秋桂说："总部应该为子集团提供更加优质的供应商和原材料，并维护好中泰龙在供应商中的优良口碑。采购部门需要管控好原材料的成本价格，做好原材料的质量把控工作，并监督好各子集团采购需求计划的落实。"

在资质办理方面，陈秋桂说："办理资质，不是因为高大上就要办，而是要评估其对企业的作用有多大，要衡量耗费的精力与可发挥的作用。要跟行业对标，评估竞争对手的水平及公司的实际运营水平，全面了解后再去办理，行政部门要根据各子集团的需求办理资质。"以前有三家公司办理资质，现在逐步整合到只由总部进行对接，子集团只需负责销售经营，总部听取子公司的意见，协助他们办理经营所需要的相关资质。

陈秋桂的决策渗入企业的各个层面，深入人心。这次组织架构的调整，对企业的未来发展产生了深远影响。调整过程中，公司上下全体成员更加深刻地感受到了管理者对公司进行正确定位的重要性，在陈秋桂的领导下，企业的管理模式更加清晰，总部与子集团间权责分明，大大提高了沟通效率。总部的长期发展战略中需重点发展的业务领域得以深入发展，使整个集团在这些领域得以做强做大，从而强化了集团的核心竞争能力，提升了企业的整体实力。

经陈秋桂统领全局、协调四方后，公司原先的金字塔型组织结构逐渐趋于扁平化。

管理启示

管理幅度是指一名领导者直接有效地领导的下属人员数。任何领导人员，因受其精力、知识、经济等条件的限制，能够有效地领导的下级人数有限，超过一定限度，就不能做到具体、有效的领导。决定有效管理幅度的条件主要有：处理问题的复杂程度和工作量大小；领导者及其下属的素质水平；标准化水平和授权程度。

管理层级（Level）是指组织纵向划分的管理层级的数目。管理层次受组织规模和管理幅度（Span）的影响，它与组织规模成正比：组织规模越大，包括的成员越多，则层次越多。在组织规模已定的条件下，它与管理幅度成反比：主管直接管理的下属越多，管理层次越少；相反，管理幅度减小，则管理层次增加。管理层次与管理幅度的反比关系决定了管理组织结构有两种基本形态：扁平结构和锥型结构。

中泰龙改革后，其组织形态逐渐扁平化，这也改变了原有层级组织结构中的企业上下级组织和领导者之间的纵向联系方式、各平级单位之间的横向联系方式以及组织体与外部各方面的联系方式，使得上下级的沟通更加便捷。

与此同时，在统筹协调过程中，不同部门的人员联系更加紧密，经常会为同一个工作或任务而共同努力，很好地把员工个人工作与整体工作联系在一起，大家共同攻克难关、解决问题，使员工增强了责任感，加强了不同部门之间的配合和信息交流，克服了原先一些部门中存在脱节的现象。

管理幅度增大，管理层级减少，使得机构冗余的状况大为改善。在陈秋桂的带领下，统筹协调的思想深入人心，全体员工齐心协力使子集团更为高效地发展并日益壮大起来。

9.5　预算管控，建章立制

所谓"五福先言富"（《书·洪范》），"十章半理财"（《礼记·大学》），可见中国自古以来就把理财列为治理国家的大事。企业财务管理是企业管理的基础，是企业内部管理的中枢。企业的生产、经营、进、销、调、存，每一环节都离不开财务上的反馈和调控，企业的经济核算和财务监督更是对企业经济活动的有效制约。

中泰龙作为家具行业的龙头，其财务部门在这四十年里靠着实打实的实践积累了不少经验。

预算管控是指企业根据预算规定的收入与支出标准，检查和监督各个部门的生产经营活动。前期，中泰龙对于预算的管控一直都由财务部门进行统一操作。财务部门需要联系各个部门进行协调，对于预算的准确性也存在些许出入。近年来，在陈秋桂确定的战略目标前提下，中泰龙对于预算的管控慢慢地得到了完善，结算方式也更为标准化、合理化。

这也成为中泰龙财务管理上的一大特色，预算管控不再靠财务部门独自摸索，新的预算思想开始深入人心并逐渐深入经营层面：营销端、生产端、研发端主动做起了预算管控。各部门做好各自的预算管理目标后，自上而下进行反馈和评估，每个月进行财务总结。总体来说，这一系列改进举措的实施，使中泰龙对资源的调配更加科学，整体预算控制也更为精确。

虽然财务部门可以对一些新项目做零基预算，但变幻莫测的市场需求实在难以预测，因而零基预算较为困难。因此，最主要的还是做增量/减量预算，一些老项目可在去年的基础上做增量预算，如生产设备等不满足当前订单或产能的需要，就要增加一条生产线或是优化升级展厅等。同时增量预算也要视变动费用、固定费用和投入而定，原有的每年的固定性投入和战略性投入不纳入增量预算。

在公司不断的发展过程中，财务管控跟着公司一同学习和进步，由原先的落后发展到并跑，再到现在的领跑。例如，对于供应商订单的付款，以往采用的是货到即付款，而现在会在沟通后，在付款期限内延期支付款项，利用时间差获得金融机构给予的一些利息，同时保有一部分流动资金以解燃眉之急。随着市场竞争愈加激烈，企业间的竞争也开始转向供应链之间的竞争，供应链金融模式在中泰龙也得到了应用。

管理启示

应收账款融资模式，即卖方将赊销项下的未到期应收账款转让给金融机构，由金融机构为卖方提供融资的业务模式。基于这种应收账款的融资，一般是为供应链上游的中小企业融资。

中小企业（上游债权企业）、核心企业（下游债务企业）和金融机构都参与此融资过程，核心企业在整个运作中起着反担保作用，一旦融资企业（中小企业）出现问题，核心企业将承担弥补金融机构损失的责任；金融机构在同意向融资企业提供贷款前，要对企业进行风险评估，关注的重点是下游企业的还款能力、交易风险以及整个供应链的运作状况,而不仅是中小企业本身的资信。

作为债务企业的核心大企业,由于具有较好的资信实力,并且与银行之间存在长期稳定的信贷关系,因而在为中小企业融资的过程中起着反担保的作用,一旦中小企业无法偿还贷款,就要承担相应的偿还责任,从而降低了银行的贷款风险。

在这种约束机制的作用下,产业链上的中小企业为了树立良好的信用形象,维系与大企业之间长期的贸易合作关系,就会选择按期偿还银行贷款,避免了逃废银行债务的发生。

这种应收账款融资模式,可以帮助中小企业克服其资产规模和盈利水平难以达到银行贷款标准、财务状况和资信水平达不到银行授信级别的弊端,利用核心大企业的资信实力帮助中小企业获得银行融资,并在一定程度上降低了银行的贷款风险。

目前国内供应链融资平台主要做应收账款项下融资,包括贸易项下、信贷项下、经营物业项下三类,其本质都是基于未来可预测、稳定、权属清晰的现金流来进行融资。

这种融资方式快速盘活了中小微企业的主体资产——应收账款,使得中小微企业能够快速获得维持和扩大经营所必需的现金流,很好地解决了中小微企业回款慢且融资难的问题。

有效的财务管理可以找出企业问题的根源,提供解决问题的方法。财务部门通过对财务指标经常性的计算、预测、整理、分析,肯定成绩、暴露问题、寻找原因并提出改进措施,促使企业不断提高经济效益。

9.6 运筹帷幄,志在千里

公司发展初期,处于有单就接、有单就做的状态。管理层对公司整体能力虽有具体的认知,但是并没有制定年度经营目标。一次会议上,中泰家具集团执行副总裁石凯提出：身为行业的领跑者，决不能满足于现状，要朝气蓬勃、积极向上，努力完成一些力所能及甚至听起来"不可能完成"的任务。

事实证明，近几年来公司每年的目标都在增长，各部门间的对赌协议也都能达成，企业正朝着越来越好的方向稳步前进。

新冠疫情暴发后，公司重新制订了计划，从月度、季度、年度目标改成了只有年度目标，制定每年的综合增长率，让子集团根据公司的业务板块，自上而下地推进。由于每年每个部门的表现不一样，因此在年初根据部门之间的业务水平的不同去制定各自的目标。例如，去年某个部门表现不错，那么今年公司对其期望值、增长率就会相应地提高一点。2022年6月29日是公司年中冲刺的最后一天，目标是上半年同比增长15%。公司要求所有职能部门全力配合生产部门，朝着目标前进，用适当的目标来调动全员的积极性。从职能部门到生产部门，提出了"如质如期如服务"的口号，保证产品质量、保证如期交货、保证各个环节服务好产品的交期和质量。

管理启示

目标激励要求以明确的组织目标为依据，对其进行纵向和横向的层层分解，形成各层次、各部门及至每一位员工的具体目标；各层次、各部门及每一位员工都以目标为标准，在实施目标的过程中，实行自我激励和自我控制。

在目标激励的过程中，要特别注意以下几点：

第一，员工个人目标的设置，应结合其工作岗位的特点，充分考虑员工个人的特长、爱好和发展，将个人目标与组织目标相结合，使组织目标包含较多的个人目标，使个人目标的实现离不开为实现组织目标所做的努力。

第二，目标必须具有明确性、可达性、挑战性和连续性，借以培养员工创造价值的成就感。

第三，无论是组织目标还是个人目标一经确定，就应大张旗鼓地进行宣传，让全体员工深刻认识到自己工作的意义和前途，激发员工强烈的事业心和使命感，使员工在工作过程中自我激励并相互激励。

第四，在目标考核和评价上，要在员工自我评价的基础上，从德、能、勤、绩等方面，定性与定量相结合，客观公正地对其进行评价，及时进行奖惩并做到赏罚分明。

第10章 落地生根

> 天道酬勤，厚德博学，
> 创新求是，励学笃行。
>
> ——陈秋桂为商学院题院训

10.1 人才之源，筹建大学

陈秋桂深谙中医理论，并将其与管理实践融合，提出了公司组织管理的"万病一元论"。该理论认为：万病的根源都在于细胞的病变。人类只会生一种病即"细胞病"，所有的病症是因身体内细胞出了故障而引起的。企业的细胞就是"人"，在企业发展过程中，所有问题的根源来自"人"，只要解决了"人"的问题，企业的发展就会所向披靡。企业可以从机制入手、重组架构，运用"管道建设"思想对人力资源进行优化组合管理，这些机制的优化大大提高了公司效率并且有利于人尽其才，使员工的满意度大幅提升。然而，陈秋桂认为仅从机制入手是不够的，还要从"人"的认知入手，培养员工不断学习、不断更新自我的习惯，从而推动公司保持长久稳健的进步。

企业的竞争归根结底是人才的竞争，人才是企业最宝贵的资源，而学校是培养人才的摇篮。2010年5月，陈秋桂第一次提出了在公司层面成立商学院的想法。

陈秋桂认为：若想使企业发展状大，员工的素质就要强大。一个企业如果没有自己的核心思想，企业的人才团队就没有"魂"。企业文化就是企业之魂，企业要有自己的价值观，让每一位员工都感到有盼头，因此需要公司不断地强化文化体系和机制建设。

2011年，公司成立了"广东中泰龙商学院"。中泰龙公司一直秉承"赛马相马，育才留才"的人才观，知人善用，用人所长。随着公司业务的快速发展，中泰龙建立了一支高素质、高忠诚度的员工队伍，使之成为企业基业长青的基础。

为强化公司的教育培训工作，2017年，中泰龙将"广东中泰龙商学院"升级为"广东中泰龙大学"，同时也被中国家具协会和中国轻工业联合会授予"中国家具行业职业技能鉴定培训基地"的称号。中泰龙大学以此为依托，致力于为社会培养行业专业人才。

大学下设三大学院，分别是管理学院、营销学院、技术学院，针对不同的技术工种、职能岗位、岗位层级开设系统性培训课程，从而不断提升员工的专业技能与职业素养。同时，积极开阔国际视野，每年参加"米兰家具展""科隆家具展"等国内外顶尖展会，发布新产品的同时与全球领先团队进行技术交流与学习。

中泰龙高层重视学习型组织氛围的营造，长期坚持带领团队学习文化知识。陈秋桂董事长和刘革生总裁定期在中泰龙大学授课，身体力行带动学习并营造团队学习氛围。公司高层每季度在《中泰龙报》上分享学习心得，引导团队加强学习与提升，陈秋桂董事长坚持发表文章，自创刊以来累计发表100多篇。

2017年至今，中泰龙大学各学院通过面授分享、实操、技术比武等形式开展培训活动80余次，面向公司内外广泛且持续地传递着企业的文化价值观，增强了团队的凝聚力与社会影响力。更好地满足了员工自我提升的需要，确保个人与组织绩效的双赢，增强了企业的核心竞争力。

每年底由中泰龙大学牵头进行下一年度的员工培训需求调查，结合公司的经营目标、岗位任职资格、职业发展需求、人力资源规划等制定公司的年度培训计划。各事业部和直属部门结合本单位各岗位工作人员的绩效结果、个人职业生涯发展要求和岗位技能提升要求制定本单位的年度培训计划。

新员工进入公司后，须接受公司的新员工培训，包含企业文化、环境、安全、职业健康、生产流程等课程，并接受专业能力、通用能力等培训（具体由公司根据人员录用的情况进行安排）。培训不合格经复训仍不合格者，不再继续留用。员工调职前，必须接受上岗资格培训，满足该岗位要求后方能上岗。

除了传统的课堂教学，公司还引入了灵活多样的培训方式，如多媒体视听、网络学习、拓展培训、实操训练、技能大赛、参观考察、海外考察等，提高了在岗人员的岗位能力，开辟了员工职业发展的上升通道。

在培训结束后，人力资源部根据不同的培训主题选择相应的评估手段对培训效果进行全面评估。同时，通过柯氏四级评估法（Kirkpatrick Model）[①] 不断提升培训效果。

公司与中山市开放大学、电子科技大学中山学院、中山市技术学院开展校企合作，成立"修身学堂"，通过组织员工在职进修，不断提升企业在职人员的技能与管理水平。

在内部讲师队伍建设方面，充分利用企业内部资源培养讲师，发挥其在企业人才培养与开发体系中的核心作用。

讲师分为初级讲师、中级讲师、高级讲师。中高层管理者担任内部讲师，负责培养下属、提升员工能力，是中泰龙内部讲师队伍的主力，

---

① 1959年由威斯康辛大学教授唐纳德·L. 柯克帕特里克（Donald. L. Kirkpatrick）提出，是世界上应用最广泛的培训评估工具，简称"4R"。主要内容包括Level 1——反应评估（Reaction），评估被培训者的满意程度；Level 2——学习评估（Learning），测定被培训者的学习获得程度；Level 3——行为评估（Behavior），考察被培训者的知识运用程度；Level 4——成果评估（Result），计算培训创出的经济效益。

部门的业务骨干则是专业类培训讲师的重要来源。此外，人力资源部定期对讲师进行认证与培训，对于获得认证的讲师，每年度进行一次考核。

公司每年评定25名初级讲师、8名中级讲师以及3名高级讲师。同时，中泰龙大学也会定期/不定期邀请国内知名教授、讲师为学员授课，或与相关培训机构合作。授课内容涵盖新员工的入职培训、安全管理、精益生产、产品知识、工艺技术、销售技术、ERP、财务知识等。

为了保证组织的可持续发展，公司采取现场招聘会的方式走进校园、宣传公司，通过优渥的待遇吸引优秀毕业生来公司工作，为公司储备人才，并通过"请进到中泰龙来"的方式搭建学校与企业沟通的桥梁。

技术学院在院长刘小成的带领下，在打磨工、喷漆工、扪皮工等各岗位大力开展技术练兵，激发了员工提高技能的动力；每年举办大规模课程10余场次，学员累计突破1000人次，培养出约30名合格的技术讲师。

营销学院大力开展对营销人员的培训，不断提升业务人员的职业素养与专业技能，每年由三大品牌牵头，分头举办《形象店精英培训班》等活动。

2018年，公司将人力资源的发展提升到了一个新的战略高度，充分将人力资源战略与企业经营战略相结合。为了保障公司人才梯队的建设，树立公司的雇主品牌，公司建立了校园招聘渠道的甄选体系，总体招聘原则为：适当地提高起薪点，提高选拔标准，吸引优质毕业生；严格把关，控制内部推荐大学生的质量、控制通过社会渠道招聘应届毕业生。

管理启示

由文化、生态、机制三个核心所搭建起的平台，给予中泰龙所有员工一个展现自我的舞台，也为所有员工提供了发展的机会。让人才有机会晋升，让新人在完善的生态下茁壮成长，让全体员工在完备的机制下有条不紊地为公司发光发热，成就了公司，也成就了员工自己。

在知识经济时代，知识更新速度不断加快，社会对企业和员工提出了更高要求，企业和员工必须不断学习才能跟得上时代的步伐。教育培训作为一种重要的学习方式，不仅能提高员工的知识水平，适应企业的发展需要，更能使员工以更大的热情奉献企业，实现员工个人的全面发展。

教育培训既要抓员工的思想教育，树立员工崇高的理想和职业道德，又要抓专业教育，提高员工的工作能力。常见的教育培训方式有：在工作实践中"随时随地"地学习，不断丰富和积累知识；定期组织内部培训，提高员工的职业技能；安排员工脱产学习、参观考察、进高等院校深造等，让员工开阔视野，增长知识，更好地适应新时代需要；倡导和实施工作学习化、学习工作化，构建学习型组织，全面提升个人的价值和组织绩效。

通过以上多种方式，不断提高员工的思想品德素质、科学文化素质、社会活动素质、审美素质和身心素质，使其成为"T"型或"A"型人才[①]以适应时代发展。

10.2 以人为本，以诚为重

以员工的核心诉求为出发点，是中泰龙机制体系的核心内涵之一。知人者智，陈秋桂的用人之道，始终把"人"放在第一位。企业要发展，就需要人才。只要满足了人才的需求，解决了他们的生存问题，让他们活得快乐、有尊严，给他们一个施展才华的平台，帮助他们发展得

[①] A 和 T 的测量属于身份认同量表(Identity Scale)，其中 A 代表 Assertive Personality Trait，即坚决；T 代表 Turbulent Personality Trait，即谨慎。A 字型的人格更有自信，T 字型的人格更易感到后悔而反思自身。

更好，他们就会为企业尽心尽力，企业才能向更高的层面发展。

为此，他推出了一系列措施，首当其冲的便是对企业之魂的不断探索。在机制上，陈秋桂认为首先要解决人的问题，需要让员工有归属感、把公司当成自己家，从而使大家心甘情愿地为公司做贡献。

成功和善良是双生子。企业经营除了追寻利润目标，还要实现员工梦想、提升员工的幸福指数。众生平等，每个人都需要尊重与关心。当一个人的身边聚拢了一群愿意为他赴汤蹈火的兄弟，那么他就可以做成任何想做的事情。商场如此，战场如此，人生亦如此，这是组织的感情承诺。

管理启示

感情承诺（Affective Commitment）是指组织成员被卷入组织、参与组织社会交往的程度。它是个体对一个实体的情感，是一种肯定性心理倾向。它包括价值目标认同、员工自豪感以及为了组织的利益，自愿对组织作出牺牲和贡献等成分。

领导对下属的尊重和关怀是一种有力的激励手段，从尊重下属的劳动成果到尊重其人格，从关怀下属的政治进步到帮助其解决工作与生活上的实际困难，可产生积极的心理效应。企业领导对下属的关怀，哪怕微不足道，只要出自真诚的关心，对下属而言都是无穷的激励。

在陈秋桂的努力下，中泰龙的机制体系逐步构建了起来，建立在"以文化为载体，以教育为核心，以员工的诉求为主要出发点"的核心内涵之上。他有句名言——"成大事者，要具备三个条件：野心、疯狂、利他"，其中"利他人之心"尤为重要。

成就别人，才能成就自己。授人以鱼不如授人以渔。作为企业家，要收起私利心，学会帮助员工成长。没有完美的个人，但有完美的团队。领导优秀与否，不在于自身工作能力，而在于他的团队战斗力有多强。唯有实现与员工共同成功、共同富裕，才是企业家真正的成功。

高中毕业的陈秋桂在县城学艺、揽工程，过程虽曲折却也小有成就。南下广东后，他的人生才真正开始变得广阔丰沃。一路走来，陈秋桂深深地明白：在企业管理中，最重要的还是"人"。没有人文机制的企业，以追求利润为根本的企业，是没有灵魂的企业。

"得人心者得天下。"经营企业就是经营人，人不需要复杂的思维，满足基本需求，劳动被认可，他们便会很满足。"想要凝聚人心，其实很简单，就是要让人人有盼头，而不是一直在'画大饼'。现在公司的利润越来越透明，要把挣来的钱花在员工身上，做有益于员工的事，帮助员工满足其自身需求。正所谓'得道多助，失道寡助'，没有尽显用人之道的机制作保障，便没有如今蒸蒸日上的中泰龙。"

10.3 贤上庸下，唯才是举

人力资源是公司的一把利剑，想要把它用好，就需要一定的策略和指导思想。连强盗都知道应该按照手下的功劳大小来分配奖赏，员工自然也需要按照一定的激励制度来使他们更加勤奋地为公司工作。只有激励因素达到了员工的期待，他们才有可能把公司当成自己的家。

管理启示

组织承诺（Organizational Commitment），即"组织归属感""组织忠诚"等，一般是指个体认同并参与一个组织的强度。不同于个人与组织签订的工作任务和职业角色方面的合同，它是一种"心理合同"或"心理契约"。在组织承诺里，确定了个体与组织连接的角度和程度，特别是规定了那些正式合同无法规定的职业角色外的行为。高组织承诺的员工对组织有非常强的认同感和归属感。继续承诺又可称为持续承诺，是指员工为了不失去已有的位置和多年投入所换来的福利待遇而不得不继续留在该组织内的一种承诺。它是建立在经济原则基础上的、具有浓厚交易色彩的承诺。

在中泰龙，有一个业务员仅用两三年便升至大区经理。哪怕他刚进公司时没有一点家具行业的经验，只要他业务潜质好、敢闯敢试、敢于挑战，他就能获得公司给的机会和上级领导的赏识。还有一位员工，他的父亲年纪不大却因故突然去世，小伙子在打击下一度失去了对生活的信心，陷入自暴自弃、挥霍无度的困境。他的直系领导不断开导劝解他，陈秋桂也在一次跨年演讲上特意提到他，对他不断地鼓励和帮助。渐渐地，小伙儿重新振作起来，端正了对工作和生活的态度，并且不负众望，成为拥有最重要品牌"和砚"、最主要的销售区域"华东区、西南区"的大区经理，未来可期。

此外，还有一例。通过校招进来一个女孩，性格文静、做事踏实，交给她的工作总能超出领导的预期完成。然而，在总经办工作刚满一年，有一天她却突然向领导提出离职。经总经理陈琼芳了解，原来女孩要离职并非出于工作上的原因，而是父母在老家为她找了一份政府部门的工作，希望她能回到家乡成家立业，其实她自己非常舍不得这份工作。"父母在，女儿不远嫁"，女孩小时候患有心脏病，所以父母的操心格外多一些，觉得她回老家上班更加放心。为此，双方争吵了好几次，最后父母提出了一个折中方案：让她先回去工作一段时间，如果实在感觉不好或不适应，以后便尊重女孩的意愿。陈琼芳同意了这个方案，同时告诉她："和砚这扇门永远为你打开，只要是人才编制允许，你想回来就回来。"2022年4月，回去工作了半年多，女孩再次回到中泰龙，她说只有中泰龙的工作使她更有充实感、成就感和归属感。

管理启示

为了赢得员工的感情承诺，需要让员工在工作实践中体会到组织的关心和厚待。因此，管理者要从员工的需要出发，悉心设计对员工的各项政策，营造适宜的工作环境，为员工能高度投入并努力达成组织设定的目标创造条件。对员工的每一分付出，公司都要给予积极的肯定，并通过公平的分配和晋升系统给予回报。

做好员工的职业生涯管理，建立组织内部职业生涯发展体系。为员工的发展提供更多的培训机会和晋升空间，满足员工的理想和要求，建立员工的工作远景，帮助员工进行自我实现。要赢得员工的感情和忠诚必须给予员工信任。管理者要通过诚恳与公开的沟通，与员工建立互信，给予员工归属感，通过教育培训而非严厉的规则来降低组织所不期望的行为的发生，从而消除雇用不稳定因素对组织的消极影响。

10.4　伯乐一顾，相与有成

一次聚会上，徐飞向陈秋桂引荐了刘革生，此人聪明睿智，思路清晰，看问题慧眼独到。在谈到中泰龙的发展规划时，刘革生说："董事长，您的理想不仅是办好中泰龙，而是在不久的将来使中泰龙发展成为行业的标杆，使您自己也成为一名有思想的优秀企业家。""他能读懂我的想法！"陈秋桂心喜，与他彻夜畅谈。第二天，在徐飞的邀请与陪同下，刘革生参观了公司旗下各家具品牌的展览区。每每谈到陈秋桂的经营理念，刘革生都能快速地捕捉并理解陈秋桂所想，并就公司未来和产品、品牌发展提出个人见解。"我要留住这个人才！"陈秋桂暗下决心，随后他召集了董事会全体成员。经讨论，刘革生于 2018 年 2 月正式加入中泰龙管理团队，出任公司副总裁，并于 2019 年 6 月出任公司总裁。

最初，一部分董事对陈秋桂的这个决定心存疑虑，虽然刘革生阅历丰富，但对中泰龙却了解甚少，甚至是个"外行人"，这对中泰龙的发展是否有利？他能否做好中泰龙的管理者？随着时间推移，刘革生以他的个人魅力和能力打消了所有人的疑虑，并得到了董事会的一致认同。陈秋桂识人、用人的胆略胆识得以充分展现。加入管理团队后，刘革生积极响应陈秋桂的发展策略，总能最先读懂陈秋桂的决策意图并迅速执行。陈秋桂只会告诉刘革生他需要什么，对他如何做从不干涉，给予足够的空间让他自由发挥。刘革生也不负众望，给中泰龙带来了"新鲜的空气"。虽然刘革生之前从未涉足家具行业，但管理和技术不一样，看重的是个人软实力，管理能力在各行各业中都可以互融互通，所谓"隔行如隔山，但是隔行不隔理"。刘革生把新的经营理念带进了中泰龙，这些新思想、新观念、新方法、新价值观、新的外部关系，给中泰龙带来了活力与生机，这对于想要突破自我、持续创新的企业来说至关重要。

刘革生说，自加入中泰龙以来，他之所以能与中泰龙相互成就，与陈秋桂对他的赏识是分不开的，是陈秋桂的认可、关心和帮助，给予了他施展才能的机会和空间，使他个人与中泰龙同步发展，脚步越走越快、路越走越宽。

刘革生回忆到，初入中泰龙时，公司正处于发展壮大阶段。为了更快融入中泰龙，刘革生严格要求自己，保持着8点准时到公司工作的习惯，主动树立榜样，让更多的员工们看到自己的价值观和行为准则。此外，他还严格要求所有员工上班穿工服，这无疑能起到规范员工行为、增强纪律观念的作用。员工都穿上工服后，整个公司的容貌也焕然一新，企业形象得以提升。一直以来，刘革生自身坚持严谨的工作态度，通过行为示范为众多员工树好榜样、立好标杆，从而引领、带动、激励他们愿意作为、敢于作为、真实作为。俗语说"喊破嗓子不如做出样子"。企业是一个有机整体，员工都在看领导者怎么做，继而就会效仿。因此，领导者只有时刻为员工做出好的榜样，才能起到带头表率作用，才能有效地激励员工。如果一名总经理能够做到准时上班，工作从不马虎，那么他的员工也会更准时更认真；反之，总经理懈怠，员工自然也会有样学样，不会加班加点地工作。所以，管理者的一言一行对员工的示范作用是巨大的。

而这几年中泰龙发展特别快。在行业内，中泰龙的口碑、美誉度、业绩增速和经营成果都做得非常出色。目前，中泰龙正一步一步地践行和推动"九五规划"。也正是在第九个五年规划中，采取了各种行动措施，成立了集团公司。其实这些动作，都是遵循陈秋桂的思想和既定的步伐在推动，包括实施"产、销、研、供、管一体化"，成立各个集团、国景集团展厅的全面升级改造、规划未来各个子集团在市场上的行业地位等。

业内对中泰龙的评价非常高，这源于中泰龙做了非常多优秀的项目，达到了成为行业标杆品牌的目标。为了进一步加深社会各界对中泰龙的认知，接下来中泰龙将会带领各个集团公司，对标格力、华为等，转型做民族品牌。因此，刘革生也想在陈秋桂思想的指导下，通过全体员工共同努力，让中泰龙实现从行业到社会再到民族品牌一个个飞跃式转型升级。

刘革生说，自加入中泰龙以来，他之所以能与中泰龙相互成就，与陈秋桂对他的赏识是分不开的，是陈秋桂的认可、支持，给予了他施展才能的机会和空间。使他个人与中泰龙同步发展，脚步越走越快、路越走越宽。

起初，刘革生对办公家具行业的了解并不充分，正是因为陈秋桂敢于用人，敢于给人成长的机会，才让刘革生对办公家具行业充满信心。刘革生进入中泰以来，几年功夫就做到了总裁职位。刘革生做任何事都有一个不服输的精神，这是领导给的，也是企业给的。有了中泰龙这样一个好平台，才有了刘革生发挥才能的空间。加入中泰龙时，为了做好这件事情，不辜负陈秋桂的重用，刘革生坚持对中国乃至世界家具行业进行研究。经历过一段时间的历练，他对家具世界的认知发生了巨大变化，不仅了解并掌握了家具行业的运行规则，还深刻领悟到了办公家具企业生存法则的精髓。

近年来，中泰龙在行业的影响力得到了快速提升和高速发展，即便是在新冠疫情期间业绩也是不减反增，这尤其考验企业经营者的思维和定力。一个好的企业经营者，不仅要学习西方的管理模式，还应"读万卷书，行万里路"，对行业进行充分的研究，解析行业趋势，时刻把握未来的产品布局、市场布局、生产力布局、人才布局，等等。

刘革生和企业相互成长、互相成就的例子，很好地体现了鱼缸法则，其背后的支撑则是企业良好的运行机制。

管理启示

在美国一家上市公司的大厅里摆放着一个鱼缸，里面有十几条三寸大小的热带鱼。这些鱼在热带鱼缸里生活了许多年，没有人觉得有问题。一天，老板的小儿子在大厅里玩耍时打破了鱼缸。由于这种热带鱼缸需要花费一定时间定制，于是人们把小鱼先放到了公司外的喷水池里。几周后，当新鱼缸送来时，人们惊奇地发现喷水池里的小鱼居然长到一尺来长。"鱼缸四方方，鱼儿游中央；鱼在水中游，永远长不长。"

对个人而言，企业是施展个人才华、实现个人价值的舞台，舞台越宽广、环境越宽松，个人的价值体现就越充分；对企业而言，企业的发展源于每位员工的劳动和创造，员工实现自我价值的过程，就是企业蓬勃发展的过程，二者相辅相成、相互推动、共同发展，正如"大河涨水小河满"和"不积细流无以成江河"一样，是一个问题的两个方面。

员工和企业的最佳关系是互相成就，而互相成就需要的是同频，首先是认知上的同频，其次是状态上和目标上的同频。只有命运与共，才会思想一致；只有思想一致，才会行动一致；只有行动一致，才会实现企业的目的。创造力是员工和企业的共同需求，无论是成就企业，还是成就个人，只有不断创造价值才能互相成就。

10.5 团队协作，众人拾柴

集团给予核心管理人员（厂长、总监）最大限度的包容，让他们敢于讲话做事、勇于承担责任。

公司对外招募新人的时候，也希望他们可以带来新的思想、新的模式，创新地去做事情。

每一位员工都是公司的基石，在用人上，陈秋桂有他独到的用人观——疑人也用，用人必疑。

这一观念的形成，源于陈秋桂从唐太宗李世民重用魏征的做法中得到的启示。魏征原本是李世民的政敌——太子李建成的幕僚，对于这样的人，李世民不但没有处罚他，反而大胆重用，提拔他当宰相，一同探讨治国理政。李世民能够在乱世中得天下并开创"贞观之治"，与其用人之能密不可分。

陈秋桂在"疑人不用，用人不疑"的基础上，结合现代企业用人之道以及公司的文化特点，提出了"疑人也用，用人必疑"这一颠覆性观念。"疑人也用"指企业用人，不能因为有所怀疑而不去重用。"用人必疑"中的"疑"则指考核，即企业建立考核评价体系，对员工进行了解、检验、监督和考评。从选到用，整个过程科学且评判标准明确，既不主观臆想，也不对复杂的人性产生幻想。陈秋桂的现代企业用人观虽特立独行，却充满辩证。

中泰龙的员工招聘是分年龄、分品类的。从管理的角度出发，公司是不愿招夫妻的，但又从人员稳定的角度来看却又有益处，这是一个需要重视的问题。一线的操作工人大都是外来工，身在异乡，很多时候是公不离婆、婆不离公，老公带着老婆一起来公司工作的情况。

一线工人分品类招聘：对于工作环境相对好、机器设备使用率比较高的工作（如：胶板、软体），员工偏年轻化（80后、90后都有）；对于实木、油漆类等需要讲究技术、工艺的工作,工人的年龄偏大,60后、70后居多。

经过多年的发展,对于如何弥补招聘的短板,公司也有了应对策略。招聘员工时会特别控制:来自同一地区的人员不能太多,一项工作人员(尤其是管理人员)的至亲、亲戚朋友不能太多。

和砚成立之后分走了一个团队,中泰这边就要另行招聘人员。

当时社会正处于招工困难时期,其他厂商都在拼命挖人。在陈秋桂定下"有人就有天下"这一招聘基调后,公司首先出台了一系列"惠民政策"——为员工提供住宿减免及中餐补助,前3个月在保障基本工资的基础上采取计件工资等。如果完成了计件额的下限,超额部分的奖金照常发放,采用了这种帕累托改进①(Pareto Improvement)就高不就低的政策。随即召开员工动员大会,做足前期准备工作。同时,通过发动公司的老员工进行宣传和介绍,不久招聘工作顺利结束。

和砚成立后,虽然从中泰分走了一个团队,但在人员招聘上同样面临很大的挑战。最初从总部只调来三人,通过在人力资源管理方面苦下功夫,如今的和砚已拥有员工数百人。

最开始的员工培训机制并不完善,大家对参加培训的积极性不高,培训效果也不显著。如师徒制度,经常出现老员工不会带,新员工不服管的现象。为此,公司安排老员工在每天班组早会时通过抽签发表讲话,并训练他们学会布置工作任务、增强语言说服力,通过这种方式提升了大家的讲话能力和基层管理能力,久而久之便培养出了一批有能力、有威信的师傅。

然而,对于高质量人才来说,仅仅保障其最低生活标准并不能使他们满足,陈秋桂深谙这一点。

对此,他提出了"快乐工作,工作快乐"的理念,一流的办公家

---

① 是以意大利经济学家帕累托(Vilfredo Pareto)命名的,也称帕累托优化,在没有使任何人境况变坏的前提下,至少使一个人变得更好。

具企业应该拥有自己的愿景，这类似于理想。它包括企业未来的目标、使命及愿景、价值等。它是将做"生意"变成做"事业"的体现，也是企业成为"企业公民"的基础。

"得人心者得天下"，经营企业就是经营人，人不需要复杂的思维，满足基本需求，劳动被认可，"公司现在利润越来越透明，问题是愿不愿意挣钱来做有益于员工的事，要凝聚人心，其实很简单，就是要让人觉得有盼头。我们帮助员工满足现在的需求，对员工的未来前程进行规划，让他们的自我价值得以实现和提升，我们要从他们的字典里将'打工'二字抠掉，要让他们人人都是投资者。"

2016年起，中泰龙采用员工配股的人才激励方式，每年根据上一年度的经验对股权分配方案进行补充。按价值贡献大力向高绩效者、高贡献者倾斜配股，拉开人才之间的差距，给"火车头"加满油，让列车跑得更快。

通过股权调整，中泰龙形成了以普遍持股制度为核心、以奋斗者为本的激励机制。公司的股权激励方式逐步从全员持股的分散模式改为组长以上持股，再变为主管以上持股。2021年起，子集团第一负责人持有分配下属团队各成员持股比例的权限，实现"分配到户"，使员工能更加积极地工作，让股权真正起到了激励作用。

股权激励制度绝不仅是一个分钱机制，只是钱分得好，不足以令员工与企业同舟共济、共渡难关。股权激励制度是一个使员工与企业共筑梦想、共享权力、共担责任、共享利益的机制，而这也成了奋斗者的动力之源。中泰龙的员工持股制度让员工与公司形成命运共同体，增强了组织活力，有助于实现公司的长期发展。

通过上述激励政策，员工离职率低、稳定性较好，老员工也越来越多，具有极高的忠诚度，对企业的情感非常深厚。尤其是生产一线的员工，大家普遍对企业价值认可度高，对企业文化深谙于心。同时，通过老员工带新员工，在公司内形成了学习型组织[①]，使产品的良品率高而且稳定，为公司的提质增效起到了压舱石的作用。

管理启示

物质激励是最为直接有效的激励方式，而收入分配机制科学合理则是决定物质激励成效的关键。要通过建立科学的绩效考核体系，严格考核流程管理，实施公正的绩效考核，并把考核结果直接与员工工资收入挂钩，逐步实现全员同工同酬，真正体现按劳分配的收入分配原则，用利益杠杆激励员工加倍努力，取得更好的业绩。积极开展评优树先活动，评选出责任心强、工作扎实、业绩突出的先进典型人物，使其享受到更加优厚的经济待遇；充分发挥先进典型的带动和激励作用，为广大干部职工树立身边学习的榜样，进一步增强赶超先进、争创一流的豪情，在企业内部营造比学赶超、干事创业的浓厚氛围。

将绩效与报酬相结合，完全根据个人绩效、部门绩效和组织绩效来决定各种工资、奖金、利润分成和利润分红等的发放。实行绩效薪金制能够减少管理者的工作量，使员工自发地努力工作，不需要管理者的监督。现如今许多企业对上至总经理下至普通员工的薪金报酬，都采用了底薪（月薪或年薪）加提成的方式，其结果既增加了营业额，也增加了个人收入，充分体现了绩效薪金制的优越性。

在实施绩效薪金制时，需要注意以下几点：第一，必须明确组织、部门和个人在一定期限内应达到的绩效水平。第二，必须建立完善的绩效监督、评价系统，以正确评价实际绩效。第三，严格按绩效来兑现报酬，所付报酬必须尽可能满足员工的需求。

[①] 整个组织弥漫着学习的氛围，是一种有机的、高度柔性的、扁平的、符合人性的、能持续发展的组织。员工在其中充分发挥各自的创造性思维能力，使组织具备持续学习的能力以及高于个人绩效总和的综合绩效的效应。

为了确保员工培养计划顺利实施，为公司人才梯队的建设提供强有力的保障，增加员工的保留率、提升率，各事业部在员工的培养期、定岗期内均有相应的激励机制。

为了激发工作动力，中泰龙采用绩效薪酬制度，将员工的工作绩效直接与薪酬挂钩，如计件工资制、绩效奖金等。任何员工都可以通过努力劳动创造出可量化的工作成绩，并据此获得薪酬奖励，从而感受到公司对自己劳动成果的认可和尊重。这种"多劳多得、少劳少得、不劳不得"的公平机制，为能干者、实干者提供了更为广阔的平台。除了简单的奖金奖励制度，中泰龙还会在年中和年度总结大会上对表现优秀的管理人员、技术骨干和员工进行表彰，并定期组织"优秀员工之旅"，不断激发员工的动力与活力，提高员工的幸福指数。

公司运用关键指标（KPI）及关键任务相结合的绩效管理制度，将绩效具体分为三部分：公司组织绩效、事业部绩效、员工绩效。同时，成立"绩效考核委员会"并下设考核小组和秘书处，委员会负责绩效管理制度、审批各事业部/中心/直属部门目标及年度绩效分布原则，最终仲裁公司员工的绩效申诉，倡导和建立和谐绩效机制等。

早期为了推行KPI考核制度，中泰龙在制度运行的第一年就拿出了额外的资金，作为新绩效制度下奖金落实的备用金，这样可以使所有的员工收入不低于旧绩效制度下的收入，减小了推行阻力。在绩效考核的过程中，公司采用KPI+关键任务的考核方法，对每个岗位的履职程度设定了S/A/B/C/D五个等级，进行宽幅绩效考核。在根据职级和岗位细分考核的同时，兼顾奖惩，实行考核评分上不封顶的评分制度和末位淘汰制度，将评分标准与年终奖、分红挂钩，等等。总体来讲，可以用16个字概括中泰龙的薪酬管理制度：以岗定级、以级定薪、人岗匹配、易岗易薪。

为了发挥员工的潜能和主动性，中泰龙将职务体系建构在双通道的职位体系上，通过专业技术路径与管理路径的双重职业发展机会，为专业技术人员的职业生涯保障晋升通道。

10.6 一岗多能，工作丰富化

派格厂有一个特殊的管理模式——保安一岗多用。陈冬桂刚到派格厂当厂长时，发现厂里的油漆数量总是对不上，每次订的货都不够用。刚开始认为是仓管员粗心，但次数多了，陈厂长不禁起了疑心：是不是有人偷走了油漆？他让仓管员连续一个月记录早晚的油漆数，终于惊讶地发现油漆总在晚上和第二天早上对不上。决定查清楚真相的陈冬桂，带上一名值夜班的保安每天晚上到仓库里蹲守。

一日凌晨三点，他们听到一些动静，随后发现有两个鬼鬼祟祟的身影进了厂房，于是便连忙跟了上去。过了好一会儿，有两个人用小车推着两桶油漆出现在厂房后门，而墙外还有一人在等待接应。就在他们把油漆抬起来准备运出去时，陈厂长和保安及时出手制止。陈冬桂一看，这不是厂里的员工吗？原来是两个员工起了小心思，想趁晚上没人看守的时候赚点小外快。在双方拉扯中陈厂长的手被划了一道伤痕，两名员工不知所措，后来是保安带着他去包扎了伤口。

陈厂长没有报警，只是把这二人辞退了，并把事情告诉了陈秋桂。陈秋桂说："仅靠辞退员工不是一劳永逸的方法，要想这种现象不再发生，应该想办法加强监管。"陈厂长想：如果那天晚上没有保安在场，自己不可能这么快抓到小偷，伤口也不能及时得到处理。看来保安很关键！于是他重新调整了保安岗位的职责：除看守大门外，保安还需要进行厂游，尤其是晚上，需要到车间巡逻一圈查看有无异常。此外，在保安室里配备医药箱，安排保安学习简单的伤口清洗和包扎等技能，使其有能力为厂里突然受伤的员工处置伤口。

保安岗位职能调整不久，附近一家沙发厂因海绵填充物着火引发了厂房火灾，这也给中山家具行业敲响了警钟。木材加工时会产生很多锯末屑，白天这些锯末屑先被除尘罩抽吸储存，随后会被及时清理出来运走，但是晚上加班时产生的锯末屑往往清理不及时，而这些锯末屑又自带热量，集聚到一定程度很容易发生火灾。深夜一旦着起火来，很难及时发现并扑救。于是陈厂长又给保安增加了一项职责——在巡逻的同时留意厂房里是否存在火灾等安全隐患。在车间工人下班时巡查一次，凌晨三点再巡查一次，以保障工厂的消防安全。

此后，厂里再没有出现过物料丢失的现象，这么多年来也没有发生过火灾事故。虽然保安的职责多了，但待遇也有所提高，各项福利都发放到位。陈厂长经常会和他们沟通，了解他们的值班情况和工作压力，对他们为厂里所做的贡献时时给予肯定和赞扬。保安们都认为，虽然工作压力变大了，但是工作内容也更加丰富。以前只是在门岗查进出的车辆，工作简单而单调，现在可以去车间看到工人的生产情况，对公司有了更深的了解。有时还可以为车间工人提供简单的急救服务，拉进了彼此的距离，在公司中发挥出更大的作用，得到了大家的认可。工作内容的增加使他们不但不觉得辛苦，反而充满了成就感和自豪感，让他们更加热爱这份工作，主动去把工作做好。对企业来说，这也达到了节约成本，减员增效的目的。

管理启示

适当的分工可以提高管理效率，但过度分工会使工作变得单调、容易疲劳，导致工作效率下降。工作丰富化不仅可以弥补分工过度的弊端，还能够将公司的使命与职工对工作的满意程度联系起来。

工作扩大化是指在横向水平上增加工作内容，但工作难度和复杂程度保持不变，以减少工作的枯燥单调感。工作轮换是指在同一层次和能力要求的工作之间进行员工调换，以培养员工多方面的能力。

工作丰富化是在纵向层次上赋予员工更复杂、更系列化的工作，让员工参与工作规则的制定、执行和评估，使员工获得更大的自由度和自主权，满足其成就需要。其具体的激励方式包括：让员工完成一件完整的、更有意义的工作；让员工在工作方法、工作程序、工作时间和工作进度等方面拥有更大的灵活性和自主性；赋予员工一些原本属于上级管理者的职责和控制权，促进其成就感和责任感。

企业在解决了员工的温饱问题后，员工更为关注的是工作本身是否具有乐趣、意义、挑战性、创新性和成就感，是否能够实现自我价值等。要满足员工的这些高层次的需要，就必须实行工作扩大化、工作轮换和工作丰富化，实现内在激励。通过工作内容和责任层次上的改变，让员工更加全面、更有责任心地进行工作，使员工通过工作获得激励和成就感。因此工作丰富化的核心就是体现激励因素的作用。

第 5 部

生态打造 共荣共享

生态是超越传统价值链，涉及供应商、经销商、外包服务公司、融资机构、关键技术提供商、互补和替代产品制造商，将竞争对手、客户和监管机构与媒体等企业利益相关者系在一起，融综合价值链、产业链、人才链于一体的动态系统。系统中的每一个要素都与整个企业的生态体系共命运。好的生态系统，不仅可以保证企业持续健康发展，使系统所有成员共同受益，形成生态链上的良性循环，而且可以使系统中的各方相互信任、默契合作，此外在技术、资源和服务等方面均具备搜索成本、交易成本和运输成本低的优势。同时，生态系统内的利益相关者可以充分发挥各自在设计、服务等方面的优势，从而使企业获得更大的竞争优势。

第 11 章　利国利民

> 团结民心，深入民间；
> 体察民情，解决民事。
>
> ——陈秋桂箴言

1993年，陈秋桂只身一人来到广东打工，从最底层的打磨工人做起，最终成为掌握企业命脉的公司领导人。陈秋桂深知一个员工需要的不仅是金钱，还有对幸福的憧憬以及对家乡般的温暖和归属感的向往。

因此，陈秋桂将"员工幸福"作为企业梦想中重要的一项，并据此赋予了中泰龙"家文化"的基本内涵——责任共担、利益共享、命运共同、全员参与。

如今，中泰龙的好口碑以及丰富多彩的企业活动，无一不在展示着企业"家文化"的魅力。陈秋桂曾说道："生命的意义，在于拥有自己的事业和信仰。专注于事业并且快乐地工作，为社会创造有用的价值，以此来展现自我、实现人生理想。"陈秋桂从一开始就不仅以达成员工对爱与归属的需求为目标，还以满足员工自我实现的需求为动力，将中泰龙打造成由一个个富有社会责任感且积极向上的员工所组成的、具有家国情怀的企业。

对此，陈秋桂始终将这个梦想切实落实到公司战略中，同时秉承着绿色理念不断地优化生产工艺，打造低碳绿色家具。在他的带领下，广东中泰龙集团不仅拥有数千名与之同呼吸、共命运的员工,还联合上下游上千个供应商,共同打造了合作共赢的绿色生态圈,成为一个心忧家国、心怀天下的民族企业。

11.1 闻讯而动,紧急驰援

> 史河长流中华民族五千年,
> 地动山摇炎黄子孙永不屈。
> ——汶川大地震抗震救灾中,陈秋桂向同胞发出的心声

2008年5月12日,星期一。

早上出门时,陈秋桂并未觉得这个日子有什么特别之处。那天的广州,天气晴朗,并无异象。

他照例吃完了医生叮嘱的营养早餐,牢记少饮酒、按时休息、保持适量运动的医嘱,出发前往公司。

陈秋桂打开车里的收音机,伴随着广播声,他很快到了公司。

公司大楼前,红艳艳的国旗迎风招展。

陈秋桂如常走进了自己的办公室。桌面上摆放着几份关于公司改造的草图,设计师们拿不定主意,需要他来定夺最终方案。他详细地看了草图,很快便有了想法,新的方案在脑子里迅速形成。随后,陈秋桂决定出去走走,于是便开车到工厂巡视。下午2时,他同往常一样,没有睡午觉,坐在办公桌前翻阅新送来的文件。

下午3时左右,主管行政工作的罗耀华来到了陈秋桂的办公室。只见他一脸凄然:"陈总,汶川大地震了。据说规模跟唐山大地震一样!"

陈秋桂听后十分震惊,他稍顿了一下,对罗耀华说:"你去把几个

老总召集到我这里来，我们开个会，看看能做些什么……"很快，五位老总到齐，大家一脸严肃，显然都知晓了大地震的发生。

陈秋桂看了看大家，说："看来大家都知道了，我们先默哀三分钟吧……"

"公司这些年的发展有赖于党的改革开放政策和社会的发展与进步，现在到了我们回报社会的时候了。汶川发生了这么大的灾难，我们应该做点什么。"经讨论，高层一致决定：次日在全公司组织捐款。

当晚，他们连夜起草了倡议书以及给灾区员工的《慰问信》。13日，公司在总部腾出一片空地作为会场，悬挂起写有"手连手、心连心、我为灾区献爱心"等内容的横幅，组织员工捐款。

"这是心的呼唤，

"这是爱的奉献，

"这是人间的春风，

"这是生命的源泉。

"在没有心的沙漠，

"在没有爱的荒原，

"死神也望而却步，

"幸福之花儿处处开遍……"

伴随着《爱的奉献》的歌声，罗耀华开始宣读倡议书："同事们，我们的同胞在泣血，我们的同胞在呼喊，让我们立即行动起来！从点滴做起，从力所能及的事做起，贡献自己的微薄力量，用爱心点燃灾区人民的希望！"

念及此处，50多岁的他情绪激动，已泣不成声。公司高层率先捐出了30多万元。捐款在总部和分厂同时进行，员工们排起长队，很多人含泪捐款。一位清洁工大婶，因为家中尚有正在念书的大学生，平时十分节约，还靠收集易拉罐、可乐瓶补贴家用，这次却捐出了200元；一个叫蒋红文的小伙子一下子捐出了3000多元，这是他一个月的工资；

还有一位在公司19厂上班的员工，捐出了2000多元，有人劝他不必捐那么多，他却说至少自己还有饭吃，而灾区的人们急需帮助……

一天之内中泰龙的捐款数额就达68万元，这笔钱在第一时间被送至市红十字会。

此次捐款活动比一些机构发起的社会救助整整早了三天举行，使中泰龙以一个极富社会责任感的企业形象"出圈"。不仅是家具行业，社会各界都看到了中泰龙的担当。

📖 管理启示

企业组织形象包含很多内容，如组织精神、价值观念、行为规范准则、经营作风、管理水平、福利待遇等。

不良的企业形象会使企业的内部管理活动和外部经营活动遭遇困难，甚至丧失立足之地；平庸的企业形象会使企业缺乏竞争力，被汹涌的商业巨浪淹没；良好的企业形象则会使企业享誉四方、左右逢源，在各方面均取得意想不到的新进展。因此，良好的企业形象已成为现代企业的巨大财富。

鉴于此，公司需要通过塑造良好的员工形象、产品形象、品牌形象和社会形象，以给社会公众留下可靠守信的印象，并使其对企业的发展发挥出积极的作用。

良好的企业形象有助于企业吸引优秀人才。中泰龙的大局观念、家国情怀使员工更具有荣誉感，更易实现其自身价值，因而吸引了大量人才。

良好的企业形象有助于企业提升市场竞争力。市场中企业之间的竞争主要体现在同质化竞争上，个性鲜明的企业形象可以使企业在群雄中脱颖而出，更具竞争优势，从而巩固其市场地位。中泰龙之所以能够在家具行业中经久不衰，与其塑造的独具特色的企业形象不可分割。

良好的企业形象有助于企业赢得顾客的信任。消费者在购买新产品或服务之前总会抱有怀疑和观望的态度，过多地考虑购买风险使其变得非常谨慎。与毫无知名度的企业相比，形象好、品牌信誉度高的企业所推出的产品更受消费者青睐，这也是中泰龙产品在不同销售渠道的销量都遥遥领先的原因所在。

良好的企业形象有助于企业增强凝聚力。良好的企业形象犹如一种黏合剂，使全体员工心往一处想，劲往一处使，形成强大的向心力，时刻关注企业的经营，珍视企业的信誉，与企业荣辱与共。中泰龙面对震灾，能如此迅速地组织全体员工进行爱心募捐，便是企业强大凝聚力的一种体现。

良好的企业形象有助于企业化解危机。面对危机，只要企业拿出诚恳的态度，积极主动地善后，必然会赢得公众的理解和支持，减少不必要的摩擦和纠纷，逢凶化吉、走出困境。中泰龙面对产品质量问题，将赔偿与反省落到实处，完善质量管理，开展各类保质量活动，无形中提高了企业形象。

11.2　勇担责任，传递爱心

> 生命的意义在于——拥有自己的事业和信仰，专注并快乐地工作，为社会创造有用的价值，以此来实现人生理想和人生价值。
>
> ——陈秋桂对生命意义的理解

有国才有家，陈秋桂从小就明白这个道理。出生在百废待兴的年代，他亲眼目睹了国家自改革开放以来的繁荣富强和翻天覆地的变化，也亲身体会到了中国共产党给人民带来的美好生活。

穷则独善其身，达则兼济天下。陈秋桂深知作为一名企业家，不能只想着为个人谋利益，还要有忧国忧民忧天下的胸怀。这不仅体现在公司的发展上，也体现在他个人的意志和行动上。中泰龙在发展的同时，一直不忘回馈社会、支持公益事业。在陈秋桂的牵头组织下，公司高层高度重视公益活动并结合公司的发展战略，做出专门的规划并用专向资金开展系统性公益活动。在个人层面，陈秋桂支持建设的希望小学多达10所，被赋予"教育功臣"的称号；在公司层面，中泰龙成立了爱心基金会，善款均来自员工募捐，一方有难，八方支援，落实专款专用，为公司有困难的员工排忧解难。此外，公司每年都参与中山市组织的"慈善万人行"活动。

中泰龙自建厂以来，始终坚持以质量、诚信为本，以满足市场需求为导向，以研发为支撑，以完善法人治理结构和现代企业管理制度为保障，以创造社会价值、带动地方经济发展、提高社会就业率为企业发展定位。自2016年起，公司在环保方面的投资超2000万元。据不完全统计，自2012年起，中泰龙的各项公益事业捐款达4000万元。此外，中泰龙还获得了由中国轻工业联合会与中国家具协会联合颁发的"中国家具业职业技能培训基地"资质牌，且与电子科技大学中山学院、中山市开放大学合作，获得"校企协同育人基地"称号，切实肩负起教人、育人的企业社会责任。

管理启示

企业社会责任（Corporate Social Responsibility，CSR）是指企业在创造利润、对股东和员工承担法律责任的同时，还要承担对消费者、社区和环境的责任。企业的社会责任要求企业必须超越把利润作为唯一目标的传统理念，强调要在生产过程中关注人的价值，强调对环境、消费者和社会作出贡献。

根据卡罗尔的社会责任金字塔论，企业社会责任可分为经济责任、法律责任、道德责任、公益责任四个具有递进关系的层次。

经济责任是企业最基础的社会责任。中泰龙作为家具行业的龙头企业，带动了中山地区相关企业的快速发展，解决了大量的就业问题，将所担负的经济责任落实到位。法律责任是企业按照社会期望遵纪守法的责任。中泰龙始终紧跟国家政策，做贴合国家发展需求的产品。道德责任是指企业应该建立起反映股东、员工、社区及其他利益相关者期望的道德规范与道德标准。中泰龙的"家文化"、对员工的关爱、建立供应链战略合作关系等行为均是企业道德责任的体现。公益责任是最高层次的责任，指通过开展一定的项目或活动，推动社会福利水平的提升并满足员工成为优秀企业公民的期望。中泰龙积极带领员工投身公益活动，在国家有难的第一时间伸出援手，发动企业及企业中的每一位员工积极主动地承担起公益责任。

11.3　聚焦疫情，情系员工

2020年1月，新冠疫情突发，广东中泰龙集团领导密切关注疫情发展。为践行"企业强盛，员工幸福，担得起社会责任"的企业梦想，心系疫情的陈秋桂，第一时间发动家人，不惜花费重金购得一次性医用口罩11万个，并全部无偿捐赠给湖南省耒阳市红十字会，为家乡抗疫贡献绵薄之力。

同时，集团以最快的速度成立了疫情防控工作领导小组，由总裁刘革生牵头，通过制定多项防疫应急措施，降低疫情扩散风险。

公司在第一时间动员全体员工进行爱心捐款，仅几个小时就筹得善款50多万元，陈秋桂代表公司捐赠100万元，总计150万元。其中，100万元通过红十字会驰援武汉疫情防控，另50万元通过中山市红十字会用于支援本地疫情。

"国不宁，何以为家。"陈秋桂心中不仅有家国民族，还牵挂着公司数千名员工的幸福。在疫情蔓延的第一时间，斥资30多万元为身在重点疫区的员工家人送去了防护和医药用品，鼓励他们安心在家，静候佳音。同时，紧急调用350多万元，对因疫情延长假期而不能上班的全体员工给予全额薪酬发放，为他们提供强有力的支持。

在此基础上，陈秋桂果断决策：疫情期间全面让利于社会，联合全国各地经销商，给予总额超过500万元的产品让利，普惠办公家具终端用户，造福社会。

2022年春，新一轮新冠疫情狙击战再次在中华大地上打响。3月以来，山东济南正经历着一场形式严峻的疫情"倒春寒"，牵动人心。

彼时，中泰龙收到来自济南方舱医院隔离用房建设项目家具的紧急订单。

面对新一轮防疫"保卫战"，中泰龙高度重视，第一时间成立应急工作专项小组，贯彻落实上级领导的指示要求，迅速部署并展开行动，勠力同心共筑济南防疫堡垒。疫情之下，防疫家具物资订单时间紧、任务重，中泰龙上下通力配合，紧急调度人员投入生产，昼夜奋战，争分夺秒，凭借强大的生产优势协调生产与运输工作。在大家的共同努力下，2022年4月，首批装满防疫家具物资的货车紧急奔赴济南，确保了方舱医院的及时启用，助力济南打赢防疫"保卫战"。

截至2022年5月，中泰龙已经向中国红十字会、湖北省武汉红十字会、耒阳市人民政府、中山市红十字会等防疫单位及疫区人民、集团员工和全国经销商等让利，累计捐赠资金超千万元。在"战"疫路上，中泰龙先后荣获"中国红十字会奉献奖章""广东省抗击新冠肺炎疫情突出贡献民营企业"称号等。

疫情期间，中泰龙将对员工的关怀渗入方方面面。秉承"以人为本"这一理念，陈秋桂不仅致力于改善工作环境和待遇，带领员工共同为社会作贡献，还坚持发展人，定期开展培训，不断提高员工的素养与技能，为企业持续发展注入不竭动力。

企业情系员工，员工同样会真诚对待企业。2016年，中泰龙首次实行股改并于当年推行公司全员持股。由于发展初期需要员工先交钱进行资本的原始积累，对于中泰龙的未来，大家谁都不敢打包票，心中难免有顾虑。然而，生产部门的刘小成总经理对于陈秋桂敢拼、敢干、敢打仗的做事风格以及诚实守信的为人准则十分了解，在他的号召下，员工们积极配合，使公司完成了全员持股改革。交了40万元入股资本金的刘小成，当年分得红利达60多万元。他本想从中拿出一部分留作公司未来发展之用，却遭到陈秋桂坚决反对："这是你应得的，该拿多少就是多少！"

陈秋桂对员工的真诚有目共睹，这也使员工在公司有需要的时候，能做到第一时间竭尽全力回报公司，无怨无悔。

随着消费市场需求变化多样以及个性化的定制需求日益增加，大项目订单的金额可达几百万到上千万元不等，但中泰龙的日订单承接能力十分有限，因而经常会出现赶工加班的情况。

为了按时交付订单，员工们会主动延长加班时间、推迟节假日休息，公司上下齐心协力，以按时按质按量完成订单为第一要务，竭力满足客户的一切需求。在订单圆满完成后，陈秋桂会对大家进行奖励。如此一来，在满足客户的需求、提高企业竞争力的同时，也在很大程度上对员工进行了激励。

勇担企业社会责任，时刻把企业与员工的和谐发展放在首位是中泰龙一贯的作风。作为家具行业的龙头企业，中泰龙为业内同行树立了榜样。

管理启示

中泰龙对于员工的管理方式淋漓尽致地体现了双因素理论。双因素理论中把对员工的激励因素分为保健因素和激励因素。保健因素指容易产生意见和消极行为的因素，如公司的政策与管理、监督、工资、同事关系和工作条件等。这些因素的满足虽然可以消除员工的不满情绪，使其维持原有的工作效率，但不能激励他们做出更加积极的行为。激励因素指可以使员工得到满足和激励的因素，如成就、赞赏、工作本身的意义及挑战性、责任感、晋升、发展等。这些因素如果得到满足，就可以给予员工很大的激励；若无法满足，也不会像保健因素那样使员工产生不满情绪。

中泰龙致力于将保健因素做到最好，消除员工可能存在的不满因素，同时又竭力满足员工对晋升、责任感、成就感等方面的需求，将激励因素把握到位。这也成了中泰龙内部团结一致、员工幸福感高的秘籍之一。

11.4 携手商会，合力共赢

中泰龙明白单打独斗不是长久之计，要携手同行优秀企业共同聚微光成火炬，温暖社会的同时照亮前行的路。凭借多年的努力，中泰龙于2015年12月14日成为第六届中国家具协会副理事长单位。

中国家具协会是由中国家具行业同相关行业的生产、经营、科研、教学等企事业单位以及社会团体和个人自愿组成的全国性行业组织，业务上受国家轻工业局指导。协会代表行业的利益，反映会员的愿望和要求，为会员单位服务，维护会员单位的合法权益，传达政府的意图，在企业和政府之间发挥桥梁和纽带作用。同时，不断努力强化"协会自立的能力，说清行业的能力，开展行业活动的能力，指导行业发展的能力"四个能力的建设。

在成为中国家具协会副理事长单位后，中泰龙秉承"为行业、会员、政府服务"的宗旨，不断改革，提高业绩，在广东省家具协会第六届理事会单位就职典礼暨二十五周年盛典颁奖典礼上荣获"最佳合作伙伴""资深会员""副会长单位"三项荣誉，同时中泰龙集团董事长陈秋桂被评为最具行业影响力"杰出人物"的崇高荣誉。2018年，恪守"良心质量，道德品质"这一质量理念的中泰龙，被中山市人民政府授予"中山市政府质量奖"。

2019年3月11日，在以"传承·创新"为主题的中山市家具商会第八届理事会上，陈秋桂当选为中山市家具商会第八届理事会执行会长。此外，陈秋桂还被选为中山市经济促进会的名誉会长。

在中山市经济促进会领导的带领下，陈秋桂认真履职、团结会员、积极配合协会开展各项工作，同时深度参与"一核心带一区"建设，全心全意为协会的发展贡献力量，助力协会不断发展壮大，与协会各成员共同促进中山经济的腾飞。

作为以制造业当家的中山，当地政府大力推动制造业龙头企业数字化、智能化转型，在这一进程中，中泰龙起到了良好的模范带头作用。三十余年里，中泰龙的产品从传统办公家具发展到现代办公家具，旗下生产品牌"凡度"的智能制造工厂被认定为"广东省智能制造公共技术支撑平台"以及"家具行业智能制造公共技术支撑平台"。中泰龙于2016年被国家认定为"高新技术企业"，成为办公家具行业首批获得该称号的企业；2017年，与台湾鼎捷股份合资成立"中山市龙鼎家居科技有限公司"，拥有自主开发智能制造装备和智能制造系统的能力，为家具行业提供智能制造工厂的建设方案；2018年，被广东省认定为"广东省环保型智能家具（检测）工程技术研究中心"。从传统的办公家具行业中脱颖而出的中泰龙，以超然的姿态和领先的理念，成为家具行业未来高端市场的开拓者和践行者。

2020年，陈秋桂荣获由市委统战部、市委宣传部作为指导单位，中山市工商业联合会主办，中山市总商会承办，中山日报和中山广播电视台作为协办单位开展的市非公有制经济凤凰奖——"杰出贡献企业家""杰出公益企业家"两项殊荣。

此外，作为湖南人，无论事业上取得多大的成就，陈秋桂心中一直记挂着家乡。他利用各地湘会平台凝聚湘乡力量,以商联湘、以商扶湘、相互赋能,做好资源对接,帮助同乡们扎根广东,实现资源共享,共创企业发展新辉煌。在广东省湖南商会2020年会员代表大会上,中泰龙荣获广东省湖南商会优秀企业奖项。2021年10月12日,陈秋桂当选为第四届中山市湖南商会会长。商会致力于打造政企桥梁,发挥在企业与政府间穿针引线的作用,加强构建湘籍企业"核心生态圈"。同时,积极提升湘籍企业在中山的品牌形象与整体实力,为湘籍企业家打造携手沟通、共享共赢的合作平台。

在当选商会会长后,陈秋桂传承并发扬既往的优良传统,以服务会员为己任,不断创新工作方式,以"团结、包容、传承、创新"为工作信条,带领全体会员紧紧抓住中山在大湾区的区位优势,不断加强商会组织建设,扩大会员队伍,再创湘商新局面。

作为湘籍企业家的代表,陈秋桂数十年来始终以"一生只做一件事"为座右铭,扎根家具事业,将中泰龙集团打造成业内翘楚。他坚定信念,秉承先辈的优良作风,努力做到"有责任更有担当,有情怀更有使命",奋发图强、携手共进,擦亮了"中山湖南商会"这块金字铭牌,并将助力中山市经济高质量发展作为未来最重要的战略目标。

管理启示

商会,是商品经济的必然产物,指由商人依法组建,以维护会员合法权益、促进工商业繁荣为宗旨的社会团体法人,具有互益性、民间性、自律性、法人性的特征。商会是商人身份确立的过程,也是商人组织有序化的过程。商会分为两种,一种是行业协会,由同一行业的企业法人、相关的事业法人和其他组织依法自愿组成的、不以营利为目的的社会团体。其宗旨是加强同行业企业间的联系,沟通本行业企业与政府间的关系,协调同行业利益,维护会员企业的合法权益促进行业发展。另一种则是地域性的商会,通常由某地区企业公司、公务人员、自由职业者和热心公益的公民自愿结成。

商会是企业经营生态圈上的重要一环，其主要作用有：扩充人脉，形成关系网；获取信息，发现商机；促进交流，合作共赢；开展商业交流，提高凝聚力与核心竞争力；使成员产生并强化自我归属感，以及同行认同感；开阔眼界，提升自我品牌的知名度，获得免费宣传；互惠互利，共同帮助；等等。

11.5 政企同心，谋求发展

改革开放以来，我国家具行业历经四十多年的发展，从手工制作发展为机械化生产，从小作坊式进化为现代化企业经营模式。一步一个脚印，如今传统制造业已成为中山市举足轻重的支柱产业。如今，在世界贸易形势不断发展、市场环境快速变化等诸多客观因素的影响下，中山市的传统制造产业领域正面临着全新的机遇和挑战。特别是国际贸易摩擦不断发生的全新政策环境，要求中山市的传统制造业要瞄准"生态、人才、技术"等关键环节发力，打造生态文化、培养高素质人才、掌握核心技术，完成发展动能的转换，尽快实现转型升级。

要推动中山市产业经济高质量发展，就必须全面优化和提升营商环境。政府主导、协会助力、企业家齐心，关心企业经营过程中的问题和困难，共同改善产业发展的环境，调动企业充分发挥主观能动性。2022年11月1日，即首个"中山市企业家日"这天，中山市政协主席、副主席等领导走访中泰龙，与陈秋桂就中山市的营商环境和企业如何高质量发展等问题进行了交流。

打造优质的营商环境，并非一句空话。围绕企业在开办、运营等活动中所涉及的体制和机制等因素，中山市积极寻找突破口，从政务环境、市场环境、法治环境等环节入手，打开视野、深谋远虑、全局部署、整体推进，打造出一片让企业安心扎根、有力发展的产业热土。

中泰龙和政府一起努力，共同推动构建亲清政商关系。政府搭台，企业唱戏。政府不断整合利用丰富的产业资源，为产业转型升级打造强有力的发展平台；调动中泰龙的产业"龙头"力量，坚持"建链""补链""强链"，形成"以大带小"的良性发展模式，加快现代化产业体系的构建。

在政府的支持下，中泰龙进一步完善了资源配套并打造生态供应链的集群模式。优质企业的发展，需要劳动力、资金、土地以及上下游配套等产业要素支撑，这就需要政府在这些方面准确地把握企业生产经营中的"难点""痛点""堵点"，着力解决好企业发展中遇到的一系列难题，不断优化行政服务，为企业可持续发展持续注入充足的信心，在这一点上中山市一直是积极的践行者。

人才是第一生产力，是企业稳健持续发展的基础，也是一个城市繁荣富强的根本所在，更是企业发展、城市升级的不竭动力源泉。中山市在依托科研院所、高等院校等平台，完善本地人才的"选育用留"机制，在建立本地人才库等方面做了很多有益的探索；同时，不断完善人才扶持和激励政策，加强人才引育机制，让人才"招得来、育得好、留得住"。中泰龙积极利用中山市的人才引进和落户政策的红利，不断加大人才引进力度，筑巢引凤。

实业兴邦。家具行业作为中山市重要的产业名片，是中山市发展实体经济的重要部署之一。立足国家"十四五"规划，以实业带动经济健康持续发展，助力城市升级，成为中山擦亮"制造强市"招牌的重要基础。陈秋桂表示，企业要有核心技术和工匠精神。中泰龙发展至今，正是通过不断进取、精益求精，才能从行业的优胜劣汰中脱颖而出。同时，企业的发展离不开政府的大力支持，中山市是中泰龙发展的沃土，也是陈秋桂的第二故乡。2023年，中泰龙集团将喜迎四十周年庆，政企同心的中泰龙已将全新的战略规划全面铺开，未来将立足中山、放眼世界，擦亮中山家具铭牌，逐步构建"总部经济"，助力中山市经济高质量发展。

 **管理启示**

戴维·乔治·哈斯凯尔在其著作《看不见的森林》中提道："演化过程并未划出任何界限，一切生命都兼具劫掠与团结的性质。"自然生态系统中有天然的反馈机制和自我调整机制，其中的成分既相互关联又相互影响，使整个系统通过不断自我调整来实现动态平衡。同样，企业在追求利润的同时需找到自身定位并联系上下游企业，参与构建整个行业的产业生态。从产业生态的长期发展来看，生态圈内的企业和产品也都互相关联，通过恰当的资源整合方式，便可以实现优势互补和资源共享。

11.6 产学研融合，赋能成长

"制造业当家"离不开企业的创新引领。有科技含量的新材料应用、满足顾客需求新产品的不断上市、有别于竞品的新设计等，可以使企业的产业基石更加稳定，并赋予企业更多的创新空间和利润空间，成为高质量发展的基础支撑。秉承"让办公环境更和谐"的企业使命，中泰龙持续加大科研投入，将科技创新发展理念贯穿产品生产的方方面面，加强公司的理念创新、技术创新、产品创新，推进行业高质量发展。

研发先行，产品制胜。为助力高质量发展，中泰龙依托自身专业扎实、团结进取、朝气蓬勃的研发团队，组建起了家具研究院，实现了自主研发。除整合各品牌的研发人员外，中泰龙还创造了一个自由的研发环境，将生产体系、销售体系的专业技术人员广泛纳入研发队伍，从不同视角开展研发工作；同时，吸纳了不少外部优秀的设计团队，最大限度地激发研发活力，使团队成员尽快投入到研发之中。研究院成立之初，陈秋桂就提出：家具研究院要变革创新，重拳出击；要团结拼搏，燃烧激情；要沸腾理想，共创未来！

勠力创新，攻坚克难。一直以来，中泰龙家具研究院紧紧围绕"研发、品质、品牌"的经营主线，加快工业设计创新，推动品牌升级。为了给消费者带来更好的办公体验，中泰龙一直坚持产品创新，以匠心打造好产品。经过反复多次试验，家具研究院源于人性化设计和对当下生活方式的思考与理解，研发出了全新一代手控智能办公产品，从材料、功能和环保健康等方面满足了消费者的需求，向消费者传播新的办公生活方式。填空白、补短板，家具研究院在建立具有自主知识产权的产品设计方面锲而不舍、持之以恒，实现了一次又一次的突破。

只有真正地做好研发，才能引领行业未来。研发创新的"源头活水"来自搭建的研究平台、集聚的创新人才以及联动的创新企业。"要创新就要有人才布局，培养有战略眼光的人才；建设研究平台、潜心学习、深入研究，才能获取办公家具行业的核心竞争力。"陈秋桂说。

未来，家具研究院还将继续在产品研发能力和设计理念方面引领办公家具行业设计潮流。中泰龙集团致力于"做大做强平台"，不断培养优秀的研发团队，掌握行业竞争力的核心技术，倡导产品研发的工业化思维，建立产品的标准化体系。研发工作需要长期的坚守及勇攀高峰的勇气，陈秋桂对国内家具产品的研发之路充满了期待。

中泰龙对内紧盯研发，对外积极与各大院校合作，推广"中泰龙杯"办公家具设计大赛和各项校企合作项目，促进产学融合。本着为优秀设计人才提供展示才华的舞台，同时也为国家、为行业培养优秀设计人才以推动行业发展，中泰龙先后在广东、湖南、北京、黑龙江等全国重点高等院校组织开展了一系列校园推广活动，涵盖中央美术学院、北京工业大学、北京林业大学、华南农业大学、福建农林大学、广州仲恺学院、顺德职业技术学院等，取得了良好的效果。自2011年起，"中泰龙杯"办公家具设计大赛已成功举办了九届，得到了全国各地设计院校师生、专业设计机构及社会爱好者的热情关注和积极参与，取得了良好的社会反响。对学生而言，通过参加专业技能比赛，不仅锻炼了动手能力、提升了专业实践水平，也加深了对社会行业的了解、增强了专业自信。对学校而言，组织学生参与比赛和交流活动，不仅有助于提升专业教学在行业里的知名度，也有助于推动学生积极就业和创业。

此外，为促进公司校企合作项目的发展，加大专业对口人才的引进力度，中泰龙集团人力资源部定期邀请部分学校的教师团队前往中泰龙进行参观指导与交流，与校方达成课外课堂的合作，加强校企双方的联系与互动，既为共同培养社会发展需要的人才提供了新路径，达到共创共赢的效果，也为推动办公家具行业的发展提供源源不断的优秀人才！

管理启示

企业生态系统是由大量处于不同层次的组分相互作用构成的一个复杂系统，包含多层次的子系统，如企业子系统、消费者子系统、环境子系统等，而环境子系统中又包含了社会政治、法律、社会文化等子系统。对于共同体中的每一个企业个体而言，生活在它周围的其他企业个体或组织连同社会经济环境构成了其生存的外部环境，企业个体与其外部环境通过物质、能量和信息的交换，构成一个相互作用、相互依赖、共同发展的整体。

第12章　生态平衡

> 只有把双方的利益放在同等重要的位置一起考虑，站在对方的立场上多想想、多体谅，才能推动合作向纵深发展，才能真正实现双赢的局面。
>
> 我们是唇齿相依的合作关系，是利益攸关的共同体。我们认为，一流的企业需要一流的供应商，强强联手才能实现双赢。
>
> ——陈秋桂箴言

人的健康成长离不开成长的环境，更离不开阳光、空气、水和养分。企业的成长一样也离不开成长的环境，这个环境就是"产业生态圈"。在新时期，企业将不仅关注自身的资源、商业模式、竞争优势，更关注在生态系统中的定位与成员伙伴之间的关系，从而实现成员之间的资源互补、跨界创新、共生发展。生态圈的打造，是企业发展的必由之路。

企业发展生态中的阳光指的是政策方面的支持，植物没有阳光即没有生机。没有国家政策的扶持和产业政策的支持，任何企业都很难生存和发展。空气指的是客户，空气是生物生存的必要条件，没有业绩的企业注定是没有出路的企业，而客户才是企业赖以生存的基础。水是指行业所处的环境，水是万物生长的源泉，温润的环境是生命的摇篮，良好的行业环境与市场环境是企业生长的源泉。养分是指各个合作单位，如经销商、供应商、行业协会、银行、院校等，是企业生长的养分，在合作中促进发展，在合作中获得共赢。

对此，陈秋桂提出了"生态文化"战略并将其作为企业核心竞争力之一。"生态文化"战略融合自然生态圈与产业生态圈两个理念，重点强调企业要把"打造绿色生态圈"作为重点发展方向，同时要将上下游供应商伙伴纳入公司企业文化，给予家人般的亲和与关爱；此外还要加强与政府、商协会、银行等相关单位的健康友好交流，深化产学研领域合作，以此打造独一无二符合中泰龙新时代发展的共赢合作生态文化。

中泰龙每年都会定期召开供应商大会及高峰会，意在加强与上下游之间的联系。2012年7月，中泰龙集团成功召开第二届全国供应商大会，会上陈秋桂阐述了中泰龙集团与厂商合作的重要性，明确指出企业的发展需要与供应商、经销商建立"互利互惠、长期合作"的关系。

12.1 供应商管理，心手相连

供应链管理是对贯穿其中的产品流、信息流、物流和资金流的集成管理，目的是把速度和质量做上去、把成本做下来，给客户最大的价值。在制造业，70%左右的产品成本来自供应商。表面上看供应商赚了企业70%的钱，而实际情况是供应商在为70%的供应链增值负责，供应商的绩效决定了供应链的绩效。

随着公司规模的不断扩大、产量的逐年提升和品质要求的日益提高，为保障公司供应链的安全、高效、平稳运行及持续优化，中泰龙本着"互利互助、双赢发展"的理念，与供应商建立起良好的战略伙伴关系。中泰龙始终按照"开发—合作—管理（准入和退出）"的标准流程选择与管理供应商，并且从来不把压榨供应商的利润作为提升自身效益的手段，这种竭泽而渔的做法就像拧干湿毛巾的水分一样，当最后一滴水被拧干之际，也是毛巾被拧烂之时。

对于供应商的开发过程，中泰龙按照"供应商分类—供应商评估—供应商选择"三个步骤进行。

首先，从供应商分类开始。分类是比较的前提。例如，木材和零部件是两个不同的门类，相应的供应商之间是没有可比性的。对于相同的采购门类，如木材，分类可以帮助摸清家底——有多大采购额、有多少供应商，供应商太多还是太少，哪些是优选供应商，哪些应该淘汰，对此应有一套标准和制度。一切以科学管理为手段，减少了人为主观干预的影响。

分类也有助于区分对待，例如，战略供应商和优选供应商的管理方法、管理重点各不相同，就如对孙悟空和沙和尚要区别对待一样。供应商分类还有个目的就是有助于内部沟通，如判断哪些供应商是优选供应商，对其要多做新生意；判断哪些是淘汰供应商，禁止其参与任何开发项目等。清晰的分类使中泰龙大大地提高了沟通效率。

中泰龙主要通过对企业所需物料进行分类的方式对供应商进行分类，即将物料分为战略物料、瓶颈物料、杠杆物料和一般物料。

战略物料是指对采购方的生产流程或生产成品至关重要，但常常由于供应方存在供应短缺等问题而具有较高供应风险的物料。此类物品在最终产品的成本价格中占有很大比例，也占用大部分资金，而其质量又会直接影响企业生产能否正常进行。木材和板材就属于战略物料，故对于这类物料的供应商需要建立长期稳定的战略合作伙伴关系。

瓶颈物料是指物料供应条件不稳定，但占用成本较少的采购项目。该项目物品通常由特定的供应商提供，且物品多为非标准化的，因此风险性也随之增加。故此类物料与战略物料类似，也需要和相应的供应商建立战略合作伙伴关系，如家具制造过程中用到的一些特殊辅料。

杠杆物料是指供应风险性小但占用采购成本较大的采购项目。产品的标准化和充足的供应市场，使得杠杆物品的采购风险较低。由于采购数量庞大，采购方通常有较大的议价空间，但价格的变化对采购方会产生较大的影响，因此，价格的差异影响着采购方对供应商的选择。例如，家具制造过程中用到的各种五金配件，对于这类物料的采购就需要进行多次谈判，选择采购价格更加合理的供应商。

一般物料是指采购额小、采购风险小的采购项目，只需要与供应商建立一般的交易关系，如家具制造过程中用到的通用辅料。

中泰龙的战略供应商数量占供应商总数的 5% ~ 10%。

其次，进行供应商评估。供应商评估就是通过分析供应商的历史绩效及质量、生产和物料管理体系，判断其好坏，为下一步方案的执行做准备，也作为后续改进的基准，制定进一步的供应商改进方案。

在这个过程中，很重要的一个环节就是验厂，即中泰龙会从各个职能部门抽派人手，包括质量、生产、计划、物流、财务等相关部门，进行供应商实地考察，考察车间板块合不合理、行业口碑、原材料商对其供货的态度、诚信度、管理流程、员工稳定性、资质 ISO[①] 企业质量管理认证、自身产品是否具有第三方检测报告、环境评估、财报以及纳税证明等多个方面。各个职能部门要各负其责，这样做的目的是一方面可以减少个人的主观判断，另一方面可以让专业的职能部门更清楚地发现供应商的短板，以便后续及时改善。

最后，进行供应商选择。在供应商评估的基础上，根据公司的需求，选择合适的供应商，使其成为未来的合作伙伴。公司通过招标，与资质高、信誉好、保证能力强的供应商建立良好的供需战略合作关系，构成公司价值创造过程中的重要供应链。所谓战略，就是通过牺牲短期利益来满足长期利益，牺牲局部利益来满足全局利益。如果没有战略，企业就会习惯性地被短期、局部利益驱动，而牺牲了长期、全局利益。

---

① ISO,国际标准化组织(International Organization for Standardization)是标准化领域中的一个国际性非政府组织。

有的公司在运营过程中，由于各种原因，不停地引入新供应商，就是一种缺乏战略合作供应商的表现。

在实地考察时，确认达标之后，才会采取下一阶段的动作（打样—试样—实验室检测样品质量—议价—小批量试产—纳入供应商体系）。如果出现不合格的情况，就会及时进行单个项目的沟通、探讨。如果供应商不配合，也会及时与对方的相关负责人当面沟通，进行动态管理。经过验厂与评估后，选择合格的供应商，建立相应的供应商名录，每种物料确定2～3家主供应商、3～5家备选供应商。

选定合适的供应商后，中泰龙会定期调整供应商清单，但不会随便让新的供应商加入，这有助于公司抵挡各种诱惑。那些诱惑的共性是以短期利益牺牲长期利益，以局部利益牺牲全局利益。

一旦供应商的入口把守不住，被排除在外的供应商就会来找，承诺给企业更好的价格和交付。但中泰龙仍不会把他们放入采购名录，否则，就会助长这些企业"藏着掖着"的恶习，这对其他真诚的供应商是不公平的。如果这些供应商真的对企业感兴趣，那就在企业下一次更新供应商清单时，拿出最大的诚意，给企业最优条款，并把企业评估中识别出来的质量问题和管理问题的短板补齐。

在这种选择战略供应商的原则指导下，中泰龙拥有行业内最完整的产业链，现有供应商477家，其中合作10年以上的占1/3，5年以上的占1/2，稳定且长期的供应商也是中泰龙产品质量保证最坚实的基础。

在合作环节，中泰龙始终坚持陈秋桂提出的三个不可撼动的原则：员工工资不跨月、客户款项涉及返还不延期、供应商货款对完账后按时支付。行业内货款拖欠一两个月甚至半年是常态，而中泰龙的准时支付成为其与供应商合作的王牌优势。很多供应商这样评价与中泰龙的合作："赚是赚得少一点，但是省心。"

通常，中泰龙一旦选择合作，便是长期合作，十分稳定。中泰龙坚信淘汰不能代替管理。淘汰需要花费大量精力，采购部门的精力如果都花在淘汰供应商上,就没有足够的时间来为新产品、新项目寻找合适的供应商。结果是一边淘汰劣质供应商,一边新产品又落到了劣质供应商手中。于是越淘汰越忙,企业陷入"吃二遍苦,受二茬罪"的恶性循环。

对于供应商,如何管理是十分重要的。

在管理上,中泰龙坚持进行供应商绩效管理。供应商绩效管理就像学生考试:考试不一定能让学生学好,但是不考试,学生肯定学不好。作为企业,制定合适的考核指标十分重要,统计绩效、定期反馈给供应商对于企业的运营也是同样重要的一环。通过对供应商绩效目标和绩效水平达成情况进行考核,公司可以敦促其制订改进计划,调整采购战略。

俗话说,不能以考代学、以赛代练——考试和比赛只能维持供应商的绩效稍许提高,但没有办法让供应商的绩效迈上更高的台阶。针对关键供应商,中泰龙把他们早期纳入设计阶段,通过优化设计来降低产品的成本;把他们的流程用电子商务的方式与公司对接起来,以降低交易成本;帮助他们提高生产工艺流程和精益改造,以降低生产成本。

对于让大多数公司最为头疼的战略供应商管理,很多公司会给出各种理由,如供应商规模太大、是由客户指定的等。其实这些都是借口。只要遵循一定的原则、采取一定的方法,战略供应商当然是可以管理好的。"治大国如烹小鲜",关键是要摆正心态,把战略供应商提到配偶和独生子的高度来管理。两口子吵架,哪能一离了之?孩子不听话,赶出家门也不是解决方案。关系摆正了,你就知道哪些方法可以用,哪些方法不可以用了,供应商管理自然也就走上正轨了。

《道德经》上说,"不教而诛是为虐",唐僧是代表:他没有教育、教化,就去惩罚徒弟,违背了管理的准则。放在供应商管理上,一流的企业有政策、有管理;二流的企业有政策、没管理。很多本土企业中所谓的供应商管理,说白了就是一堆政策而已,流程、系统要么很不健全，要么形同虚设，几乎谈不上管理。一旦供应商出了质量、交期问题，就采取惩罚性措施。

对此，中泰龙在供应商管理上从政策与管理两方面双管齐下。中泰龙每年11月会和供应商签订框架合同，其中包括财务对账的时间、质量标准、货期要求、权责划分以及廉洁协议，此外每个月再签订具体的购销合同，会用倡议书的形式倡导供应商一起合作。供应商考核分为月度考核与季度考核，主要材料的供应商每月将接受质量、交期、成本、服务、重大项目配合度五个维度的考核，辅料以及小份额合作的供应商采取季度考核。此外，每年的3月、4月、5月，中泰龙都会举办供应商大会，与供应商共享未来的发展计划，让其了解公司发展的方向、公司政策、动态、总结合作成败得失等方方面面，给供应商传递中泰龙的信息。

除了供应商大会之外，中泰龙在做重大销售决策之前会与供应商进行提前沟通。例如，每年12月销售收官之战的促销活动，公司都会给客户让利一波，所以会提前找供应商谈合作——这个月供货能不能让利5个点或3个点。除了利润上的合作之外，中泰龙也会对供应商进行精益改善等方面的培训、授课，分享中泰龙在节能降耗、提质降本方面的经验。

随着市场竞争的不断加剧，企业之间的竞争力将日益体现在供应链之间的竞争。公司致力于与供应商建立良好的合作关系，并与关键供应商建立战略合作伙伴关系，如广西丰林、广东长鹿化工、嘉宝莉化工公司、金田豪迈机械等，这些企业均为行业内领先企业。通过与这些供应商的合作，使双方战略合作向纵深发展，并且建立了技术交流机制、联合技术推广机制。

管理启示

根据东西方企业文化和商业模式的差异，全球供应链协同模式可以分为三类：

一是美国和欧洲等西方发达国家狮式供应链。由基金等金融资本主导的企业群所建立的"1+N"供应链模式。其中"1"代表基金和银团等金融资本链主（"1"指代资本化的自然人或法人，下面亦同），"N"是供应链上的各环节。"1"的角色冲在前面，往往是强势的，个人英雄主义色彩比较明显，也被称为"狮式企业"，其供应链模式也被称为"狮阵供应链模式"。这类企业的代表有微软公司、苹果公司、大众汽车等，其背后基金分别是梅琳达-盖茨基金、伊坎合作基金、保时捷家族基金。

二是日本和韩国等东方发达国家狼式供应链。由商社等商业资本主导的企业群所建立的"N+1"供应链模式。其中"N"是供应链上的各环节，"1"代表商社等商业资本链主。"1"的角色隐身在后面，往往是低调的，群英主义比较明显。这类企业也被称为狼式企业，其供应链模式也被称为狼阵供应链模式。这类企业的代表有日本三井财团、三菱财团、一劝财团，分别拥有商社三井物产、三菱商事、伊藤忠商事；韩国的三星财团、现代财团，分别拥有商社三星物产、现代商社。

三是以中国为代表的羊式供应链。由国有资本主导的企业群组成的"1+1+N"供应链模式。其中第一个"1"指的是国有资本的代表党委书记，国有资本往往是企业的真正链主；第二个"1"指的是国家聘请的高端职业经理人董事长；"N"指的是供应链中各环节的企业。代表企业如一汽集团、广汽集团、中储粮集团、中粮集团、中石油集团等。

12.2 经销商管理，规避风险

中泰龙深知经销商的水平代表着其代理的品牌在当地的水平，所以经销商的选择与管理对于企业的发展而言也是至关重要的。

经销商的选择首先要考核其是否认同企业的品牌，只有认同了企业的品牌理念才能感受到企业品牌创造的价值,才能坚信品牌能够为它创造利益,进而在做这个品牌代理时才会充满信心,愿意将这个品牌做得更好,也会用心地去服务好客户。反过来这不仅可以帮助企业建立品牌的美誉度,还能使经销商成为企业真正意义上的战略合作伙伴。

在和经销商合作的过程中,中泰龙也是险象环生。前几年,广州市政府计划建立一些便民亭,一个便民亭预计投入二三十万元。经销商传递来的信息是项目总额预计有几千万元,政府进行招标采购。经销商选择中泰龙作为供应商,要求中泰龙先交1000万左右的保证金。这一举动引起了公司财务的注意,发现经销商提供的便民亭的数量和在网上了解到的政府信息不相符。于是财务总监带着商务部门和法务部门的同事到相关部门进行了走访,针对以下两个方面展开了调研:①政府的项目是否有这么大的量,是政府的哪个部门负责的?②经销商的公司在哪里,公司的主营业务是什么,公司的负责人是谁,规模有多大?

经过调研了解到项目传递来的信息都是不完整的,政府并不需要这么大的采购量,目前只是在做一个试点,看效果如何;经销商的注册地有问题,没有人手在实际运作公司,公司只是个空壳。这个经销商有获得政府平台信息的渠道,但是完全没有这个能力完成这个项目,项目从头到尾带有一定的欺骗性。于是中泰龙及时终止了这个合作,防止了公司进一步产生损失。所以在选择经销商时,考察其资质是否达标是首要步骤,具体可从合同的金额大小、结算方式、盈利方式、人员数量、办公场地以及注册资金等方面入手。

经过这件事后,中泰龙在选择经销商时,都会进行风险管理。在选择经销商前期,公司首先会提前对可能存在的风险因素进行收集、分类,确定需要重点识别的风险点,然后进行进一步的甄别。

其次,公司会在风险识别的基础上,对风险发生的概率和损失进行评估,若评估结果较为理想则会与该经销商进行合作。由于过往的经验,中泰龙一开始会进行财务评估。从清偿能力开始,主要是看经销商的库存周转率，库存周转率越低，表明库存周转周期越长，效率越低，公司经营也越差。再接下来，要了解经销商的资本结构，这是经销商的基石，决定着经销商的长期绩效。

与此同时还需要考核经销商的财务和资本结构以及资质与提供的信息是否真实，中泰龙和很多公司一样，很多项目都是通过招投标取得的，所以对经销商提供信息的真实性进行甄别十分关键，否则，如果评标时发现信息和资质作假，就会被直接废标。

与经销商开始实质性的合作并不是就可以万事大吉了，过程风险也是无时不在的，需要不断地进行监控并对可能损害利益的风险及时进行应对。

此外，中泰龙积极开拓经销商的开发渠道。除了有口碑保障，客户之间相互介绍之外，中泰龙每年三月还在全国举办展会、参加广交会，大面积地去参展。展会能够在新客户的开发方面带来积极的影响，并且中泰龙与时俱进，还会通过抖音、直播、微博、微信公众号、官网推广等线上的各种渠道来不断深挖能够契合当代市场需求的经销商。

在选择优质经销商后，还需要对经销商进行管理，定期考察。考察主要是从几个方面进行，一是针对经销商是否按照公司的要求去服务客户，二是考察经销商团队当年的成长度，例如团队的销售业绩、设计师的能力是否提升。对于有提升的经销商进行以激励为主的正激励；对于表现一般的经销商提出定期整改要求，对整改不到位的直接取消其代理权。提高经销商的危机意识，可以促使经销商能够主动地不断自我提升。

公司一直致力于供应链的整合，坚持打造"产销联动，互利共赢"的供应链生态圈，与上下游产业链互惠互利，携手打造"合作共赢"的外部生态。整合外部生产体系，与外部优质厂商形成战略合作，补齐生产短板，做大做强生产体系。持续与外部优秀设计师团队合作，整合外部研发力量，优势互补，形成强大的研发阵容。继续与物流公司和快递公司合作，解决客户运输难题，支持和辅导经销商运营终端市场，打通经销商"最后一公里"。优化政商环境，积极响应政府政策和号召，做好政府的各项外联工作，争取政府各职能部门和商会、协会的支持，营造良好的经营环境。

经历了这次风险后，中泰龙深刻地体会到了风险管理的不可或缺和重要性。

12.3 物流管理，协同发展

物流部门属于服务型部门，需要把服务放在首位。第一目标是服务好公司制定的目标，需要将稳定和质量保证纳入可控的范围。稳定是尽可能地将应付意外的成本降低，不会对前端的生产环节造成负担。

对于中泰龙而言，物流中的仓储与配送是两大问题。

对于仓储而言，中泰龙的产品为实木产品，对储存环境的要求较高。室内的湿度不能过大，温度要适宜，有的还需要进行上油养护。在江浙沪地区尤其需要注意实木吸水后的膨胀，在东三省空气过于干燥，又要提防家具开裂的问题。

客户认为膨胀、开裂是产品的质量问题，所以中泰龙在生产工艺上会通过排版（锯木槽等留有空隙）来减少因膨胀、收缩、开裂而引发的变形。

此外，中泰龙选择时长为1个月的定期家具保养和物流设备的保养。物流设备的保养外包给了一家设备保养公司，列入常规预算，超预算的部分则需要另行申请。为何选择时长为1个月来进行保养呢？这是因为在1个月的时间里交货的高峰是月初、月末（月头下单、月末进仓交货），所以时长1个月可以经历高峰、低峰运作的考验，容易发现问题点。

中泰龙的仓库也经过了标准化的改建。2013年以前是老的物流仓库（楼层仓）。这种仓库更加适应于中小型产品，对于重量沉、体积大的中泰龙产品，发货比较困难，需要用到大量的人工，用时2~3天甚至1个星期，才能完成生产线生产1天订单的发运。

陈秋桂在一次仓库视察时，看到仓库里杂乱无章的环境，立即召开了现场会议，针对仓库的问题提出严肃的批评。"我们之前一直把目光放在了研发、生产、销售上，在这些方面进行了协调，但却忘记了物流是联系公司内外部供应链至关重要的环节！物流如果出了差错就会影响整个订单的交付，就会使得前面环节的努力前功尽弃！就仓储而言，完成一天的订单出货竟然有时候需要1周的时间。有人总结过问题的症结所在吗？"陈秋桂问道。

会议上一片寂静。

"这就是问题所在！我们仓库本来就不大，而产品品类却不少，这就更需要管理了，涉及划定科学的分区、制定清晰的制度、规定货物摆放规则与进出原则[①]。而目前我看到的是仓库里堆积了公司所有的产品，没有进行分类，甚至没有留出货物搬运的通道，物流通道极其不顺畅，这样不但留下了安全隐患，而且员工有多少时间浪费在了找货和搬运行走上？"陈秋桂说道。

对此，陈秋桂决定立马解决这个严重的问题。2013年公司将仓库搬到宏昌物流基地，2014年决定就此投资建立标准的物流仓库，面积大约5万平方米，一共有95人运作，自有车辆20台，每日出入库量达到了4000多立方米。物流仓配备了自动升降平台以满足装卸的需求，现在的平台可以达到每天30台车进出仓的水平，打破了物流硬件方面的瓶颈。

物流部门制定了科学的管理方法，仓库进行了合理的区域规划：收

---

① 通过制定仓库作业规定及奖惩制度，指导和规范仓库人员日常作业行为，通过奖惩的措施起到激励和考核人员的作用。由一系列其他流程文件和管理规定形成的，包含对仓库各方面的流程操作、作业要求、注意细节、6S管理、奖惩规定、其他管理要求等进行明确的规定，给出工作的方向和目标、工作的方法和措施。

货区、散货区、分拣区、包装区、拼装区、办公区。并对各个区域的活动进行了清晰的划分。仓库的成品摆放清晰，功能布局合理，地面整洁畅通，大大提高了员工的工作效率。

在大家的共同努力下，仓库利用率达到80%以上，通过准时到达和发货完成锁单，半年盘点下来，产成品当天的入库率达到了99.9%。当天下单，货物一天之内便可以出库，已经不存在发不出货、货物混乱、发货期滞后等现象了。

对于配送，中泰龙实行三种配送方式，分别是自己配送、自提与一体化服务（接单—提货—发运—到货—上楼—安装—售后）。自己配送与一体化服务需要提前进行沟通与实地考察，否则会造成很大的麻烦。

第一个事例发生在某年的周五，物流部门给正在跑长途，为一个外地客户送货的司机打电话询问："师傅，星期天货能送到项目工地吗？"司机当时回答："可以的，我已经快到客户项目工地了。"

听到这里，公司员工很欣慰，以为万无一失。可是客户在工地上左等右等，迟迟没有司机师傅的消息，也看不见送货的车影。物流部门着急地打电话再次询问司机，才知道原来师傅又接了别的单，目前这单货到下周三前都是没办法送到的。

当时整个工地的监理、装卸队、安装队、客户等几十号人的团队都在等着这批货。由于公司没能按时交货，给客户造成了众多人员和设备的窝工损失，还打乱了客户的施工计划。其结果就是除了给公司造成信誉损失之外，还要支付相当数额的经济赔偿。造成这一结果最主要的原因就是对外包物流车队的监管失控。

当陈秋桂听到这件事后，立刻进行了反省并寻求解决措施。在与物流部门负责人商量后，除了对外包物流车队加强监管外，还决定执行对司机的奖惩制度。如果司机能够按照约定的时间将货物安全地送到指定地点，中泰龙会对其守约行为进行奖励，让利给司机。反之，除非不可抗力因素，否则会视为司机的违约行为，违约次数达到一定的限额后，他就会被拉入黑名单，再也不合作。

第二个事例发生在云南。过去拼装家具部件都是分散打包成一包一包地进行配送，到达客户方后再进行拼装。这个客户是在云南的特殊地区，由于没有提前踩点，到了当地后才发现，接货目的地需要过索道跨江送货，机动车根本没法通过，更别说送货的大卡车了。在不得已的情况下，送货人员只好临时雇人一包一包地把家具部件通过索道背着溜过去，再在对岸重新雇车将货送到客户那里，这一趟折腾下来，物流成本高到了天际。

类似的故事还有很多。有个客户订了一批布置"公寓"的家具，物流部的员工想当然地认为"公寓"一定紧靠大马路，或者至少会有两车道的公路供车通行。而到了当地才发现，"公寓"只是在一个村里私人地皮上盖的公寓，进村的道路只能容纳一台小汽车和摩托车通行。没有其他办法，最后还是采用最原始的办法一包一包地把家具部件背到公寓楼底下。而更让人没想到的是农民房的公寓楼没有电梯，并且由于是民居，楼道非常狭窄，家具部件没法通过楼梯背上去，只能拆掉公寓楼房间的窗口。路窄吊车也进不来，只能爬到公寓楼顶，安装最原始的吊装架，分批次慢慢地把家具部件吊上去，然后再分发到不同的房间进行拼装，前前后后费时费力地折腾了一个多星期，才把这个订单完成，这也导致成本完全失控。

至此以后，物流部再做一体化服务时，除了与物流全流程沟通之外，还会提前去踩点、了解情况，避免出现以上类似的情况。

12.4 自然生态，共生共荣

随着能源消耗增大、全球气候变暖、极端天气增多、资源枯竭以及生态系统破坏等问题日趋凸显，绿色发展作为可持续发展的共识得到了国家的重视。2020年3月国家发展改革委、司法部印发的《关于加快建立绿色生产和消费法规政策体系的建议》提出了推行绿色设计、强化工业清洁生产、扩大绿色产品消费、推行绿色生活方式等多项任务。2021年10月24日，中共中央、国务院印发的《关于完整准确全面贯彻新发展理念做好碳达峰碳中和工作的意见》中进一步明确提出要建立健全绿色低碳循环发展的经济体系，确保2030年实现碳达峰、2060年实现碳中和目标。

基于此背景，企业在发展的过程中需要自觉承担一系列生态责任，将可持续发展观、循环经济理论纳入企业的日常管理之中。

可持续发展观的思想源于全球性的环境危机，是人类对环境问题认识不断深化的结果。1987年，在斯德哥尔摩召开的世界环境大会上，可持续发展观作为一种新的社会发展观被正式提出。可持续发展的表层含义是指一个国家的经济社会发展应该注意可持续性、防止不可持续性，但其根本要义是要求从传统工业文明的发展方式中脱离出来转向新的生态文明的发展方式。这意味着必须承认自然界本身具有发展权，人类社会的发展必须足够充分考虑到自然成本。

"循环经济"一词是对物质闭环流动性经济、资源循环经济的简称，是以资源的高效利用和循环利用为目标，以"减量化、再利用、资源化"为原则，以物质闭路循环和能量梯次使用为特征，按照自然生态系统物质循环和能量流动方式运行的经济模式。它要求人类在社会经济中自觉遵守和应用生态规律，通过资源高效和循环利用，实现污染的低排放甚至零排放，实现经济发展和环境保护的"双赢"。这一理念融合了清洁生产和生态工业，并将环境保护延伸到国民经济的一切有关领域，融入生产技术、产品和服务的各个层次中，将环境保护与经济运行模式统一加以考虑，大大提升了环保思想的深度和广度。

为了承担企业环境责任，陈秋桂从环境保护、绿色生产、节能减排方面入手，并亲自关注各项工作进度，身体力行，充当表率并带领供应链上下游成员共同践行绿色理念。

中泰龙高层领导高度关注对环境和生态的保护，将不断改善员工作业环境作为公司环保工作的指导方针。近三年来，公司平均每年投入约2000万元，针对各生产基地的厂房、工艺差异，完成了10余套VOCS[①]活性炭吸附设备、3套生物吸收降解末端治理设备的安装，并投入正常使用，积极地响应了党中央提出的给后代留下"绿水青山"的号召。

中泰龙历年来在环保上积极进行投入，伴随着环保技术的不断更新，持续改进公司生产线的环保处理设施。针对粉尘，公司各生产基地均采用了先进的集尘系统；针对喷漆废气，采用了当前先进的生物吸收降解法、活性炭吸附法，处理效率均优于当前的环保要求标准。

家具企业对产品生产过程中甲醛及TVOC控制至关重要，TVOC的直接排放污染大气环境，产品中的甲醛及TVOC的含量直接影响消费者的健康。长期以来，公司组织了相关人员对可能释放TVOC粉尘的排放口进行了排查，加强设置TVOC治理装置及环保收尘装置，污染排放量远低于行业水平。

在产品原材料方面，公司全部统一使用E1级板材、环保水性漆、环保胶黏剂等主要原材料，原材料经过中环联合北京认证中心（中国环保部下属单位）现场抽样原材料半成品——"带涂层饰面中纤板"做甲醛、TVOC、重金属检测，检测结果甲醛及重金属均要达到检测不到的水平，才表明产品达到了安全等级，对消费者的身体健康不会造成伤害。

在安全生产方面，每年各级领导均会签订"安全生产责任状"，明确各级领导在安全生产上的职责与义务，压实安全责任。同时，公司逐年加大安全生产投入，近三年来，平均每年投入约1300万元，约占年

---

① 挥发性有机物,常用VOCS表示,它是Volatile Organic Compounds三个词的缩写,总挥发性有机物有时也用TVOC(下文会出现)来表示。根据世界卫生组织(WHO)的定义,VOCS是指在常温下,沸点为50℃至260℃的各种有机化合物。在我国,VOCS是指常温下饱和蒸汽压大于70 Pa、常压下沸点在260℃以下的有机化合物,或在20℃条件下,蒸汽压大于或者等于10 Pa且具有挥发性的全部有机化合物。

销售收入的1.14%。各工厂生产线将塑料吸尘管统一改造为金属吸尘管，油房、仓库等重点区域安装了防爆灯，优化粉尘收集系统。强化员工培训，严格执行安全方面的法律法规要求，生产一线采取行政主管和保安日常巡查、违章事故曝光等措施来提高员工的安全生产意识。

为了保障可持续发展，公司制定了《公司未来发展的隐忧管理制度》，尽可能地消除重大经营隐患。对每一种潜在的危险制定了相应的应对策略，确定应该实施的部门、单位、过程和环节，并组织实施，随时跟踪实施结果，并注意收集各种已经发生了变化或有变化趋势的信息，决定是否进行策略的调整。

"节能减排、低碳经济"是中国政府的庄严承诺，也是公众对可持续性发展的期许。公司根据"CEC 014—2017 绿色供应链"评价标准，国家环境保护部相应的"绿色生产、绿色采购和绿色消费"的绿色供应链环境管理要求，全面改善绿色供应链，并取得了五星级评价，是全国办公家具唯一一家获得者。同时，公司为"广东省绿色家具产业联盟"第一批成员，是首批率先引领家具走向绿色环保的企业之一。

在节能降耗方面，公司机电部通过自主改良部分设备、优化线路布局，达到了合理提高设备利用率、降低电费的目的，每年为企业节省约100万元，为资源综合利用、可持续发展做出了贡献，取得了良好的社会效益。中泰龙目前正致力于建设绿色工厂，2020年，中泰龙获得了中环联合颁发的"碳足迹"证书，在碳排放方面取得了优异的成绩。

在能源计量管理过程中，公司每年对苯、甲苯、二甲苯、VOCS进行监测，并做出相应的数据统计，严格管控有机废气的治理及排放。工厂采用滑轮式地轨取代了大部分叉车，减少了50%柴油消耗，减少了废气的排放。智能制造工厂一条生产线的日产能是传统产能的2.5倍，材料利用率较传统生产方式提高了约15%。

为了满足健康安全与环境（HSE[①]）法律法规的要求，2011年公司通过中国职业健康安全管理体系认证，2016年获得安全生产标准化生产证书。对重大危险源进行了定量评价，并进行相应的消防演练与备案，实行实时监控，实行每月消防安全检查并及时通报结果，采取有效的控制和治理措施，消除了安全隐患。

中泰龙用实际行动为供应链上下游的所有企业树立了良好的榜样。此外，中泰龙不仅对企业自身的各个业务流程提出更高标准的绿色要求，还对供应链上下游合作企业提出了相应的绿色指标要求，达不到要求的企业中泰龙会对其出示"黄牌"，在一定程度上降低与其合作的业务量，对再三提示无果的合作伙伴会终止合作。

公平协同合作的结果是，中泰龙巩固的不仅是一个绿色家具企业，更是打造了一个绿色环保的供应链与自然生态共生共荣的生态圈。

管理启示

所谓公平理论是研究工资报酬分配的合理性、公平性对职工工作积极性影响的理论。由美国心理学家亚当斯于1965年提出。

员工对收入的满意程度能够影响其工作的积极性，而职工对收入的满意程度取决于一个社会比较过程，一个人不仅关心自己的绝对收入，还关心自己相对收入。每个人都会把自己付出的劳动和所得的报酬与他人付出的劳动和所得的报酬进行社会比较，也会把自己现在付出劳动和所得报酬与自己过去所付出的劳动和所得的报酬进行历史比较，职工个人需要保持一种分配上的公平感。如果他发现自己的收支比例与他人的收支比例相等，或现在的收支比例与过去的收支比例相等时，他就会认为公平、合理，从而心情舒畅，努力工作；如果他发现自己的收支比例

[①] 20世纪90年代，一些跨国公司和大型现代化联合企业，开始建立职业健康安全与环保管理制度，将Health（健康）、Safety（安全）、Environment（环境）作为企业自律的约束行为准则，到20世纪90年代中期，引入了第三方认证原则。中国1995年派代表参加了国际标准化组织ISO/OHS特别工作组工作；1999年10月，国家经贸委颁发了《职业安全卫生管理体系试行标准》。

与他人的收支比例不相等,或现在的收支比例与过去的收支比例不相等时,就会产生不公平感,内心不满,工作积极性随之降低。

《国语·晋语一》有言:"民之有君,以治义也。义以生利,利以丰民。"执政者按照道义和规则生财获利,而后用所取得的财利使百姓生活丰足富裕。对于中泰龙而言,义以生利是其不可撼动的原则。无论是对员工的待遇与培养还是对供应链上下游的关系管理都要符合道义。此外,在获取利润后中泰龙积极承担企业社会责任,投身于公益事业,在国家有需要时挺身而出,全力助推绿色发展。

中泰龙用实际行动,在维护自然生态圈平衡的道路上不断努力前行,这条道路没有终点,中泰龙在这条道路上不断突破并不断创新,用创新赋能反哺。对于供应链上下游其他企业而言,出于公平理论,他们同样愿意选择与中泰龙共进退,共同放弃短期利益来进行绿色改造以获得长期利益。

就如中泰龙打造的供应链上下游将自己进行绿色改造的成本与收益和中泰龙企业的付出与收益进行对比,感受到了一种公平感,故供应链上下游企业会认为公平、合理、绿色是发展趋势,从而更加努力地向中泰龙的绿色要求看齐。

第13章 创新赋能

> 随着企业社会责任管理、企业战略与企业经营活动的不断融合和深入，履行企业社会责任将始终与创新活动相联系，创新为企业履行社会责任赋能。

13.1 智能制造，绿色发展

在一次下车间实地考察时，陈秋桂发现车间的浪费现象十分严重，包括一些不必要的动作、搬运等浪费导致的生产效率的下降，还有大量的物料浪费。这些物料浪费不仅造成了木材使用率以及环保程度的大幅度下降，还使得车间里的环境在不知不觉中恶化。到处都是木屑和边角料，在一定程度上给员工的健康以及环境造成了负面影响，同时也带来了安全隐患。

"我们如此生产造成了这么多的浪费，还污染了环境，这样继续下去简直就是饮鸩止渴。我们要发展，但是不能靠牺牲健康与环境来发展，而是要秉承可持续发展的理念进行合理科学的生产！"陈秋桂下定决心改善工作环境，提高工作效率，加大环保力度。

在陈秋桂的高度重视下，公司斥巨资引进了国外进口的智能化机器设备，旨在打造全自动化、高智能化、高机械化的生产车间，为中泰龙第四个品牌的面世做准备。2016年10月14日，中泰龙智能化设备进场仪式在新胶板基地正式举行，这是中泰龙历史上标志性的壮举，也是中泰龙向智能化生产转型的重要转折点。公司全体十分重视，董事会成员、经理级（含）以上管理者都参加了此次活动。伴随着七台智能化设备的进场，中泰龙在智能化发展中迈出了坚实而重要的一步。

改革创新，转变模式，追梦路上，不忘初心，中泰龙紧扣国家科学发展观的要求，将可持续发展的战略纳入中泰龙长远发展规划，并且坚定不移地朝着现代化、机械化、智能化的明天一步步地前进，致力于引领智能制造，打造绿色园区。

2021年11月27日，中泰龙威利智慧家居科技产业园（以下简称"威利产业园"）动工仪式在南区科学城内隆重举行。威利产业园项目位于南区科学城树涌工业园，经规划审批核定，该项目规划用地90.2亩（约60190.1平方米），项目总建筑面积为22.55万平方米，包括配套车间、仓库、地下车库、实验室、宿舍、食堂等配套设施。项目于11月动工，在2022年12月完成了主体工程和装修工程，2023年6月完成了设备安装、调试及投产。

此外，本着生态效益与经济效益相统一的原则，威利产业园项目建成后成为集产业集群、绿色环保、工业示范、教育培训为一体的家具行业示范工业园区，为家具行业树立了标杆典范。威利产业园是广东中泰龙战略发展的重要举措，亦是秉承智能制造、绿色制造发展理念的重大实践成果。

陈秋桂表示，威利产业园将不负众望，竭力打造家居产业与智能科技产业互补互促、协同发展的新格局；把园区建设成为广东省家居产业集聚发展的重要示范基地；为中山市经济发展贡献中泰龙的力量；为推动中国家具行业的现代化进程做出应有的贡献，紧跟国家"十四五"规划的精神，以此项目为平台，推动企业高质量的绿色发展。

如今，陈秋桂已过半生，但每当他展望未来的时候，仍然踌躇满志。未来，中泰龙还将打造绿色环保的工业园区，继续践行自己的人生大爱，致力于民族工业的崛起，为行业的振兴而不懈努力！

13.2 流程重组，畅通高效

随着信息时代的到来，信息技术、网络技术以最快的速度把企业带入了一个新的经济时代。"速度"成了一个新的竞争力，企业要想不断壮大发展就必须能够快速响应市场的需求（Quick Response，QR），快速满足客户需求，因为如今的客户需求不仅多样化而且变化速度快。当前企业间的竞争本质上是速度的竞争。

面对3C[①]挑战，中泰龙发展的效率不增反减。对此企业高层决定对企业原来生产经营过程的各个方面、每个环节进行全面的调查研究和细致分析，对其中不合理、不必要的环节进行彻底的变革。

中泰龙按照流程重组的一般步骤进行问题的深挖，提出了整改方案。

第一步，对原有流程进行全面的功能和效率分析，发现其存在的问题。

中泰龙以前的业务模式为"业务人员接单—市场扩展—签订合同—下单排产—跟进交货—交货"的流程，进行一手包办的线条式接单模式。这种模式适应原先较为稳定的市场与体量不大的中泰龙。市场发生变化，中泰龙的规模也在不断壮大，这种模式的弊端逐渐显现：需要固定的人手从接单到交货进行全流程的跟进，一票到底，全程负责。这不仅对业务员的综合能力有很高的要求，还会极大地消耗其精力去应对每一个环节。全流程依靠相应的固定人手来跟进不仅会导致效率降低、过程的质量难以保证，还会滋生人员腐败等致命问题。市场需求变化导致紧急插单现象频出，但却无法及时跟进统筹执行落地问题，使得

---

① 3C由美国麻省理工学院计算机系教授迈克尔·哈默提出，指的是Customer（客户）、Compete（竞争）和Change（变化）的三种挑战使企业所处的内外部环境都发生了巨大的变化。

生产过程时有停滞，从而无法按时交付，影响了公司的整体运营效率。

第二步，设计新的流程改进方案，并进行评估。为了设计更加科学、合理的作业流程，中泰龙高层开展了数次会议进行讨论，陈秋桂在会上重点强调：一个好的流程必须群策群力、集思广益、鼓励创新。

针对原先接单模式的问题进行逐一讨论，认为主要的核心问题在于接单员全流程跟单，职责范围过于宽泛。随着企业的壮大，光是依靠人力来完成是不合理的，需要依靠流程与制度去管理。

故在设计新的流程改进方案时，大家按照 ECRS[①] 原则对接单工序优化进行了讨论。

首先，对于取消（Eliminate）原则，大家针对以下几个问题展开了讨论。①作业要素能完成什么？②完成的事项是否有价值？③是否有必要的动作或作业？④为什么要完成它？⑤如果取消该作业，对其他作业或动作是否有影响？

经过讨论，大家一致认为目前主要的问题是取消不必要的流程。由接单员去跟进接单之后的流程是一种浪费，反而会降低接单效率，故取消了接单员跟进后续工作这些作业流程。而合并（Combine）这一原则并不适合本次新流程的改进设计。

其次，对于重排（Rearrange）原则，大家讨论后将原本一个接单员负责一个订单的串联工作顺序更改为并行工序，即接单模式由原先产品线的线条式接单模式改为职能式接单模式。业务就是业务，只负责拿订单，生产、交付分别由不同的职能人员负责。让专业的人去做专业的事，并且可以并行，这样就大大提高了每一环节的效率。这同样也简化（Simplify）了原本的工作内容与工作步骤。

第三步，制定与流程改进方案相配套的组织结构、人力资源配置和业务规范等方面的改进规划。企业业务流程的实施，是以相应的组织结

---

① ECRS，即 Eliminate（取消）、Combine（合并）、Rearrange（重排）、Simplify（简化），是工业工程学中程序分析的四大原则，用于对生产工序进行优化，以减少不必要的工序，达到更高的生产效率。

构、人力资源配置方式、业务规范、沟通渠道甚至企业文化作为保证的，所以，只有以流程改进为核心形成系统的企业再造方案，才能达到预期的目的。

第四步，组织实施与持续改善。实施企业再造方案，必然会触及原有的利益格局，会让原本的相关员工感到难以接受。因此，必须精心组织，谨慎推进。既要态度坚定，克服阻力；又要积极宣传，形成共识，以保证企业再造的顺利进行。中泰龙在推行新的流程过程中，不断开会宣传变革的必要性及意义，还开展了相关的培训，从思想上让员工能够明白新流程的意义，让员工打心底里认可新流程。

企业再造方案的实施并不意味着企业再造的终结。在社会发展日益加快的时代，企业总是不断地面临着新的挑战，这就需要对企业再造方案不断地进行改进，以适应新形势的需要。

中泰龙此次流程重组取得较为成功的原因在于其能够及时发现原有流程的弊端并且按照 ECRS 原则对流程进行审视和优化。

管理启示

业务流程重组 BPR（Business Process Reengineering）是 20 世纪 90 年代得到迅速发展并被广泛实施的一种新的管理思想，最初于 1990 年由美国的 Michael Hammer 提出，在 20 世纪 90 年代中期首次引入中国学术界，而后随着我国 ERP 应用热潮的兴起而逐渐被国内企业所熟悉。"BPR 就是对企业的业务流程（Process）进行根本性（Fundamental）的再思考和彻底性（Radical）的再设计，从而获得在成本、质量、服务和速度等方面业绩的戏剧性（Dramatic）的改善。BPR 强调以业务流程为改造对象和中心、以关心客户的需求和满意度为目标，对现有的业务流程进行根本的再思考和彻底的再设计，利用先进的制造技术、信息技术以及现代化的管理手段，最大限度地实现技术上的功能集成和管理上的职能集成，以打破传统的职能型组织结构（Function - Organization），建立全新的过程型组织结构（Process–Oriented Organization），从而实现企业经营在成本、质量、服务和速度等方面的巨大改善。

13.3 数字化转型，高效发展

随着现代化企业的快速发展，城市办公空间、写字楼如雨后春笋般地涌现，办公家具的需求量呈逐年上升趋势。相关数据显示，到2026年，我国办公家具行业市场规模有望增长至3500亿元，发展潜力巨大。

作为传统的家具行业，中泰龙的企业管理相对比较传统。但是想要在传统行业中做出不传统的企业，不能仅靠传统人力，还要融合技术来提高产品的竞争力以及生产效率，数字化转型则是一个重要的措施。数字化转型的目的主要是可数化、可量化、可速化，速度效率也是提质降本的一个方法。

中泰龙数字化转型最早的业务为采购。以前是手工作业，数据都靠人工记录，经常会出现因数据错误、采购过多导致库存积压、因采购过少导致停工待料等问题。

2007年企业建立了一个只能看数据的简单看板（Kanban[①]）系统，这大大减少了数据经过人工传递出现的误差和错漏问题。

2015年企业引入 ERP 系统。这是企业用系统数字化管理质的变化。但是由于当时行业还没有用系统数字化地进行管控的意识，主流的管理方式还是依靠人力来进行，而这些人员大多是从基层一步一步干上来

---

① 简单看板是指能表示出某工序何时需要多少数量的某种物料的卡片，又称为传票卡，是传递信号的工具。分为传递看板和生产看板。传送看板用于指挥零件在前后两道工序之间移动，当放置零件的容器从上道工序的出口存放处运到下道工序的入口存放处时，传送看板就附在容器上。当下道工序开始使用其入口存放处容器中的零件时，传送看板就被取下，放在看板盒中。生产看板可以分为 LED 点阵看板、LED 数码看板、LCD 液晶电视看板3种类型，能够使生产数据实时地显示信息、动态刷新、汇总统计、计算差异、报警提示、汇总报表、总结生产效率、损耗率、数据车间共享、检测、监控、部门主管统计、部门经理审核、总经理汇总报表，等等，在生产过程中发挥着最为重要的作用，甚至直接影响生产线的产能。

的，其科学管理和数字化思维较为欠缺，所以刚开始推行 ERP 时也经历过重重阻碍。

中泰龙花重金与鼎捷软件合作，在整个集团范围内进行需求调研，采取了逐步推进的方式来实施 ERP 系统。员工需要花费几个月时间完成系统前期准备工作，加班加点地录入信息、捋顺工作流，从而形成规范的流程和管理制度。由于员工不了解系统数字化管理的思想，认为一个部门就那么十来个人完全可以应对过来公司的任务，不需要劳神费力推行系统数字化管理；同时也不愿意在自己正常的工作之外额外完成数据的整理、录入，这使得前期工作推进困难重重。

对此，领导开会反复强调系统数字化管理的重要性，从上往下开始层层强势推进。IT 信息部主要牵头、沟通、推进 ERP 引入工作，并受陈秋桂的直接领导。

当时的信息总监是位高才生，在信息管理方面拥有很强的专业能力，又拿到了"尚方宝剑"，渐渐地能够相对较好地调动各个部门配合工作。此外，公司还组建工作组对工作流、生产工艺等涉及 ERP 的各层级、各板块进行调研，主要关注数据的真实性和时效性，用流程优化思想梳理工作流、数据流的效果，最后决策哪些部门率先上线 ERP 系统。

引入 ERP 系统后，数据权限管理变得十分严格，具体的流程变得清晰、规范，避免了手工账时期存在的"一个师傅一套方法"的问题。

2018 年中泰龙引入 SRN[①] 供应链管理系统也大获成功。企业可以将内外部管控的信息流进行集成管理、共享材料。供应商可以在 SRN 上直接看到采购订单，公司也可以同时看到生产进度、发货清单，从而实现跟踪货物、材料采购订单，减少了沟通成本。

2018 年，家具行业互联网渗透率不足 1%。如何借助技术推动行业

---

① 中泰龙的 ERP 软件名称。

数字化进程，成为整个家具行业的共同命题。中泰龙试水先行，迎难而上，立志率先在传统行业中做不传统的企业。

2018年10月16日，中泰龙集团与京东签署战略合作协议。协议约定，双方将在原有合作基础上升级合作范围，基于京东商用PSI平台打造"场景方案+商品定制"服务能力，携手为企业客户提供更高质量的办公家具数字化解决方案。

这项合作使双方能够通过更深度的系统对接，实现大规模家具采购的直接线上定制，能够更好地满足企业客户多元化的定制需求。同时，基于系统平台的大数据，共同探索更加完善的B2M服务模式，进一步推动行业的数字化进程。

利用大数据、人工智能、区块链等创新技术，企业完成了管理驾驶舱的搭建，可以轻松获取企业的核心数据，构建企业的动态数据模型，并结合行业大数据的高效环比，洞察经营短板，及时预警异常数据，降低企业发展风险，减少企业经营不确定性，帮助企业提质增效，建立核心竞争力，夯实企业发展的根基。

2018年底，中泰龙集团旗下各品牌陆续进驻京东平台，双方合作内容聚焦于"商品+服务"层面，企业客户通过京东平台采购中泰龙家具产品，并获取卖场看样、上门量尺、送货上门及安装等各项服务。

在此基础上，双方还携手打造了B2M商品定制服务。企业客户在京东采购平台提交定制需求之后，通过B2M客制化系统平台，中泰龙集团与客户建立了数字化连接的通路，相关需求直接反馈至生产工厂，解决了定制商品的规模性交付难题。

随着经济的发展，国家反复强调高质量发展，中泰龙也一直顺应国家政策走高质量发展的道路，逐步深化产品的智能化、设备的智能化以及管理系统的智能化。

2022年8月，中泰龙集团与云工业软件企业三维家正式签订了战略合作协议，在中泰龙迎来成立40周年庆典之际，双方就打通智能制造生产线展开深度合作，立志打造办公家具行业首个前后端一体化的标杆案例。此次引进三维家前后端一体化整体解决方案，将是中泰龙智能制造战略的重要一环，能给定制办公家具带来质的提升。

中泰龙集团总经理陈琼表示，随着年轻人对个性化的需求日益增强，办公家具的定制化也越来越受到市场青睐，中泰龙也把定制作为公司一个新的增长点，这对企业的智能制造能力提出了新的要求。

办公家具行业随着生产技术的革新、专业化生产的逐渐形成和管理水平的不断提高，集群化效应日益明显，而中泰龙经过多年的不断努力和发展，成为家具行业的佼佼者。目前已发展成为集设计、研发、生产、销售、服务于一体的办公家具龙头企业，拥有超过60万平方米的现代化办公、厂房、物流基地，获得国家高新技术企业认定，并入选广东省制造业500强、中国办公家具行业十强等榜单。

在数字化转型道路上，中泰龙总结出数字化的目的不只是简单地解决企业内部流程，还要联络市场上客户的需求信息。整个数字化转型底层逻辑的出发点还是基于用户，从前端产品研发到生产制造再到最终交付的过程，都是基于用户。从研发来看，产品的研发主要是为了解决用户的痛点，满足用户的需求。转型有两个重要目标：一是降本增效；二是增强用户体验。

中泰龙作为传统的家具行业，不断推陈出新，用科技创新赋能，力争在传统行业做出不传统的企业。

管理启示

数字化转型（Digital Transformation）是建立在数字化转换（Digitization）、数字化升级（Digitalization）基础上，进一步触及公司核心业务，以新建一种商业模式为目标的高层次转型。数字化转型是开发数字化技术及支持能力以新建一个富有活力的商业模式。

数字化企业是数字经济的基础设施建设。数字化企业的全面解决方案由三大组成部分构成。

一是企业管理人员形成"数字化"思维意识，即管理人员要具有"数字经济"知识和技能学习系统；企业"数字化"改造关联的规章制度和奖惩机制；管理人员"数字化"思维落地的监督和考核系统项。

二是企业构建围绕"数字化"的运营、管理模式，具体包含围绕"数字化"修订的企业发展战略和商业模式；根据自身情况制定的"数字化"落地方案和实施计划；构建企业的数字资产、数字信用和数字商业积分体系三部分内容。

三是企业具备全面"数字化"的高效软、硬件体系，具体涉及企业内部管理增效的"数字化"软、硬件体系；企业外部市场、销售增效的"数字化"软、硬件体系；企业通过数字化技术（互联网、大数据、云技术、人工智能、区块链、虚拟和增强现实、底层技术、周边技术、综合应用技术等某些方面）研发、设计、生产、运营的新产品、服务综合体系相关内容。

第6部

文化引领
凝心聚力

  传统形成习惯，习惯形成文化，因此企业文化是企业多年经营风格的体现和积淀。企业文化有外显的视觉识别（Vision Identity，VI）、行为识别（Behavior Identity，BI）以及内隐的理念识别（Mind Identity，MI）。理念识别是企业经营哲学和价值观念的体现，决定着企业经营的思维方式和处理问题的法则，这种共同的价值观念确定了企业的价值取向，形成了共同的目标和理想。共同的价值观念使每个员工都能感觉到自己的存在和行为的价值，产生强烈的荣誉感和自豪感，整个企业步调一致，形成统一的整体形象，即企业的形象识别。行为识别则是通过完善管理制度和道德规范形成有效的规章制度约束每位员工的行为，如果违背了道德规范，就会受到舆论的遣责，心理上会感到内疚，这是用自己的实际行动去维护企业荣誉和形象的特有标记。

第 14 章　以文化人

> 企业文化是管理的最高境界。
> ——陈秋桂对文化的认识

14.1　员工幸福，文化初音

"我深爱的祖国——古老而又年轻，历经磨难而又自强不息，珍视传统而又开放兼容……"陈秋桂听到的是他很熟悉的声音。这是时任总理温家宝 2009 年 2 月 2 日下午在英国剑桥大学发表深情演讲的声音。

彼时陈秋桂正在德国科隆，他一向特别关注国际、国内的发展和变化。作为一个企业的决策者，对时局的密切关注能帮助他敏锐地捕捉到市场变化的气息。尤其是在异国他乡，突然听到国家领导人的声音，他觉得亲切又感动。

温家宝总理继续用他那悠长的声调侃侃而谈，谈到目前在世界蔓延的金融危机，温总理希望大家能对现行经济体制和理论进行反思。他说："国际金融危机再次告诉我们，不受管理的市场经济是注定行不通的。必须处理好金融创新与金融监管的关系、虚拟经济与实体经济的关系、储蓄与消费的关系。"温总理同时强调，有效应对这场危机，还必须高度重视道德的作用。他认为，道德缺失是导致此次金融危机的一个深层次原因。一些人见利忘义，损害公共利益，丧失了道德底线。温总理希望企业承担社会责任，企业家身上要流淌着"道德的血液"。温总理的一番话，让他大受启发，企业应该树立良好的道德价值观，将道德观念融入企业的运营和决策中，为了能更好地承担社会责任，企业需要一个能起到引导和激励作用的东西。

参观了德国智能化的生产线以及严谨标准的家具生产车间，看到了德国先进的技术，感受到了德国产品品牌溢出效应的价值，仿佛拨云见日一般，陈秋桂找到了企业发展的新方向。他意识到家具企业想要发展壮大，必须打响品牌。他将目光瞄准了高端市场，开始谋划打造中泰龙的品牌升级之路。同样地，一个企业要发展、要进步，必须有一种精神追求将员工紧紧凝聚在一起、团结在一起，与企业荣辱与共。企业需要有自己的企业之魂，来激发员工的使命感，凝聚员工的归属感，赋予员工荣誉感。

曾经，还是一名底层员工的陈秋桂，在看到工人们为了抢夺整个工厂仅有的一个喝水的水龙头而大打出手时，一颗种子便已深深地埋在了他的心里：如果有一天他做了老板，一定要让员工感到幸福，一定要缔造一家受行业尊重、让员工幸福的企业。

参观回来，在陈秋桂的推动下，企业文化的建设也初露萌芽。

回到中山，陈秋桂便在一次公司高层会议上表达了自己的想法，这个想法就是要找到公司的企业之魂，集聚人才。道理再简单不过，企业要发展，就需要人才，中泰龙给他们一个施展才华的平台，让他们有成长的空间，能过上更加美好的生活。

为此，陈秋桂推出了一系列措施，他开始着手建立一个强大的龙文化体系。首要的便是对于企业之魂的不懈探索。他觉得企业要发展，首先就是人的问题，工作有成就感，生活有幸福感，心理有归属感，人人视公司如己出，个个都能在公司找到家的感觉。

陈秋桂最佩服的一个人就是松下幸之助。

松下幸之助的企业管理和发展之路，对陈秋桂的影响深远。这位出生于日本和哥山县的伟大企业家被人称为"经营之神"——"事业部""终身雇佣制""年功序列"等日本管理制度都由他首创。

少年时期的松下幸之助只接受过4年小学教育，因父亲生意失败，曾离开家到大坂去当学徒。1918年，23岁的松下在大坂建立了"松下电气器具制作所"，接连推出了一个又一个成功的产品。1922年诞生生产与员工教育并进的构想。7年之后，松下幸之助成了日本收入最高的人。

陈秋桂的经历与松下幸之助有相似之处，白手起家，从学徒做起，敏而好学。

陈秋桂最为佩服松下幸之助的是，他从不走平常路，总是可以颠覆常人的思维。思维颠覆之战，就是要抓住公司之魂——公司为每一个人找寻一个施展自己才能的平台。

对于松下幸之助除了由衷的敬佩以外，他仔细研讨了松下的管理经验，其中关于员工的教育问题他认为尤其独到，而且很具有借鉴性。当年松下一直致力于对员工的教育，下大力气投入文化体系建设。这一直是松下的主流，松下有一句话很经典，"我们只是顺便生产一点产品而已"。

"造人先于造物"是松下幸之助人才观的直接反映。他认为，企业是由人组成的，必须强调发挥人的作用。松下指出："公司要发挥全体员工的勤奋精神，必须使各自的生活和工作两方面都是安定的。因此，'高效率、高工资'是我们公司的理想，虽然不能立即达到，但要尽一切努力促其实现。"

2010年5月，陈秋桂第一次提出建立公司商学院的思路。随着公司企业文化建设进度的不断推进，为了更好地引导全体员工的价值取向，使其以更加饱满的激情投入到工作中来，陈秋桂提出了"快乐工作，工作快乐"的管理理念。他认为：企业强大，员工素质要强大，企业如果没有自己的核心思想，企业的人才团队就没有灵魂。企业文化就是企业之魂，企业要有自己的价值观。让每一个员工都感觉到有盼头。

陈秋桂从开始不仅把以满足员工的爱与归属作为需求的目标，还把以满足员工自我实现需求作为动力，将中泰龙打造成一个真正由富有社会责任感、积极向上的员工组成的，具有家国情怀的企业。陈秋桂也给中泰龙大学（主管级以上）上课，学习大道至简的管理思想以及通俗化的管理术语。

管理启示

陈秋桂提出企业文化的三个层次，分别为核心文化（理念MI）、中层文化（制度BI）、表层文化（视觉VI）。如中泰龙的核心文化为"家"文化，其中包含了理念、信仰、愿景等；在制度文化建设中，中泰龙一向强调执行力，推崇向解放军学习军队管理；表层则表现在各种形式上。

企业文化是一个由核心层、中间层和外围层构成的多层次的生态系统，根据内容也可以分为精神层、制度层和物质层，企业文化的各个层面是和谐统一、相互渗透的。

外围层的企业文化，也称表层文化，这是企业文化的外显部分，指的是那些能看得见、听得到、摸得着的文化形象，如企业的形象标识、员工的统一服装、口号、标语、企业的装饰和面貌、产品的外观和包装、技术工艺设备特性和企业歌曲、展厅、纪念品等，是形成更高层次企业文化的基础，是企业文化的先决条件，往往能折射出企业的经营思想、工作作风和审美意识。中泰龙的表层文化主要体现为中泰龙的品牌定位、品牌元素、企业文化节、员工生日活动等一系列丰富员工文化生活的活动。

中间层的企业文化，或称制度层企业文化，规定了企业成员在共同的工作活动中应当遵循的行为准则。主要表现在企业的规章制度、文化习惯、组织机构及内外人际交往等方面。从实践角度看,当管理者认为某种文化需要倡导时,他可能通过培养典型人物的形式,也可能通过开展活动的形式来进行推广和传播。但要把管理者倡导的这种文化融进企业管理的全过程,变成企业员工的自觉行动,制度就成为最好的载体。企业文化单纯地作为"文化",需要较长时间得到企业员工的认同,而作为"制度",则会大大加速企业文化的认同过程。当企业倡导的文化在发展过程中,特别是员工在认同过程中,如果超越了企业制度中约定的条款,便会催生新制度,从而进一步发展和繁荣了企业文化。

核心层的企业文化,或称精神层企业文化,是企业员工理念的最深层,是渗透于企业员工心灵之中的企业领导和员工共同信守的意识形态,是在长期的生活和工作中逐渐积淀而成的,具有牢固的基础,是很难改变的。理想信念、道德规范、价值标准、经营思想及精神风貌等,是形成企业文化的物质层和制度层的基础和原因,是企业文化的核心和灵魂,决定着企业员工的行为,因而也就决定着企业的行为和业绩。企业文化赋予员工以理想憧憬,给日常工作以高远意义,是组织员工思想、行为的依据,也是激发其创造力的源头活水。企业管理思想在员工中潜移默化,形成共同认知,使得员工知道企业提倡什么,反对什么,怎样做才能符合组织的内在规范要求,怎么做可能不违背企业的宗旨和目标。在这种文化氛围中,即使持守相悖的人也会慢慢身不由己地融入企业文化中。

松下注重维系人心,采取精神与物质结合的激励办法,使员工紧密聚集在公司之内拼命工作,以保证其高效率和高利润。看似寻常的发动员工提供建议的制度,在松下公司却有它的独到之处,实施的效果非常好,极大地发挥了广大员工的潜能,也有助于发现、选拔各种可造之才。

松下公司善于争取众人之心,巧妙地使员工们对公司产生亲切感,营造出了一种命运与共的氛围,因而员工们都积极参加提供合理化建议的活动。在松下公司，纵使公司不公开提倡，各类提案仍会源源而来。员工随时随地——在家里、在火车上，甚至在卫生间里——都在思索提案。

松下幸之助总结的培育人才的目的有四条：灌输经营基本方针，提高专门业务能力，培养经营管理能力，扩大视野形成人格。公司充分重视和利用好十种人，包括：不忘初衷而虚心好学之人；不墨守成规而经常有新观念之人；热爱公司并与公司融为一体之人；不自私而能为团体着想之人；能做出正确价值判断之人；有自主经营能力之人；随时随地都保持热诚之人；能得体支持上司之人；能自觉恪尽职守之人；有担任公司经营负责者气魄之人。

松下公司重视人才、科研和智力开发。松下幸之助认为"掌握了经营关键的人是企业的无价之宝"。所以，松下先生强调，在出产品前出人才，在制造产品前先培养人才。在这样的人才观指导下，松下幸之助提出了育才七把钥匙，包括强烈感到培育人才的重要性，要有尊重人类的基本精神，明确教诲经营理念和使命感，彻底教育员工企业必须获利，致力于改善劳动条件及员工福利，让员工拥有梦想，以正确的人生观为基础。

松下幸之助不但创立了松下公司，而且还为它建立了一整套行之有效的管理和经营制度。始终把"做一个端端正正的商人，个人应该勤勉礼让，安分守己，屈己厚人"作为人生准则。把"经商、事业、为人、报国"融为一体，形成松下优良的传统和作风，"松下七大精神"就是很好的体现，即产业报国精神、光明正大精神、友好一致精神、力争向上精神、顺应同化精神、感谢报恩精神和礼貌谦让精神。依据松下先生的育才理念以及人才培育规划，松下公司创造性地培育出了一批又一批的经理、主管、业务骨干以及基层管理人才。松下集团的分公司及工厂遍及全世界，松下先生的育才理念已经在世界各地生根、开花、结果。

通过人才发掘与培养、激励机制以及团队合作的文化价值观，中泰龙的家文化充满了成长机会、激发员工潜力的动力，并形成了积极合作的团队氛围。这样的家文化有助于吸引和留住优秀的人才，并为企业的长期发展奠定坚实的基础。

2011年3月，公司组织召开经营管理层会议。各位领导没有年味尚浓的寒暄，更没有假期未尽的倦意，全体参与人员都在积极为公司新一年的发展建言献策，为公司的未来发展谋划和布局。陈秋桂看在眼里，感动在心中，于是在笔记本上有感而发写下了："中泰龙，我们心中腾飞的巨龙，是你让我们喜相逢。你是我们共同的家园，中泰龙，我爱你！"

在文化体系建立的过程中，陈秋桂做了很多创新性的工作。首先，他和徐飞共同创作了属于中泰龙的企业之歌《巨龙腾飞》。其次，他确立了"中泰龙信仰""中泰龙核心价值观"与"中泰龙企业文化的核心内涵"。最后，在制度层面，建立了中泰龙商学院以及中泰龙基本法，建章立制，根据实际制定规则、标准；在执行层面，企业文化生活缤纷多彩，进一步提升了员工的幸福指数及工作热情。

为保障员工的权益，提高员工的幸福指数，公司成立了党支部和工会，并连续开展"企业文化节"活动，营造积极向上的工作氛围和平等、民主的交流平台。每年进行一次员工满意度调查，查找员工最不满意的地方，持续改进，提高了员工的满意度，调动了员工工作的积极性和主动性。

党支部及工会承担了谋求员工福利，提升员工幸福指数的责任，党支部保障每位成员的公平选举权，每年会联合镇区党支部多次组织党建活动，并联合举办大大小小的企业文化活动，为员工的业余生活增添色彩。集团工会还筹建了"爱心基金会"，对家庭困难或遇到突发事故的员工进行爱心捐助。2013年公司员工蒋红文的母亲身患肺癌住院，陈秋桂专门到医院去探望，还帮助他支付了他母亲住院、吃饭等一切费用，把他们当作自己的家人一样相待。公司所做的一切深深地打动了蒋红文，他对中泰龙许下诺言："你若不弃，我便不离。"

今天，中泰龙的"家文化"已为业内津津乐道。高于行业的工作薪资待遇、现代化的员工公寓宿舍、菜品多样的食堂，全方位地满足员工日常生活的需要；公司为每个员工都购买社会保险，并且提供每年一次的定期体检，保障员工的身心健康及安全。中泰龙如"家"般的温馨不仅体现在生活中，还体现在工作中，每月一度的员工生日活动雷打不动，让大家在有爱、有温度的大家庭里度过每一个难忘的生日；每年一度的企业文化节缤纷多彩，以"一路有你，感恩同行"为主题的企业文化节活动更是开展得有声有色，文化节主要包括拔河、篮球、徒步、演讲、室内拓展、摄影、才艺大赛等项目，既增强了员工对企业的归属感，为员工创建了展示才华的平台，又凝聚了人心，鼓舞了斗志。

企业文化节是公司企业文化的直接体现，通过举办企业文化节，有利于帮助全体员工切身感受到企业发展的活力，同时也有助于展现企业的形象和员工的精神风貌。陈秋桂自幼习武，尚武之人喜欢崇拜英雄豪杰。他欣赏有才艺的人，也希望员工有表现自己的机会，所以为员工们提供了不少比赛活动和展示平台的机会。为进一步推动企业文化建设与发展，广泛传播企业文化理念，提升员工的企业文化意识，激发员工的工作热情，增强企业的凝聚力和向心力，公司自2009年开始每年举办一届的文化节内容丰富多彩、形式多样，为员工营造了一个温馨、和谐、积极、健康向上的工作环境。

2013年中秋节，由于采购不及时，节日当天无法给公司员工发放节日慰问礼品。陈秋桂知道了这个消息后，当天马上召开了紧急会议，发动管理人员联系供应商进行紧急采购，连夜将节日慰问品送到了员工手中。事后，工会相关负责人对公司的全体员工做出了道歉声明，并做出了深刻的检讨和反省，承诺不会再次出现类似的情况。中泰龙员工的利益永远是摆在第一位的。

公司推行了股权激励机制，实行全员参股，中泰龙全体员工和核心战略合作伙伴持有公司股份。陈秋桂一直强调"在中泰龙的字典里没有打工二字"，通过全员参股，公司高层以实际行动，让"家文化"真真切切落实到企业经营的最核心环节——利益共享！

以前同行业其他企业普通员工只有工资的时候，中泰龙每个人除了每月的工资之外还有年终奖。而当其他企业开始发放年终奖时，陈秋桂提议将公司每年利润的20%拿出来作为激励的奖金进行发放。

在陈秋桂的努力下，建立在"以文化为载体，以教育为核心，以员工的诉求为主要出发点"的核心内涵之上的中泰龙文化价值体系逐渐成熟起来。

管理启示

马斯洛理论把需求分成生理需求（Physiological Needs）、安全需求（Safety Needs）、爱和归属感（Love and Belonging）、尊重（Esteem）与自我实现（Self-actualization）五类，依次由较低层次到较高层次排列。在自我实现需求之后，还有自我超越需求（Self-Transcendence needs），但通常不作为马斯洛需求层次理论中必要的层次，大多数会将自我超越合并至自我实现需求当中。

通俗理解：假如一个人同时缺乏食物、安全、爱和尊重，通常对食物的需求量是最强烈的，其他需要则显得不那么重要。此时人的意识几乎全被饥饿所占据，所有能量都被用来获取食物。在这种极端情况下，人生的全部意义就是吃，其他什么都不重要。只有当人从生理需要的控制下解放出来时，才可能出现更高级的、社会化程度更高的需要，如安全的需要。

了解员工的需要是应用需要层次论对员工进行激励的一个重要前提。在不同组织中、不同时期的员工以及组织中不同的员工的需要充满差异性，而且经常变化。因此，管理者应该经常性地用各种方式进行调研，弄清员工未得到满足的需要是什么，然后有针对性地进行激励。

14.2 大爱使然,快乐工作

陈秋桂的成长经历让他深深地体会到在外漂泊的打工人的所思所想和所求,他们向往的不仅是金钱,更多的是幸福与家乡般的温暖与归属感。

2018年的一天,一位母亲正抱着小孩焦急地在小区附近公交车站牌下等车,孩子因为身体不舒服在妈妈的怀中哭个不停。而母亲显然是从工厂赶回家过于匆忙和着急,连工服都没有来得急换就抱着孩子出来了。正当她慌乱万分,四处张望是否有去医院的公交车开过来的时候,公司一位领导的车停在了她的面前,原来是这位领导外出办事路过此地,正巧看到了这位穿着工服的母亲,一眼就认出了她是公司的员工。看见她正抱着孩子一脸焦虑,心想应该是遇上了什么困难,领导急忙将车停下询问情况。得知是小孩生病要去医院看病,临时改变了路线,专门绕路载着她们去了医院,并且留下200元的医药费才离开。这位母亲深受感动,于是每天下班后抽出一点时间,在简陋的宿舍里前前后后花了两年时间绣了一块"家和万事兴"的牌匾送给了公司。

这样的事在中泰龙并不是个例。公司领导是企业文化的缔造者,是文化体系构建的组织者,还是企业文化的推广者。企业以人为本,"企"字少了"人"就会"停止",此信念为公司植入了"以人为本"的文化基因。

2016年,公司确定以"家文化"为核心文化,以"责任共担,利益共享,命运共同,全员参与"为核心内涵,致力打造让每一个员工都能感知的、有爱的"家文化",并使员工愿意奉献自己的力量和智慧,共筑美好的家园。

中泰龙设有退伍军人事务部,统筹管理退伍军人,关心关怀退伍军人,为他们提供就业机会。2022年8月1日,为庆祝中国人民解放军建军95周年,弘扬"家文化",中泰龙在集团总部为公司全体退伍军人举行了庆祝活动。

新员工入职后由老员工指导和带领,但凡新员工入职,或是老员工因为特殊原因离职的,中泰龙都会举行一个简单的欢迎仪式或欢送会。天下没有不散的宴席,离开的员工依旧被陈秋桂的人格魅力所感染。有的员工离职时专门去和陈秋桂辞行,甚至有的还被邀请到家里去吃饭,还有的员工离职多年后来中山专门去公司探望。正是因为这些有着强烈人文关怀的"家文化",员工都心怀感恩,归属感很强。公司员工的离职率低,10年以上的老员工占比达到了40%~50%。

管理启示

感情激励就是通过强化感情交流沟通,协调领导与员工的关系,让员工获得感情上的满足,激发员工工作积极性的一种激励方式。为强化感情激励,企业领导必须深入一线、深入员工,交流思想,沟通感情,增进彼此的理解和信任。

一是要尊重员工。尊重的需要也是人的一种基本需要,要真正把员工看作企业的主人,切实把尊重员工落实到实际行动上,尊重员工的选择,尊重员工的创造,尊重员工的劳动,切实维护好员工的自尊。

二是要信任员工。领导对员工的信任,能够让员工真切地感受到自身价值的存在,获得努力工作的动力之源。要从内心信任员工,相信他们会把工作做好。要学会适度放权,放手让员工去做。

三是要关心支持员工。要时刻关注员工的工作和生活,积极为他们办实事、做好事、解难事,大力支持、鼓励和帮助员工做好日常工作。

"家文化"的建立可以划分为几个层级。第一个层级是软文化(制度体系)、硬文化(人的执行)在生产线上的体现,形成员工制度,用制度保护员工,减少管理者对员工的打压,讲究公平、公正、公开。第二个层级是领导者带头率先执行相关的制度，出了问题按比例承担连带责任，实行奖罚同享。不仅是员工要遵守制度，领导者更要起带头作用。例如，有次开会，陈秋桂因为急事开会迟到了1分钟，他主动要求通报自己并处罚1000元。第三个层级是10年绩效考核、分红和提供股份，对基层有情怀，表现优异的生产一线员工也能够通过公司内部推荐得到提拔。

管理启示

强化理论是过程型激励理论之一。认为人的行为是对其所获刺激的函数。如果这种刺激对他有利，则这种行为就会重复出现；若对他不利，则这种行为就会减弱直至消失。当一个操作发生之后，紧接着呈现一个强化刺激时，那么，这个操作的强度（概率）就会增加。因此，管理者要采取各种强化方式，使人们的行为符合组织的目标。

根据强化的性质和目的可把强化分为正强化和负强化。在管理上，正强化就是奖励那些组织上需要的行为，从而加强这种行为；负强化就是惩罚那些与组织不兼容的行为，从而削弱这种行为。正强化的方法包括奖金、对成绩的认可、表扬、改善工作条件和人际关系、提升、安排担任挑战性的工作、给予学习和成长的机会等。负强化的方法包括批评、处分、降级等，有时不给予奖励或少给奖励也是一种负强化。

一个企业要发展、要进步，必须有一种精神追求将员工紧紧地凝聚在一起、团结在一起，与企业荣辱与共。

外界几乎都认为中泰龙是一个有钱的大公司，也有种种的猜测。陈秋桂对此回应："中泰龙公司肯定是赚了一点钱的，和别的公司的差别是公司愿意把赚的钱掏出来与员工共享，而有的公司是不愿意这么做的。与其说中泰龙有钱，不如说中泰龙大气。在中泰龙，我始终认为中泰龙是一个大家庭，大家是为了一个共同的目标在奋斗，我们要让员工找到这样的感觉和状态,他们才会更用心地去工作。"

中泰龙专注于家具领域40年,越做越大,越做越强。企业强盛是企业发展的基础,员工幸福则源自陈秋桂对管理层以及基层员工的爱。作为一个企业家,将社会责任和民族大义放在企业发展的终极目标之上,陈秋桂不是一个只为了赚钱而开创事业的打工人,而是一个心怀家国、心有大爱的企业家。

爱人者,人恒爱之。敬人者,人恒敬之。欲成大事者,必有大爱。陈秋桂的大爱,源自父母的教诲,源自亲人的关爱。当这份爱在他心中生根滋长,结成硕果之后,便转移到了更多人的身上,这或许就是爱的传递吧!

美国自然科学家杜利奥曾经说过:没有什么比失去热忱更使人觉得糟糕了。热情是人生中最重要的禀性和财富之一。它是一个人生存和发展的根本,是人自身潜在的财富,可以使人释放出巨大的潜在能量,并发展成一种坚强的个性。热情与激情便是陈秋桂身上的一个醒目标签。

与陈秋桂共事过的每个人都这样评价他:"他对事业永远充满着热情和激情,也很能带动身边的人进入工作状态。"

寻梦家具行业的发展是陈秋桂一生的追求,为了这个初心,他愿用一生来践行。陈秋桂对木工事业的热情构成了他的内在动力,能够让他以饱满的激情投入到工作当中,以充满活力的精神状态影响身边的人,从而带动他们更好地完成工作。

人的价值=人力资本×工作热情×工作能力。

公式中的"人力资本"是定数,而一个人只有具有"工作热情",才会用热情去提升工作能力。所以,从某种程度上说,一个人价值的大小,其实取决于他对工作的热情程度。同样一份工作,有热情和没有热情的员工,其工作结果是截然不同的。前者充满活力,能够全身心地投入到工作中;而后者,无精打采,疲于应对工作,效率低下,更谈不上什么创新与成果了。

陈秋桂朝气蓬勃、充满干劲等特质吸引了一众愿意追随他的人，其中也不乏折服于他的人格魅力而主动跳槽到中泰龙的人。

"中泰龙是一个充满活力的企业，从上到下都朝气蓬勃。初来乍到便能让人预想到它未来的光明前景。"一位老员工这样说道。

"劲气钟义士，可与共壮图。"陈秋桂的工作热情与激情感染着员工、连接着员工，让员工之间、各部门之间，甚至与其合作伙伴之间都形成了一种默契，凝聚了一股刚劲的气概，一起去实现中泰龙的伟业宏图。

四十年来中泰龙的发展历程中不少的大事件，都离不开运营团队、设计团队之间的高度默契，大家都是把每个品牌当成自己的作品。不论是谁身处什么岗位，除了干好自己的本职事情之外，还主动考虑其他部门的事情，将自己的热情、激情投入到品牌的培育和运营之中。这种极高的心理契合度、团队成员彼此之间充分信任和合作的方式，放在任何企业行业都十分可贵。

"为人若肯存忠厚，虽不关亲也是亲。"与人相处，如果能有一颗忠实厚道之心，虽然不是亲属关系，也如同亲人一般。这种通过默契、热情、激情连接的员工关系，打造出了中泰龙内部良好的工作氛围，逐渐培养起了员工对公司的归属感。

陈秋桂向员工传递的不仅是工作的热情与激情，还有做事严谨、关注细节的工作态度。古人曾说道："欲事之合理诚难，但细微处一一能谨，或少过举矣。"想要把事情办得合乎情理确实很难，但如果在一些微小的事情上都能做到谨慎小心，或许就可以减少有过失的举动。

陈秋桂便是这么一个人，他做事很严谨，要求也比较高。在任何场合下，不管他做什么事情都能考虑得很周全、很细致。所谓"事最不可轻忽，虽至微至易者，皆当以慎重处之"。即使是最微小、最容易的事情，也应当慎重对待。在公司筹办大型活动的时候，员工在一些环节的细节上稍有疏漏，他都能够敏锐地捕捉到，并提出整改建议，做到

"粗中有细,细中有密"。陈秋桂这种关注细节的态度不止对事,他同样关注员工们的日常行为举止、公司每天的状况以及公司的一草一木、家具摆放、整体的风格等,在不言中营造出在公司"要做得更好"的氛围。

"先见后虑,彻事终始,智之深者也。周详持固,事成不瑕,才之真者也。"考虑到事情的前前后后,贯通事情的始终,这是智谋深远的表现。一贯地周到详细,事事成功,这才是真正的有才。

管理启示

组织的形象包括组织中领导者、模范人物的个人形象与优秀团队的集体形象等。

无论哪一种形象,都能激发员工的荣誉感、成就感和自豪感,达到激励人的作用。为此,企业的领导者应把自己的学识水平、品德修养、工作能力、个性风格贯穿自己的日常工作之中,以自己良好的个人形象对被领导者的思想和行为进行激励。

同时,对于在工作中表现突出,具有代表性的新人、优秀员工、劳动模范以及工作团队等,通过采用照片、资料张榜公布,开会表彰发放荣誉证书,在电视、互联网上宣传等精神奖励方式,深入宣传和展现其良好的形象,号召和引导员工模仿学习。

企业领导过去的管理模式多是命令式、安排式的,而现在的员工更在乎开不开心,更在乎大家一起干一件事情的感觉。陈秋桂对员工的关注,对良好工作氛围的营造,都是为了让员工可以在中泰龙找到"大家庭"的感觉,让大家找到为了一个共同目标在奋斗的状态。让员工以一个相对快乐的心情,在优美的环境、和谐的人际关系中工作;让员工在上下级共创一份事业的氛围中工作;让员工以更加饱满的激情投入到工作之中,让办公环境更和谐。

管理启示

工作氛围（Work Atmosphere）是指在一个单位中逐步形成的，具有一定特色的，可以被单位成员感知和认同的气氛或环境。工作氛围分两种：一种是环境氛围，另一种是人文氛围。环境氛围是指由办公空间的设计、装饰等营造出来的感受。人文氛围是指周围团队成员言行举止的传播影响。这两者的相加会让员工的能力产生化学反应，其结果就是工作的表现也许会锦上添花。

工作氛围的营造是内部环境建设中最能体现关心人、尊重人、影响人的一项管理工作。优秀的企业，都非常注意工作氛围的塑造，这种氛围不仅是指良好的工作环境，更重要的是团队成员的心理契合度，即团队成员彼此充分信任和合作。

良好的环境氛围有助于增强人际关系的融洽，使员工在轻松愉快的环境中工作。在这样的氛围下，团队成员彼此相互信任，员工积极工作的动力以及团队的创造性和潜力得到激发，容易形成共享价值观，保障团队的高效运作。反之，会使员工感到心理压抑、缺乏工作热情、丧失积极向上的精神和追求，则很容易导致组织的内耗，不利于实现组织的目标。

14.3 持续学习，拓展思考

> 不学习就是一种罪恶。
> ——陈秋桂曾在一次致辞中讲道

活到老，学到老。多年以来，陈秋桂从没停止过学习和思考。

这种持续学习习惯的养成大抵是因为老家的冬天。湖南老家的冬天冷得很，一年之中大部分的事情会在春夏秋三个季节完成，到了冬天，反倒事情不会太多。陈秋桂养成在冬闲时节读书的习惯，久而久之养成了"忙时战斗，闲时读书"的习惯，也就是"猫冬"读书。

不过，陈秋桂也有"读万卷书，不如行千里路"的理念。他喜欢一边读书一边结合实践并形成自己的思考。

在蒋红文的回忆里，陈秋桂一直都是一个热爱学习的人。多年以前，蒋红文就曾在陈秋桂的桌上看到过一本林荣瑞的《管理技术》。陈秋桂这种持续学习的习惯深深影响着他的成长。此外，陈秋桂还会把他在外面学到的一些知识，结合他的胆识胆略搬到实践中来，这些都奠定了中泰龙发展的基础。

陈秋桂有时间就会逛逛书店，在那里有各种门类的书籍，经济管理类的书籍也很新。2008年的一天，在书店里闲逛的陈秋桂，看中了《向解放军学习》。最初见到这本书时，他眼前一亮，便想要看个究竟，仔细翻阅后更爱不释手。

陈秋桂迷上了这本书，一看就是两个多小时。他曾有过当军人的梦想，从那本书里找到实现梦想的另一种方式。其实企业也像一支军队，可以像管理军队一样管理企业。解放军那种不服输的气势和勇往直前的大无畏精神鼓舞着他。他一口气买了100本，除了自己研读之外，还发给公司的管理层，让他们一同学习。

陈秋桂把书直接拿回了公司的办公室，并在书的扉页写上一段勉励的话。

第二天清早，管理级别的人一到办公室就惊讶地发现他们每个人的办公桌上都有一本《向解放军学习》。这本书以解放军的建军、成长、壮大的过程为线索，将其与企业的管理联系在一起，对二者之间做了深入的对比和诠释，并列举了一些中国优秀企业家里出自解放军的实例，分析了他们是如何用军队的管理思想和管理方法创建中国最有效率企业的过程。解放军一系列的管理模式对促进企业的发展壮大有很大的启发和帮助作用。陈秋桂觉得让他的管理层学习解放军这种高效的组织管理模式是非常有必要的。

在2008年的初冬来临之时，他正在热火朝天地带领大家学习和研讨这本书中的管理精髓。

邓小平曾经说过："从实践中学，从书本上学，从自己和人家的经验教训中学。"除了学习理论知识之外，陈秋桂但凡在工作中遇到问题，都试着从书本中找出解决问题的答案，并以己之力带动公司的高层一起学习，向主管发放书籍，在全公司范围内营造学习的氛围。

在这种全员学习的氛围下，党支部书记兼职厂长的陈冬桂也感慨道："当管理者的，应该没事时要么在办公室看书学习，要么下车间去巡视，多去现场走走看看，去现场学习，不能随意地浪费和糟蹋时间。"

一天，按照惯例陈秋桂处理完办公室的事情后下到车间巡查，来到仓库核对生产单和出库单以及库存数时，发现数据对不上，库存数少了两张大板的数量。仔细询问仓管，发现原来是工人生产的产品出了质量问题，不合格品也没法返修，就自己重新私自拿料补了单。查清了事情的原委后，陈秋桂没有责骂工人，他仔细询问了质量问题的细节，让工人自己把料款补回了公司，并在口头上对工人进行了教育。回到办公室后，他赶忙进一步完善了针对产品因质量问题需要补单的相应管理制度，同时也加强了产品质量控制的工作，并以此事例对全厂员工召开了一次质量整顿会议，从这次的质量问题中思考改进，从而提高了生产线产品的质量以及生产的出产效率。

"纸上得来终觉浅，绝知此事要躬行。"从书本上得到的知识终归是浅薄的，最终要想认识事物或事理的本质，还必须依靠亲身的实践，多去现场看，去现场学习，加深理解。只有这样才能把书本上的知识变成自己的实际本领，运用到企业日常的生产经营中去。

在陈秋桂的带领下，中泰龙一年确定一个主题，举办全公司范围内的大规模学习。例如，人才学习年、技能等级考试年等，营造学习氛围,形成团队学习的习惯。陈秋桂对学习的热衷,也让中泰龙一步步成长为一个学习型组织。毛泽东曾说:"学习的敌人是自己的满足,要认真学习一点东西,必须从不自满开始。对自己,'学而不厌',对人家,'诲人不倦',我们应取这种态度。"中泰龙便是如此。

管理启示

学习型组织是指通过培养弥漫于整个组织的学习气氛、充分发挥员工的创造性思维能力而建立起来的一种有机的、高度柔性的、扁平的、符合人性的、能持续发展的组织。这种组织具有持续学习的能力,具有高于个人绩效总和的综合绩效的效应。学习型组织通过保持学习的能力,及时铲除发展道路上的障碍,不断突破组织成长的极限,从而保持持续发展的态度。

学习型组织的"不断学习",主要有四点含义:

一是强调"终身学习"。组织中的成员均应养成终身学习的习惯,这样才能形成组织良好的学习气氛,促使其成员在工作中不断学习。

二是强调"全员学习"。企业组织的决策层、管理层、操作层都要全心投入学习之中,尤其是经营管理决策层,他们是决定企业发展方向和命运的重要阶层,因而更需要学习。

三是强调"全过程学习"。学习必须贯彻于组织系统运行的整个过程之中,边学习边准备、边学习边计划、边学习边推行,不要把学习和工作分割开。

四是强调"团队学习",团队学习是建立学习型组织的关键。团队是最基本的学习单位,组织的所有目标都是直接或间接地通过团队的努力来实现的。当一个团队能够整体搭配、合作时,就会汇聚出共同的方向,调和每个人的力量,并在此之中不断激发个人的能量,促进团队成员的学习和个人发展,从而使整个团队就像激光束,形成强大的合力。

14.4 携手共进，巩固持续

陈秋桂曾在一份战略报告中写道：商海博弈，它不是精致的平面或形式上的改变和调整，而是一个动态性的产品与市场博弈中所演绎出的平衡状态。适者生存，不适者亡。企业的发展不仅要依托企业本身，还需要经销商、供应商、政府、社会机构、银行媒体等多方支持。中泰龙不仅要在产品上有优势，还要提升自己的核心价值、品牌价值，以及生态共赢的生态圈打造。为此，陈秋桂提出组建"生态供应链"的话题，以家人的亲和对待上下游经销、供应商伙伴，将其纳入公司企业文化的一部分，并由集采中心及总裁办牵头，每年定期召开供应商大会及高峰会，加强与上下游之间的联系。

另外，企业在发展过程中也要承担一系列生态责任，如可持续发展观、循环经济理论、外部性理论、运用市场机制理论等。

在企业发展过程中，注重内外部的生态平衡，将成为一个任重而道远的目标。并肩作战的不只中泰龙人，还有一路同行的商业伙伴。

中泰龙每年会自己出钱，请客户去意大利米兰、德国科隆游学考察，学习国外的高精尖的尖端制造技术，在意大利米兰学习国外的时尚设计，增强对时尚的敏感度，增进了集团公司与战略客户群联系的紧密度。

古语有言，"上医医国，中医医人，下医医病"。企业是放大的"家"，缩小的"国"，其经营理念和管理理念是一脉相承的。中医理论博大精深，企业家根据中医理论能诊断和经营企业从而走向长青。

陈秋桂曾说过：人体所有的病痛都来源于细胞，而企业所有的病症都来源于人。对"人"的管理，贯穿着企业经营的始终，也是企业生死存亡的命脉。

阴阳五行理论是中华传统文化的精华，是中华民族的瑰宝。五行之间的"相生""相克"规律是宇宙间各种事物普遍联系的基本法则，通过生克制约关系，世间万物的整个系统呈现一种相对稳定和动态平衡。同时，阴阳五行理论作为中医文化的基础，为中医文化体系的构建做出了不可磨灭的贡献。古人讲从医入道，道以医显，就揭示了医学与天地大道之间的关系。吾心便是宇宙，宇宙便是吾心；人体小天地，天地大人体。宇宙是一个大的整体系统，它即大不可方，又可以芥子纳须弥。

五行乃相邻而生，相隔而克。

土爱稼穑，具有载物、生化的特性，故称"土载四行，为万物之母"。因此土寓意为企业的文化。文化是企业的根本，缺少统一文化（无论好坏）的人员聚集一起只能算是一个群落。而企业的创始人或一把手往往决定了企业的文化，因此土又寓意企业的创始人或一把手。

金曰从革，具有遵从、改革的特性。因此，金代表着企业的运营体制，包括组织架构、运营指挥系统以及制度流程等。运营体制既是企业的核心，也是管理的有效工具。但由于"土"的不同，自然会产生两种不同的体制，一种是"法治"，另一种是"人治"。

水曰润下，具有润下、流动的特性，可以根据企业的实际需要进行均衡。因此水可视为企业的资金流动，包括薪酬分配、成本费用等。而资金如何有效分配和控制，必须基于运营体制的规定，否则无序的流动会加重企业内部的不平衡。

木曰曲直，具有生长、扩展的特性。企业发展最关键的因素在于人才的多寡。因此木代表着企业的员工培养机制，包括员工的招聘、培训等。而企业能否激励人才、保留人才，则取决于企业是否拥有有序的薪酬分配制度。

火曰炎上，具有热情、光明的特性。火特指企业内部的员工关系。员工关系是最容易被忽视的一点，它是企业运营管理过程中潜移默化的一种产物，一方面受到整体员工素质的影响；另一方面员工关系的好坏，又影响着企业文化的重新塑造，不断循环运行。

相生即木生火，火生土，土生金，金生水，水生木。

木（人才）生火（内部关系）。火（内部关系）生土（企业文化）。土（企业文化）生金（内部管理机制）。金（内部管理机制）生水（企业资金流动及其他绩效）。水（企业资金流动及其他绩效）生木（人才的引入）。

相克即木克土，火克金，土克水，金克木，水克火。

木克土，木（人才的缺失）克土（企业文化的不接地气），即影响公司核心竞争力。火克金，火（内部关系）出问题必克金（公司内部机制混乱）。土克水，土（企业文化的缺失）出问题必克水（企业各项绩效的达成）。金克木，金（内部管理机制的错乱）出问题必克木（人才的晋升及培养）。水克火，水（公司绩效目标无法达成）出问题必反克火（加剧公司内部的矛盾），即不能给客户提供有价值的服务，公司必受制于客户。

其中，在五行的类比中，关于水和火的关系，其实就是公司和客户的关系。水代表公司（也是公司的专业价值、专业能力），火代表客户。从五行的方位上来看，水在下，火在上。水曰润下，火曰炎上。这是心肾不交的情况。

下坎上离，即火上水下。火势压倒水势，救火大功未成，故称未济。正常情况下，按中医理论来讲：心肾相交，心火下降于肾，以温肾水，使肾水不寒；肾水上腾于心，以制心火，使心火不亢，两脏相互作用，相互制约，以维持正常的生理活动，即"心肾相交，水火相济"。

若心火独亢于上，不能下交于肾，都可使心肾阴阳水火失去既济协调的关系，形成心肾不交症。

所以对于服务来讲，要用公司的"肾"和客户的"心"进行相交，而不是相离。只有相交，才能互惠互利，协调发展。怎么相交？就是要把客户的心火拉下来，把公司的肾水调上去。也就是要用公司的专业价值的"水"克住客户的"火"。只有用公司持续不断的专业价值来留住

（服务）客户，公司才能永远保持住话语权，得到永久持续的成长，即水火既济。

通过上面的描述我们能很清晰地看到相生相克的关系就是公司服务客户时两者之间关系的反映。相生相克的关系不是孤立存在的，一方的存在以另一方的存在为前提。五行之间的平衡，才是健康持续的和谐发展的根本，阴阳平衡才是事物发展的最佳状态。

管理启示

企业关系管理是指获得、建立和维系企业在市场经营中诸方关系的行为，是巩固和发展企业与消费者、供应商、合作伙伴、金融与政府部门以及企业内部员工关系的活动。企业关系管理的内涵突出了市场需求为企业最高目标，顾客是企业经营的主要驱动力，企业管理组织的中心位置是协调各方面内外关系。同时企业采用市场关系信息管理系统，对市场需求、企业与消费者、上游企业、配套协作伙伴及内部员工等不断变化的情况随时进行监测，指导企业提高关系管理水平。现代企业家应从强化企业关系管理与协调中，适应日趋成熟的市场，培养更多的忠诚客户，营造企业员工满意的工作环境。

第 15 章 制度建设

15.1 使命牵引，完善制度

公司文化是公司长期生产、经营、建设、发展过程中所形成的管理思想、管理方式、管理理论、群体意识以及与之相适应的思维方式和行为规范的总和，是公司领导层提倡、上下共同遵守的传统习惯和不断革新的一套行为方式。它体现为公司价值观、经营理念和行为规范，渗透于公司的各个领域和全部时空。其核心内容是公司价值观、公司精神、公司经营理念的培育，公司职工思想道德风貌的提高。

公司文化对形成公司内部凝聚力和外部竞争力能起到积极作用；一个没有公司文化的公司是没有前途的公司，一个没有信念的公司是没有希望的公司；公司文化是公司核心竞争力的关键所在。

公司文化具有鲜明的个性和时代特色，是公司的灵魂，是公司发展的原动力。

中泰龙在陈秋桂打造"中国派"的愿景下，将"世界家具行业中国的春天终有一天会来临，中国品牌也将屹立于世界之林"作为奋斗的使命，所有的生产和经营行为都围绕此使命来进行，从产品到员工的行为都深深打上了"中泰龙"的印记。

成功的公司都有先进的公司文化作为支撑，中泰龙以"六合"文化为抓手，树立了具有独特印记的公司精神和公司哲学信仰，得到了员工的广泛认同，并愿意在此价值观指导下进行成功的实践与验证。对外具有一定的吸引力，对内具有一定凝聚力。

明确了中泰龙的使命，员工将使命感转化成了各自的责任感，激励他们工作的积极性，也使员工对未来充满了希望。同时还使员工对公司产生深厚的感情，提高了员工的主人翁意识，培养了员工的高尚情操。无论走到哪里，员工对公司的一草一木总是充满怀念，听到或看到公司代表人物、标志、广告、产品等总是有一种亲切感。

中泰龙在商场实战中形成品质至上的理念，建立了《中泰龙首席质量官管理制度》，围绕这一理念，中泰龙建设了公司文化的核心，包括公司精神、公司经营哲学、公司道德、公司价值观念、公司风貌等内容，是公司意识形态的总和。

树立"参与、奉献、协作"的中泰龙公司精神，将现代意识与中泰龙公司个性相结合，形成上下一心的群体意识，并在公司经营宗旨、价值准则、公司信条中进行集中体现，构成了公司文化的基石，在中泰龙的厂歌、厂徽、厂服、个人铭牌、厂训、厂规等形象中表现出来，这些都在《中泰龙企业核心价值观》《中泰龙文化标识体系》《中泰龙企业文化制度传承机制》中有详细的介绍。

形成的"以市场为导向"的公司经营哲学，并在公司的经营过程中提升到了世界观和方法论的高度，在处理人与人、人与物的关系上形成具有中泰龙印记的意识形态与文化现象，并与民族文化、特定时期的社会生产、特定的经济形态、国家经济体制及公司文化背景同呼吸、共命运。

建立的"以人为本"的公司价值观，这是中泰龙公司在追求经营成功过程中所推崇的基本信念和奉行的目标。体现在处理股东、员工、顾客、公众等利益群体的关系中，包括利润价值观、经营管理价值观和社会互利价值观。

中泰龙在陈秋桂的领导下发展了四十年，在公司发展的每个阶段，陈秋桂都会进行总结性的思考和讲话，对公司的发展做出反思，对其中的成败得失进行提炼与升华，形成中泰龙公司文化的核心价值观。

📖 管理启示

公司的文化建设包括三个层面，具体是：

确定 MI（理念识别）。确定全体职工的价值观。公司价值观是公司文化的核心，决定公司的命脉，关系公司的兴衰。现代公司不仅要实现物质价值，还要实现文化价值，要充分认识公司竞争不仅是经济竞争，更是人的竞争、文化的竞争、伦理智慧的竞争。公司的最终目标是服务社会，实现社会价值最大化。确立公司精神，培育有个性的公司精神是加强公司文化建设的核心，培育具有鲜明个性和丰富内涵的公司精神，最大限度地激发职工内在潜力，是公司文化的首要任务和主要内容。

确立 VI（视觉识别）。统一标识、服装、产品品牌、包装等，实施配套管理，包含公司标识、旗帜、广告语、服装、信笺、徽章、印刷品统一模式等。以此规范员工行为礼仪和精神风貌，在社会上建立起公司的高度信任感和良好信誉。

确立 BI（行为识别）。一方面是公司内部对职工的宣传、教育、培训；另一方面是对外经营、社会责任等内容。要通过组织开展一系列活动，将公司确立的经营理念融入公司的实践中，指导公司和职工行为。

15.2 固本强基，知行合一

中泰龙始终将"生态文化""技术创新""人才合力"作为企业的三个核心竞争力，而其中最根本的就是"人才合力"，人才是企业发展的第一动力，是企业稳健持续发展的基础，也是一个城市繁荣富强的根本所在。对此中泰龙不断营造良好的学习氛围，优化"选、育、用、留"机制，尊重人才、重视人才。企业一方面加强内部人员培训、展开各式各样共同学习形式；另一方面不断加大人才引进力度，筑巢引凤,完善本地人才的"选育用留"机制,建立本地人才库,同时不断完善人才扶持和激励政策,让人才"招得来、育得好、留得住"。

在企业内部,中泰龙的"六合文化"增强了公司的凝聚力、向心力,激励员工扬起开拓创新、建功立业的斗志。公司为员工提供了健康向上、陶冶情操、娱悦身心的精神食粮,能营造出和谐的人际关系与高尚的人文环境。公司内各种文娱活动的开展,活跃了员工的业余生活,加强了员工之间的团结友谊、沟通合作和团队意识;公司的激励机制,分别从物质、荣誉和个人价值三个方面对员工进行激励,激励员工奋发向上、斗志昂扬;通过各种学习和培训使员工丰富了知识,增长了才干,让他们能更好地在公司里实现个人的价值。员工在公司良好环境下工作生活,在本职岗位上各尽其能,积极进取,形成一个风气正、人心齐、奋发向上、生动活泼的局面。有了这样高素质员工队伍的公司,能更好地适应日益变化的经济形势,逐渐发展壮大起来。

公司数千人为之打造的独特公司文化活动,每年举办大型文化节活动(包括体育、文艺项目竞技比赛);每月为员工举办大型生日宴会;公司每年年终晚会节目精彩纷呈;员工业余生活也是五彩缤纷,文艺爱好者有机会在台上一展丰姿,体育爱好者有机会参加各类体育项目活动,各类代表队都在吸纳战友。公司为解决员工后顾之忧,尽力解决职工子女就近入学问题,职工家属也有机会参加公司各类大型活动。

建立完善中泰龙的各种规章制度。陈秋桂在完善规章制度过程中提出了"手电筒理论",该理论反映了人普遍存在的一个缺陷:人往往很容易发现他人的问题而忽略自身缺点,就像在黑夜中打手电筒,往往只能看到光照到的地方而看不到身处黑暗中的自己。随着公司的不断壮大发展,订单不断地增多,需求不断地多样化,失误也不可避免地出现。一旦失误出现后,领导就会立即开会寻找问题源,部分员工也会反馈某些部门存在的问题,这及时的调查与反馈会促进公司相关业务的优化。但陈秋桂发现大家都聚焦于他人的问题而缺乏自我反省:领导者是否决策有误？员工是否因自身传递信息的不准确而使得其他部门没有生产出预期的产品？对此，陈秋桂结合"手电筒理论"提出自我反省制度。该制度要求：部门要定期组织相关会议对个人工作中的不足进行自我反省。

管理启示

任务后检视方法（After Action Review，AAR）是通过聚焦绩效标准对一个事件展开专业性研讨，让事件参与人自己发现发生了什么事情、为什么会发生这些事情、哪些优势需要保持、哪些缺点必须改进的过程。

复盘促进组织学习，用于改进个人和组织未来绩效。复盘以最初目标和实际结果的差距为切入点，发现事件（Event）全貌和因果关系，找到成功和失败的根本原因，并澄清需要坚持的优势和必须改进的劣势，增强自我意识和学习针对性。AAR的形式可以很正式也可以不正式，但尽量让行动与学习间的循环时间越短越好。

在这个过程中，无论领导还是员工都将那束"审判"的光从他人身上主动聚焦到自身，让自己暴露在这束光中，这反而加固了公司上下层的凝聚力，工作上的失误也变得更少了。此外，还有包括员工行为规范、公共关系规范、服务行为规范、危机管理规范、人际关系规范等制度，将公司的理念反映到了公司的日常工作和决策中，从董事长开始，公司的领导处处以身作则，员工有了效仿的榜样。以制度文件为行为标准和准则，每个人做他所写的，写他所做的，这些制度文件包括《中泰龙ISO9001质量管理体系》《中泰龙ISO14001环境管理体系》《中泰龙ISO14025环境标志国际标准体系》《中泰龙OHSAS18000职业健康安全管理体系》等。

建立了一套规范的典礼、仪式的流程。必不可少的各类典礼和仪式可以有效推广公司理念，丰富生动地贯彻到各个层面，如公司各类会议、展览、庆典以及公司内部外部节日等。

树立了典范、英雄的标准。实施和贯彻公司的理念，需要有各个部门及员工学习的榜样，树立典范或优秀人物可以让所有的员工感受到切实的影响。

有相关的部门进行公司文化传播和教育培训。中泰龙建立了有效的传播和培训途径，共享价值体系，让员工可以切实参与到公司文化中，包括内部网络、报刊、论坛、宣传阵地等。

中泰龙的行为规划依附于总体目标之下，综合运用了相关学科的知识与技巧，给予了整体的策划。着眼于长期性、可操作性，细致规范甚至教条的公司行为规范，将行为规划有效地落实下去，久而久之，便形成了真正规范，鲜明地体现了公司的理念。

管理启示

公司愿景是公司领导者对公司前景和发展方向的一种高度概括。它是一个公司的领导用以统一每个公司员工的思想和行动的有力武器。它由公司的核心理念和对未来的展望两部分所组成。愿景是推动公司超越环境的动力，可能涉及公司的创新战略。公司愿景是公司战略发展的重要组成部分，根据公司现有阶段经营与管理发展的需要，对公司未来发展方向的一种期望、一种预测、一种定位。并通过市场的效应，及时有效地整合公司内外信息渠道和资源渠道，以此来规划和制定公司未来的发展方向、公司的核心价值、公司的原则、公司的精神、公司的信条等抽象的观念或姿态，以及公司的使命、存在意义、经营方针、事业领域、核心竞争力、行为方针、执行力度等细微性的工作。从而让公司的全体员工及时有效地知晓公司愿景赋予的使命和责任，使公司在计划—实行—评价—反馈的循环过程中，不断地增强自身解决问题的力度和强度。

愿景是描绘公司期望成为什么样子的一幅图景,即公司最终想实现什么。因此,愿景宣言清晰地描述了公司的理想状况,使公司的未来更加具体化。指明了公司在未来想要前进的方向,是一幅充满激情的"巨大的画面",帮助公司员工意识到在公司中他们应该去做的事情。

对公司内部,通过描绘公司愿景和公司战略,形成符合公司发展的公司文化,通过价值观念输出和内部的管理机制引导员工在哲学层面,自我认知层面和意图中理解公司的使命,使之在个体行为,个人对组织的承诺以及个人的伦理观中为实现公司使命做出具体回应。

对公司外部,根据公司的战略愿景和使命,确定公司对外的口号,通过命名和公开声明的方式形成公司的外部形象,帮助公众更好地理解公司使命,从而吸引更多的人投资、购买相关产品或加入公司工作。

15.3 润物无声,春华秋实

公司的文化是以人为载体的,是文化生成与承载的第一要素。中泰龙的文化建设特别强调关心人、尊重人、理解人和信任人。全体成员有共同的价值观念,有一致的奋斗目标,形成了向心力,成了一个具有战斗力的整体。春天种下企业文化的种子,经过公司全体上下级员工一致的精心培育和成长,秋天迎来了公司经济效益、社会效益以及员工知行合一丰收的果实,这种丰收的果实深藏于员工的心里并践行于日常工作的每一个细节,这种过程犹如春风化雨,润物无声。

在精益文化的建设过程中,全体员工的行为达到了表里如一。公司文化属意识形态的范畴,它需要通过公司或员工的行为和外部形态表现出来,这就容易形成表里不一的现象。中泰龙精益文化的建设首先从员工的思想观念入手,树立正确的精益价值观念和哲学思想,在此基础上形成公司精益精神和公司形象,不搞形式主义,做到了言必信,信必果,同时制定和形成了一系列制度,诸如《广东中泰龙精益管理手册》

《工厂精益诊断调研手册》《精益文化与含义管理制度》《精益文化宣传方式介绍》，在制度上提供了保障。

个性化是公司文化的一个重要特征。文化本来就是在组织发展的过程中形成的。每个公司都有自己的历史传统和经营特点，中泰龙充分利用了这一点，建设具有自己特色的文化。公司有了自己的特色，无论是中泰龙的LOGO还是品牌的知名度、美誉度都被顾客所认同。在公司和企业之林中独树一帜，具有明显的竞争优势。这些也为中泰龙带来了良好的经济效益和社会效益，有利于公司的生存、发展和进一步壮大。

中泰龙文化继承和发展了中华文化的传统。中国民本思想自古以来就非常强烈，员工是中泰龙的主人，公司文化的建设以民本思想为重要的思想来源，并通过这一思想的开发利用，使全体员工产生了强烈的主人翁意识。"人皆为尧舜"，他们积极自觉地参与公司的民主管理，这种思想的增值开发并用于现代公司的文化建设，为公司的员工提供了平等竞争的机会，有利于公司导入按劳分配、同工同酬的运行机制。中华传统文化中的务实精神要求人们实事求是、谦虚谨慎、戒骄戒躁、刻苦努力、奋发向上。中泰龙将此发扬光大，形成了艰苦创业、勇于创新的公司精神。

市场的竞争愈加激烈，中泰龙以研发为先导，以品质为基础，以品牌作保证，让公司管理切实有效；同时以生态位、文化和机制协同工作，保持了公司的可持续发展，将公司的管理制度和公司文化之间进行有效融合，达到共生与双向互动，成为当今公司提高核心竞争力的重要途径。经过长期反复的实践与完善，"六合文化"已经成为员工共同认可的思想，促进着公司制度的有效实施和不断创新。以前，公司制度的执行只能依靠外在的监督，这样不仅效果会打折扣，而且管理成本很高。在"六合文化"的引领下，员工的行动变成了一种自愿行为，无须加强监管，在工作中自觉遵守公司规章制度，自觉履行岗位职责，深刻体现了"大道至简，无为而治"。

中泰龙"六合文化"的建设，激发了员工的"自律意识"，降低了公司管理成本，更有助于公司长期稳定的发展。

管理启示

公司文化是在某一特定文化背景下该公司独具特色的管理模式，是公司的个性化表现，不是标准统一的模式，每一个公司的发展历程不同，公司的构成成分不同，面对的竞争压力也不同，所以其对环境作出反应的策略和处理内部冲突的方式都会有自己的特色，不可能完全雷同。公司文化的形式可以是标准化的，但其侧重点各不相同，其价值内涵和基本假设各不相同，而且公司文化的类型和强度也都不同，正因如此才构成了公司文化的个性化特色。

公司要实现可持续发展，必须有一个长远的发展目标和发展规划。发展战略只有得到全体员工的认同，才能发挥出应有的导向作用，才能成为全体员工的行动纲领。通过积极开展公司战略文化建设，进一步厘清工作思路，明确公司的发展方向，激发员工的工作热情。

公司的发展需要一大批不同层次、不同专业的人才。公司把人才队伍建设作为公司文化建设的一部分，通过在公司内部营造尊重人、塑造人的文化氛围，增强员工的归属感，激发员工的积极性和创造性。搭建人才成长的平台，使全体员工增强主人翁意识，与公司同呼吸、共成长。通过对员工进行目标教育，使他们把个人目标同公司发展目标紧密结合在一起，自觉参与到公司的各项工作中。

公司文化与公司制度之间是相互支撑、相互辅助的关系，制度文化是公司文化的重要组成部分。在制度文化建设中，要突出创新、严于落实，建立科学的公司决策机制和人力资源开发机制，制定完善的公司运行规则和经营管理制度，构建精干高效的组织架构，使各项工作衔接紧密，保证公司目标顺利实现。员工参与民主管理的程度越高，越有利于调动他们的积极性。公司建立开放的沟通制度，可以及时了解员工的思想动态。同时，要强化监督，规范管理行为，营造和谐的文化氛围，促进公司管理水平的提高。

公司发展目标的实现，离不开员工之间的相互协作。在公司内部营造出有利于公司发展的良好氛围，使领导与领导、领导与员工、员工与员工之间精诚合作，促进公司目标顺利实现。

通过创新公司文化，促进公司不断发展。公司文化创新的关键是对公司旧的经营哲学、管理理念等进行创新，让公司文化建设迈上一个新台阶。要创造可以容忍不同思维的环境。作为市场竞争主体，公司应具备与现代市场经济相适应的能力，公司文化建设也应反映市场经济的要求。市场竞争形成了新的竞争理念和模式，公司必须充分理解这种理念和模式，确保公司可持续健康发展。

第 16 章 循梦而行

> 没有梦想、没有理想的人永远都不会有进步的思想。
> ——陈秋桂对梦想的理解

16.1 与时俱进，大展宏图

家具一直伴随着人们的日常生活和工作，已有上千年的历史。随着经济、社会和人们审美观的变化，家具产品也在不断地创新，家具生产企业面临着转型升级。正如以前人们都使用胶卷照相，但随着电子产品等新技术的产生，人们现在对于胶卷的使用逐渐减少了，而没有完成技术转型的胶卷生产企业便很难再坚持下去。家具行业也面临着同样的境况，无差异性的产品是没有灵魂的，无法做到与时俱进，最终也会遭到市场的淘汰。

适者生存，是达尔文自然选择学说的一个组成部分，认为自然选择使那些不适应环境的个体淘汰，最能适应环境的个体得以保存和繁荣。而行业中最适应市场环境的竞争者才能拥有生存机会。

这套法则在家具行业中同样适用，随着经济环境、社会环境和人们思想的转变，一成不变的企业终究是难以经营长久的。概而言之，企业只有两种，即进化型企业和非进化型企业。

管理启示

进化型企业的特点是：善于掌握市场行情，捕捉市场上的风吹草动，政策不断变化。在发展中能够结合实际打破固有认知，尊重客观规律和事实。能不断学习，审视企业，摒弃偏见，乐于接受可以使组织更完善的方法和策略。

非进化型企业的特点是多按照惯例与意识习惯行事，主观意愿不强烈。这样的组织结构多为权力集中、等级森严、制度机械化，同时伴有严格的企业制度与控制的企业文化以及根深蒂固的僵化思维方式。这类组织是一个大的"囚笼"，行动缓慢，将简单的事情反而弄得过于烦琐、复杂。

对于家具行业的未来方向，陈秋桂这样断言："总有一天，我想中国的家具行业不会像现在一样鱼目混珠，家具的生产和制造会走上科学产业化的道路。适者生存，中国的经济也会得到有效的调整。很多企业现在在模仿我们，但是模仿的东西是没有自己的灵魂的，不可能超越被模仿者……"

他相信，将来只有有灵魂的产品和公司才能生存下去，毫无疑问，他可以做到这一点，并且可以做得更好。

"我们需要打破一个魔咒，有的人总是说，一个人到了40多岁思维会僵化，我倒不认同这一点。这些年我的思维变化得很快，我变得越来越纯粹，纯粹得整个思维中只有中国的家具。其实每一个领导作出决策并不是百分之百正确的，也不是百分之百会被认可的，但我心目中百分之百有一个信仰，终极理想是正确的。在达成这个理想的过程中，有一些事情我可能是做错了，但终极目标一定是正确的。"道难且阻，行则将至。

他在2013年中泰龙全公司的迎春晚会上所说的话语，诠释了他上述那一番充满辩证的哲理:"一路走来,我们曾经迟疑过,曾经彷徨过,然而我们却从未放弃过。在市场环境'冰封不解'的时刻,我们并肩作战,在风雨之后见到彩虹。站在2013年起点,作为中泰龙的领航人,我倍感责任和压力之重大。然而,我坚信,只要有你们作为中泰龙的坚强后盾,再大的困难也阻挡不了中泰龙人高歌猛进的步伐,再恶劣的市场环境也丝毫动摇不了我们所有中泰龙人奋发向上,积极进取的信念。没有比脚更高长的路,没有比脚更高的山,我们一直在锐意创新,与时俱进,中泰龙唯一不变的就是一直在变!"中泰龙应对行业的变化,发现机会、抓住机会的策略,充分考虑了公司的财务、竞争力、家具产业和环境四个维度。

管理启示

公司运用SPACE矩阵①确定了进取型的战略模型。通过分析企业的内部因素(财务优势和竞争优势)和外部因素(环境稳定性和产业优势),对各因素评分,自SPACE矩阵原点到X、Y数值的交叉点画一条向量,这一条向量就表示企业可以采取的战略类型。SPACE矩阵有四个象限分别表示企业采取的进攻、保守、防御和竞争四种战略模式。这个矩阵的两个数轴分别代表了企业的两个内部因素:财务态势(Financial Position,FP)和竞争优势(Competitive Position,CP);两个外部因素:环境稳定性态势(Stability Position,SP)和产业态势(Industry Position,IP)。这四个因素对于确定企业的总体战略地位起着决定性作用。

当向量出现在SPACE矩阵的进取象限时,说明该企业正处于一种绝佳的地位,即可以利用自己的内部优势和外部机会选择自己的战略模式,例如市场渗透、市场开发、产品开发、后向一体化、前向一体化、横向一体化、混合式多元化经营等。

---

① SPACE矩阵,即Strategic Position and Action Evaluation Matrix,译为战略地位与行动评价矩阵。

这种战略选择充分地体现了中泰龙人在陈秋桂的带领下，面对"冰封不解"的市场环境，锐意创新，与时俱进的魄力和勇气。鼓励着每一位中泰龙人同心同德，勇闯佳绩，向阳而生，御风而行！

2013年5月29日上午，陈秋桂的又一设想成为现实。这一天的南国骄阳似火，中泰龙战略转变中的一项重要工程正式启动。位于中江高速东升出口、105国道旁的中泰龙物流基地上空气球飘舞，沿途彩旗迎风飘扬。中泰龙公司的高层领导如期莅临基地，部分供应商和物流合作商也应邀出席成立庆典仪式。基地仅一期投资就达1200万元，占地面积10万平方米，是目前为止办公家具行业面积最大、最先进的物流基地。公司的营销精英们穿着整齐统一的公司服装列队相迎。

巨大的基地像一条庞大的巨龙盘卧在广阔的物流园区中间，基地仓库中间搭建了一个临时的庆典主席台。仓库门口两边一字整齐地排着数十辆物流运输货柜车。透过敞开的仓库大门，可以看到仓库货架上整整齐齐按标准化摆好的货物，层层叠叠、整齐有序，足见其现代物流总部的风范与规模。

在随后接受媒体的采访中，陈秋桂说："预计未来3年至5年内，集团总产值能到30亿元以上，甚至达到40亿元。预计物流基地占地面积达到20万平方米，为公司和行业提供高效、快捷的物流运输和供应服务。"

陈秋桂还通过媒体传递信息：广东中泰龙集团计划在未来3年至5年内，打造中泰龙总部，围绕总部建立商学院、博物馆、酒店等设施，通过硬件、软件设施的协同优势提高集团产值。

这是陈秋桂的目标，也是全中泰龙人的目标。美国马里兰大学的早期研究发现，明确的目标要比只要求人们尽力去做事有更高的绩效，而且高水平的绩效是和高要求的目标相联系的。有了目标，全公司上下才会劲往一处使。企业的发展往往在很大程度上取决于目标是否明确和正确，只有对目标做出了精心的选择和规划后，企业才能生存、发展和繁荣。一个发展中的企业要尽可能地满足不同方面的需求，而这些需求一定要和员工、管理层、股东以及顾客的利益相关联。高层管理者负责制定企业主要的总体目标，然后将其转变为不同部门和个人的具体目标。

销售产值是公司实力的最好体现，也是中泰龙实现梦想的数据支撑。由于办公家具行业的特殊性，办公家具公司众多，分布广泛，行业门槛较低，无龙头企业，形成了势均力敌、竞争激烈的行业态势。

基于2013年的行业环境，陈秋桂董事长痛定思痛，毅然提出实现中泰龙"新十年梦想"的目标。陈秋桂董事长认为，提升销售额，提升行业占比，是企业做强的最直观表现。所有的一切均建立在企业销售额提升的基础上。做企业不是做慈善，做企业一定要以最终盈利为目的。而保证盈利的基础就是保证销售额的不断提升。

自2016年以来，中泰龙以年增长率超过30%的速度飞速发展。努力不是靠墙上的标语，而是靠落到实处的行动。围绕目标，陈秋桂董事长穷毕生经验，将自身管理哲学总结归纳为"六合文化"，用"大道至简"的形式将经营思想体系融会贯通，并应用于日常的管理和工作中，成为中泰龙上下齐心的"指向标"。

如今，中泰龙仍然在为员工谋求福利的道路上奋斗。

未来，公司将彻底改善传统家具制造业的办公环境，通过建设智能4.0车间，采用先进的自动化设备，实现生产的智能化、信息化和精细化的办公家具产业格局，实现机械化、自动化制造；股权激励制度日益完善，公司管理层和优秀员工将享受公司经营红利，实现真正的"利益共享"。在中泰龙里，有很多入职超过十年的老员工，还有很多年纪大的员工将自己的孩子介绍进了公司，成为公司新一代的中泰龙人。正是员工们发自内心的幸福，才让中泰龙有着源源不断的新鲜血液；正是一代代中泰龙人的传承，才让老一辈的工匠精神有了新时代的内涵，带领中泰龙不断向着伟大宏图前进。

16.2 初心不忘，奋勇前行

道家有曰：道生一，一生二，二生三，三生万物。内涵研发、品质、品牌、机制、生态和文化的"六合文化"，承经营之大道，生"一个梦想"：企业强盛，员工幸福，担得起社会责任。以梦为马，走向"二个统一"：统一思想，统一行动。确立三个核心：文化、人才、技术。文化为魂，人才为企业发展的不竭动力，核心技术作为决战市场的最大竞争力。从而引出责任意识、执行意识、目标意识、规则意识"四个意识"；拿到解决问题的"五把金钥匙"：追梦路上，心怀感激；初心不忘，奋勇前行；选择相信，坚定信念；强化执行，领导自律；打造平台，共享成果。最后综合成为公司发展的"六本经"："文化引领、凝心聚力，研发先行、产品致胜，品质为本、增效创利，品牌为王、固本开源，优化机制、强化执行，生态打造、共荣共享"的经营体系。

公司经过四十年的经营发展，不断对相关方进行系统的识别和优化，目前主要相关方包含客户、供应商、政府部门、银行、行业协会以及公司的全体员工等。良好的生态文化是现实中的抱团取暖，合作共赢发展的保障。公司在发展过程中，不断对企业文化进行整合与提炼，逐渐形成了"敢拼敢干敢打仗"的企业精神；建立了"诚信、责任、专注、廉洁、爱企、奉献"的核心价值观；打造了"责任共担，利益共享，命运共同，全员参与"的核心"家"文化；树立了"快乐工作，工作快乐"的工作理念。把企业文化建设贯穿员工素质建设中。以"一个梦想，二个统一，三个核心，四个意识，五把金钥匙，六本经"为日常工作指导准则，将"理念文化"变为"实体文化""行为文化"，潜移默化地提升员工素质，企业文化理念日渐深入人心。

中泰龙公司自1983年发展至今，从无到有，从孱弱到强大，从小家具厂到全国知名的办公家具企业，一直秉承的都是在不变中求变的思路。一流的办公家具企业,做到让员工、客户、合作伙伴、股东和社会五个方面实现共赢。陈秋桂认为中国办公家具行业的发展,从一定程度上取决于全民办公环境观念的改变。当办公家具从业者都能为提升中国办公环境尽心尽力,全民的办公环境观念必然就得到了改变,行业价值自然就会提升。中泰龙以其独特的企业文化和科学的管理理念深得同行的敬重和消费者的信赖,被业内誉为"常青树"。在陈秋桂的带领下,中泰龙始终秉承"企业文化是企业发展的灵魂"这一核心理念,并逐步形成"日益健全的企业管理体制、强大的生产管理体系、稳健的销售管理体系、独特的企业文化管理体系、完善的培训教育管理体系"五大管理体系,打造出中国办公家具的尖端品牌。

管理启示

目标管理中制定目标并不像传统的目标设定那样,单向由上级给下级规定目标,然后分解成子目标落实到组织的各个层级上,而是用参与的方式决定目标,上级与下级共同参与选择设定各对应层级的目标,即通过上下协商,逐级制定出整体组织目标、经营单位目标、部门目标直至个人目标。因此,目标转化过程既是"自上而下"的,又是"自下而上"的。

同时,在实现目标的过程中,需要不断地将实现目标的进展情况反馈给个人,以便他们能够调整自己的行动。也就是说,下属人员承担为自己设置具体的个人绩效目标的责任,并具有同他们的上级领导人一起检查这些目标的责任。因此每个人对他所在部门的贡献就变得非常明确。最为重要的是,管理人员要努力吸引下属人员对照预先设立的目标来评价业绩,积极参加评价过程,用这种鼓励自我评价和自我发展的方法,鞭策员工加大对工作的投入,并创造一种激励的环境。

2022年9月26日,中泰龙威利智慧家居科技产业园项目(下称"中泰龙产业园项目")在中山市南区街道顺利封顶,产业园项目总建筑面积约25万平方米,以现代工业4.0家居智能制造园区为设计目标,采用现代化流水生产线、打造数字化智能化示范工厂,是集产品开发、生产、检测、仓储、物流、生活、娱乐为一体的现代化家居科技产业园。这不仅是中泰龙数字化、智能化转型的重要发展战略部署,也是打造家居产业与智能科技产业互补互促、协同发展新格局的重要机遇。

中泰龙作为北溪数字经济产业园产业转型升级的排头兵,抢抓数字化、智能化时代发展新机遇,投入巨资兴建总部产业园项目,引领传统家居产业结构和产业链条的转型和优化,率先为南区街道家居制造行业数智化转型扬起了一面风帆。对于完善中山家居产业链条,推进传统家居产业向产业链前端、价值链高端发展,推动"南区制造"向"南区智造"转型,起到极大的支撑和拉动作用。中泰龙积极统筹推进生产环境、办公环境、人居环境和生态环境建设,持之以恒地提升经营管理水平,加快推进集团总部经济发展,创造条件打造家具博物馆,营造工业生态旅游园区,促进家居产业创新发展,培育壮大新增长点,发挥扩大内需重要作用,形成中泰龙集团新的核心竞争力。

到2023年公司走过了四十年的风风雨雨,四十年的发展历程离不开一代又一代中泰龙人的奋斗和付出,要清醒地认识、总结过去四十年发展历程中存在的问题和经验,更好地在规划中展望中泰龙的美好未来。蓝图已经规划,冲锋的号角已经吹响,新时代的中泰龙人以永远年轻的心逐梦前行,续写辉煌!

过去四十年的发展,公司涌现出了一批批优秀的个人及团体。风正潮平,自当乘风破浪。任重道远,更须策马扬鞭。站在新的起点,全体中泰龙人不忘初心,坚持"同一个梦想、同一个方向、同一个声音、同一个步调",坚定信念、忠于职守、踔厉奋发、逐梦前行,续写集团公司的美好篇章,实现"企业强盛,员工幸福,担得起社会责任"的伟大梦想。

未来,陈秋桂计划继续提高员工的薪酬和福利待遇,通过建立全员绩效考核体系让全体员工都能共享公司的发展成果，不断提高全体员工的幸福指数，让全体员工在中泰龙这个大家庭里充满幸福感、安全感、尊严感。

在个人和事业选项中，陈秋桂做出了"事业"选择，"选择我一生追求的木工事业，这是我一生不变的初心！为了这个初心，我愿意用一生的付出，让'中泰龙'发出中国办公家具的最强音，让世界听到中国的声音！"中泰龙的领路人充分展现了他对事业的忠诚和对木工事业的热爱，将其视为自己一生追求的目标。他的初心是通过木工事业的发展，让自己的才华得到充分的发挥。他的豪言壮语充满了使命感和自信，坚信自己的初心和努力将引领他们的企业走向辉煌，相信通过匠心智造，他们将成为行业的领军者，为中国的办公家具产业树立榜样，为国家的制造业发展作出贡献。

管理启示

一将无能百士哭，一帅无能军运百年败。军制不如军法，军法不如将帅的英明才能，有能之帅可让一国军队百年不败，无能之帅可以让无敌军团转眼败落。善于用兵者只谓良将不谓良帅也，善于用将者则可称之为良帅也。

将帅无能，累死三军，反之，知者不惑，仁者无忧，勇者无惧。领导者在进行外部环境和内部资源条件的全面系统分析之后，果断做出战略决策，决策的执行过程一定会遇到各类困难，只有具备勇敢无畏的变革精神，才能攻坚克难，实现预定的目标。

后记

大道至简

> "人法地,地法天,天法道,道法自然。"
>
> ——老子《道德经》

"道",即道理,在中国哲学中是一个重要的概念,表示"终极真理"。万事万物都有其自然规律,地球绕着太阳公转,同时也在自转,才有了地球上一年春夏秋冬的四季变换,白昼夜晚的交替轮回,植物生长一年一度的荣枯。"大道至简"最早源于老子开创的道家思想,大道理(基本原理、方法和规律)是极其简单的,简单到一两句话就能说明白,所谓"真传一句话,假传万卷书"。

大道至简说的是一种境界:不论是古代还是现代,人们对于事物的认知都处于一种不断地循环之中,从简单到复杂,螺旋式地上升,然后再返璞归真地从复杂到简单。当人们把生活和哲学结合在一起的时候,一定会有另一种与之前截然不同的感受。

天行有常,不为尧存,不为桀亡。人生于地,应遵循大地万物的自然规律。地源于天,万物皆因天时更替而繁衍生息。而宇宙之间的大道则是天象的主宰,道法自然,无所法也,"自然"即"道"。

宇宙天道蕴含于洪荒之中,从鸿蒙初辟伊始,到万物终结的末焉。群星按秩序运转,节气按季节而更替,日月随时间而升落,顺应天理,遵循自然法则,此乃天道,不可逆天而行。

《道德经》原文曾讲："有物混成，先天地生，寂兮寥兮，独立而不改，周行而不殆，可以为天地母。吾不知其名，字之曰道，强为之名曰大。大曰逝，逝曰远。远曰反。故道大，天大，地大，王亦大。域中有四大，而王居其一焉。人法地，地法天，天法道，道法自然。"

世间有"四王"，"道大"乃宇宙之道，"天大""地大"乃天地之道，"王大"乃人中之道。先有混沌后有天地，而后有人中之道，人之道在于顺应天理，遵循自然，泽被万物，聚收人心。三人成众，众人方可改变历史。

"道"乃天地之祖，宇宙由"道"衍生而来。道之下，血脉可以团圆，伦理可以维持，礼法不可崩坏。若风雨不调，人物相悖，礼法不尊，则纲常不宁，世间不宁。

"法"乃遵循，顺应之意，即手段、管理。顺应天理，顺应天命，顺应时代，大势所趋，是万物发展的基础。"道法自然"，自然即无为，顺其自然，无为而治，宇宙天道即顺应自然演变，遵循自然法则。无为即天道，天道不可与之为敌。

在企业中，在一个行业中，也要遵从现代企业发展规律。把人放在最重要的位置，让企业和员工共同成长和发展，让企业、行业和社会同步成长、共同滋养。仁政的理想最终指向了"王道"，这是孟子政治理想的最高境界。孟子在其著述中精辟地阐述："不违农时，谷不可胜食也；数罟不入洿池，鱼鳖不可胜食也；斧斤以时入山林，材木不可胜用也。谷与鱼鳖不可胜食，材木不可胜用，是使民养生丧死无憾也。养生丧死无憾，王道之始也。"王道的核心还在于：企业的决策体现了大多数人的理想和追求，顺应人类和历史发展的潮流。否则，为少数人谋利益的个人英雄主义就成了霸道。

陈秋桂把王道延伸开来：有利于企业发展的事坚决做，有利于行业发展的事必须做，有利于国家和人民的事抢着做。对个别人有利，对企业、对行业、对国家无利的事坚决不做。

大道至简，在于人生之道，智慧之道，张弛之道。

人生之路，道法自然

人生之道，在于"忠孝友悌，正己化人"。大道在天，乃为天道。正道在人，人道立身，天道立命。大道至简，即"大爱"。

在陈秋桂的生命里，"爱"贯穿了他从出生到立业。父母之爱，兄弟之爱，妻子之爱，朋友之爱，一步步支持着他走上人生和事业的巅峰。正所谓"先做人，后做事"。正是由于身边人的关爱，让陈秋桂从小就拥有一颗博爱的心。"一屋不扫何以扫天下"，博爱使得陈秋桂爱家、爱企、爱国，逐渐成为一个顶天立地的企业家。

人生启蒙总是源于不断地探寻、思索、追求。不断地探寻这个社会的存在，不断地思索人生的价值，不断地追求既定的目标，走过人生一个又一个中转站，坚定不移地向着目标迈进。没有丰富的人生经历，是无法形成成熟的人生观、价值观的。当陈秋桂放眼世界之时，此前必然审视了自己许久。

无论是在商场，还是在自我价值的实现中，第一个和最后一个敌人都是自己。在事业的出发点，认清自己，认清自己的优势、不足，明确自己的价值，寻求突破。在千帆过尽、尘埃落定之时，看过世间繁华，冷眼世间百态，再回过头审视自己，这一生存在的意义如何？做过的事，走过的路，自己想去哪里？最终到达哪里？得到了什么？失去了什么？总会有一些不同的感悟。

当陈秋桂走出耒阳的时候，他带着一腔热血，满怀壮志，想要打拼出属于自己的一番事业。当陈秋桂走上事业之巅的时候，他内心所想已不再是个人，他着眼行业，放眼世界，心怀民族兴盛，立志要将中泰龙带上行业的巅峰。

如此人生，当不负英雄，不负家国。

抱朴守拙，行稳致远

智慧之道，在于纵横捭阖，运筹帷幄。眼中所见，心中所想，胸中所怀，掌中所握，俯仰之间，皆为大道。

自然之数蕴含于万物之中，畅谈天地，虚怀若谷，眼观万物，胸藏丘壑。智慧蕴含于天理之中，日月循环而有常，四季更替而有时，人生沧桑而聚散，世事更迭而不止，以术御万物，则循规蹈矩；以法御万物，则聚拢人气；以道御万物，则天下归心。

大道至简，智慧之道承上而启下。感悟数十年人生经历的智慧，感悟天地间至真至高的法则，顺应自然，天人合一。

为一事而冥思苦想，为一人而苦心经营，此乃小智慧。小智慧，图一时之得失，见一事之成败。小智慧为解决难题之道，可助人成事。

看破生命之真谛，天道之实数，此乃大智慧。大智慧，思百家忧喜，虑万人生计，顺应自然而不盲从，超于尘世而不超脱。大智慧为经营之道，经营人生、经营企业、经营时代，纵有超人之智，亦行超人之事。

道法自然，万物通之。

张弛有度，文武之道

经营之王道，在于道法并用，打通任督，内通外达，任贤为用。管理之王道，在于制定规则，确立赏罚，固守本心，开拓创新。陈秋桂经营思想中的"经营之道"，在于以"六合"御文化，独辟蹊径，自成一体，上承数十年经营匠心，下启中泰龙百年大计。

道家有曰："道生一，一生二，二生三，三生万物。"中泰龙的文化、研发、品质、品牌、机制、生态"六合文化"，承经营之大道，生"一个梦想"：企业强盛，员工幸福，担得起社会责任，以梦为马。践行"二个统一",即统一思想,统一行动。确立了"三个核心",即文化、人才和技术,文化为魂,人才为企业发展的不竭动力,核心技术作为决战市场的最大竞争力。秉承"四个意识",即责任意识、规则意识、目标意识、执行意识,上下齐心,奋勇前行。手握"五把金钥匙"打开企业发展之门,即心怀感恩、不忘初心、选择相信、打通任督、共创共享。

广东中泰龙集团是陈秋桂经营思想萌芽、成熟、发展和实践的重要基地,自1983年创始至今,沿着陈秋桂经营思想的路线不断前进,开疆拓土,披荆斩棘,逐步成长为中国办公家具的龙头企业之一。

站在行业精英的肩上,可以看到行业之路任重道远。站在伟人的肩上,领略无限风光,远眺光明的未来。

"世上无难事,得道者成之。"这是陈秋桂在他的课程《大道至简》第三章中所归纳总结的一句话。他穷尽一生经验,将"道"分为四个部分,即天道酬勤、地道酬德、人道酬信、商道酬合。

天道酬勤,是中国自古以来的名言。天道酬勤这个词出自《周易》中的卦辞:"天行健,君子以自强不息;地势坤,君子以厚德载物。"天(即自然)的运动刚强劲健,相应于此,君子应刚毅坚卓,奋发图强;大地的气势厚实和顺,君子应增厚美德,容载万物。古代中国人认为天地最大,它包容万物。对天地的理解是:天在上,地在下;天为阳,地为阴;天为火,地为土;天性刚,地性柔。认为天地合而万物生焉,四时行焉。没有天地便没有一切。天地就是宇宙,宇宙就是天地。这就是古代中国人对宇宙朴素的唯物主义看法,也是中国人的宇宙观。八卦中乾卦为首,坤卦次之;乾在上,坤在下;乾在北,坤在南。天高行健,地厚载物。然后从对乾坤两卦物象(即天和地)的解释属性中进一步引申出了人生的哲理,即人生要像天那样高大刚毅而自强不息,要像地那样厚重广阔而厚德载物。

勤奋,是难能可贵的品格。勤奋是打开成功之门的钥匙,也是中国人的传统美德之一。中国人的传统美德把"勤劳"放在首位,中国人民是依靠勤劳的双手实现了中华民族的复兴，实现了改革开放后经济的迅速腾飞。唯有勤劳，是实现梦想的唯一途径。

地道酬德。地势坤，君子以厚德载物。天地对立，一阴一阳，一清一浊，天道苍茫，地道厚重，承载着万物，是一切事物的根基及起源。

德，同样也是立人之本。一个人的品德决定了他的素质、他的修养，决定了他能走（多）到远，能做成哪些事情。德行有亏的人是不会成功的，而德行则包括诚信、修养、胸怀、大爱等多个方面。

静以修身，俭以养德。失去德行的人，不仅会失去财富，失去机会，更有甚者会失去亲人，失去生命。孔孟等圣人之言之所以流传千年，不仅是因为他们的学识渊博，思想革新，更是因为他们品德过人，树立了千年的典范。而更多德行有亏的暴富之人，尽管获取了很多的财富，但往往为富不仁，短时间内就将财富挥霍一空，毫无事业建树，如过往云烟。

在欧洲近代的贵族中，将素质、修养、品德看得格外重要。尽管可能会因为家族的没落而失去锦衣玉食，但深入骨髓的修养时刻不忘。与一夜暴富之人站在一起，宛如云泥之别。

任何人都有自身的格局与承重，而这个上限则是由"德"来决定的。在奋斗事业的同时，勤修德才，才德兼备，才是立人之道。

人道酬信。诚信，作为中泰龙价值观的首位，不仅是人的立身之本，也是企业的立命之本。一个不诚信的人是不会有所作为的，一个不诚信的企业是绝对做不大走不远的。诚信不仅是交友处世的基础，也是现代社会最看重的品格之一。

近些年，国家对诚信的管理越来越严格，一个人的诚信甚至成了这个人的名片，失信之人甚至会影响到本人及子女的生活，可见诚信在社会中越来越重要。随着社会的发展，信用将纳入公民管理的范围，失信之人将寸步难行。

关于诚信，有着太多的话题及案例。君子之交淡如水，千金之诺重如山。有时候，诚信甚至重于生命。诚信之人，亦将得到他人的帮助。

商道酬合。商道酬合，是"合作"而非"和气"。"合"取合作、合力之意，乃为商之道，在于合作共赢，抱团取暖。在后疫情时代，制造型企业面临着极大的挑战。因此，下游的经销商、上游的供应商之间的供应链合作就显得尤为重要，如果企业不考虑合作伙伴的利益，那它将很难独善其身，最终的结果只能是一种多输的局面。

在中泰龙"六本经"中，将合作共赢、打造生态供应链作为重要的一条。畅通绿色的供应链将带给企业无限的可能与合作，打通内外部的"任督二脉"，发扬各自的优势，互相帮扶，寻求利益共同点，合作共赢，才是真正的合作。

一个人的人生，或许有很多条路可以选择。而陈秋桂选择了一条奋斗的路。在这条路上，有着拼搏、创新、奋斗以及万千中泰龙人的朝夕相伴。作为领导，陈秋桂是一个杰出的领导者，是一个优秀的企业家。

"生命的意义在于——拥有自己的事业和信仰，专注并快乐地工作，为社会创造有用的价值，以此来实现人生的理想和自我价值。"这句话，是对陈秋桂一生最好的诠释。大道至简，人生之道茫茫，当问心无愧，芳华永驻。

回顾四十年来的历程，中泰龙的发展有目共睹，一步步走来，全体人员共同经历过挫折，一起收获过果实，一同享受过孤独，也一同感受过欢快。现在中泰龙在业内已经发展成为具有一定影响力的品牌企业，岁月不老，公司也依旧往前迈步。回首过去，展望未来，可以用"聚气、聚势、聚心、聚力"来总结和展望。

聚气，气乃气象、人气。秉往年之鸿运，承来日之气象。2021年三大子集团改革取得了初步成果，各项重大举措均已实现了预期的目标。新时期新气象，中泰龙更应该不忘初心、砥砺前行，继续取得更好的成绩。

聚势，势乃势头、形势；乘时代浪潮，借市场经济之大势，百尺竿头,更进一步。

聚心,心手相连,同心追梦。团结一切可以团结的力量,整合一切可以整合的资源。企业发展不仅要内部团结,还要整合外部资源。作为公司的中坚力量,各级领导将工作的热情、对中泰龙的发展情怀和信念、敢拼敢干敢打仗的精神传递到每一位中泰龙人的心中。三大子集团的改革,会使每个子集团、每个部门都发挥出充分的主观能动性,各尽所能,放飞自我,按劳分配。聚人更应聚心,中泰龙伟大目标的实现依靠的不仅是领导,而是全体员工。

聚力,凝心聚力,携手共赢。回顾四十年,每个人既是参与者,又是见证者,每个人都应发自内心思考,学会总结过往的成绩与不足。企业高质量的发展首先要学会总结利弊,将传统优质的文化和基因传承下来。东风已至,前行的号角已经吹响,三大子集团的改革已初步完成,中泰龙人做好了充足的准备,学会当家做主。只有心往一处想,劲往一处使,才能成就自我、成就辉煌。

谋略:谋局、谋势、谋天下

俗话说,做企业是"三分谋略,七分打拼"。不谋万世者,不足谋一时;不谋全局者,不足谋一域。

向阳而生,御风而行。在人与动植物生长的过程中,阳光是不可缺少的成分与养料,阳光明媚的地方,繁花盛开,绿草如茵。人是生活在阳光下的动物,人对阳光的依赖写进了DNA里,没有阳光,人会变得性格扭曲,失去健康,企业也是一样。

随着改革开放的深入,中国制造的产品遍及全球。中国逐渐成为世界制造业的大国,并逐渐走向制造强国。在中国共产党的领导下,在"十四五"规划的引领下,中国制造业逐渐向智能制造、绿色工厂转变。因此顺应政策引导,成为企业发展的重中之重。

"十四五"规划中提出了构建产业新体系，加快建设制造业强国，引导制造业朝着分工细化，协作紧密的方向发展，促进信息技术向市场、设计、生产等环节渗透，推动生产方式朝着柔性化、智能化、精细化的方向转变。实施工业强基工程，开展质量品牌提升行动。在一定程度上不仅为制造业的发展提供了导向，还促进了相关产业的兴起与集聚化。

"商人之大在于情怀，勇气与担当不仅在于实现抱负和成就自我，更是一种对国与家的认同和热爱。"2019年2月，中央电视台《匠心智造》栏目隆重播出了中泰龙纪实片《心有所定 御风而行》，对陈秋桂"一生只做一件事，为中国人打造最好的办公家具"给予了这样的诠释：御风而行，随着时代的发展，陈秋桂的专注精神让中泰龙始终聚焦在办公家具行业，初心不忘，奋勇前行。

经营企业的过程就是"经营＋管理"。商场如战场，战场就讲兵法。早在2008年，陈秋桂就借鉴中国人民解放军的军队管理体系，建立了中泰龙的军事管理特色文化。军队的角色意识已经深入各个层级，其实一个企业的治理和一个国家的治理是大同小异的。

陈秋桂从行动、谋略、装备和练兵四个方面，开始实施他的部署。

在行动上，提高企业的市场快速反应能力。现在的市场已经变化成了快鱼吃慢鱼的时代，时间优势成了决胜的关键。快速的市场信息反馈可以及时把握市场变化的脉搏，快速的新产品投放可以刺激客户的末梢神经，从而抢占先机。陈秋桂以品牌定位布局，先后创立了中泰龙、国景、派格、凡度、和砚五大品牌，覆盖党政军、事业单位、高端企业、跨国企业、中小企业、电商平台等多个领域，并向高端奢华及典雅中式商务领域的家具进军，使得中泰龙逐渐拥有国内最大的经销网络。

在谋略上，从防御策略开始，先为不可胜。控制现金流的平衡，防止组织失控，防止重大的人事动荡，应对突发危机事件，完善法人治理结构，组建高效的管理团队，建立现代企业制度。只有这样才能提高企业的运营能力和抗风险能力。在公司的管理过程中，陈秋桂提出"万病一元论"的理论。"千里之堤毁于蚁穴",成立了审计监察部和集团法务部,针对公司上下存在的问题进行审查改进,从源头上消灭有害于公司发展的因素,防微杜渐,保证公司的健康成长。

在装备上,随着计算机技术的飞速发展,互联网的应用越来越广泛。对于中泰龙而言,企业的推广与产品同样重要。2016年,具有现代化、智能化设备的凡度工厂应运而生,过亿元的资金投入购置了全自动化的德系设备,标志着中泰龙智能制造发展迈出了重要一步。

在练兵上,作为生产型企业,原材料供应、供应商配合、物资资源、人力资源、电力供应等都是企业发展的重要环节,因此,不仅要重视后勤供应,还要注重协同配合。供应链的打造是公司发展的基石,陈秋桂倡导组建绿色供应链,抱团取暖,合纵连横。由集团集采中心牵头,绿色供应链的打造一直在不断地完善与升级。

军规是钢铁长城,这是战术层面的,那么在战略层面也有陈秋桂自己的思考。他认为中国之所以千年兴盛,文化源流不断,其中最重要的是王道不灭,万世朝邦。陈秋桂在分析了历朝兴亡的规律之后,得出一个结论,"王道,就是一个国家、一个企业的治理之道"。之所以叫王道,这是以儒家仁义治天下的理念为基础,这是一种与霸道相对的管理哲学。《史记·十二诸侯年表》写道:"孔子明王道,干七十馀君,莫能用。"

仁,是中国哲学的核心内容,孔子思想体系中的两大内容是仁与礼,孟子更多地继承了孔子学说中"仁"的思想。仁与人是一个硬币的两面,他们互为表里,而两者合起来就是"道"。

而仁政的理想最终指向了"大道至简",这是孟子政治理想的最高境界,也就是说减轻人民负担,遵循自然规律,人们丰衣足食,虽死无憾。在企业中,在一个行业中,也要遵从现代企业的发展规律,把人放在最重要的位置,让企业和员工共同成长和发展,让企业、行业和社会同步成长,互相滋养。

大道至简,实际上就是人们在一定的历史时期,处理一切问题的时候，按照当时通行的人情和社会道德标准，在不违背当时的政治和法律制度的前提下，所采取的某种态度和行动，简单到顺势而为即可。

商场如战场，许多军事战略早就被成功地运用到商战实践当中去了。实践证明，军事上的战略战术对于企业的经营管理可以起到同样重要的作用。战争是性命攸关的博弈，知己知彼方能百战不殆。现代战争更加重视信息和情报，商海更是如此，只有明察秋毫，洞悉对手各方面的情况和市场的大环境，才能做出正确的决策。

"六合文化"模型

中泰龙的发展，离不开陈秋桂的科学指引，而管理思想形成与他的经历息息相关。

幼年的习武习惯，对他的性格有很大影响，形成了他争强好胜、敢想敢干敢打仗的军人品质。加入中泰龙前丰富的打工经历，使他思维开阔，看问题全面。作为"打工人"让他能感受到基层员工所思所想和所求。对员工的诉求，他有亲身体会。

经历了中泰龙的发展全过程，他敢于突破，敢于创新，不走寻常路。陈秋桂回归中泰龙后经历了公司从一个小、杂乱、缺乏管理模式的不起眼的家具工厂到有自己的文化体系、核心品牌、独特管理模式，在各方面都成熟的企业，这些变化对他的工作、决策、思想的转变，都带来了深刻的影响。

个人在中泰龙的成长经历，造就他独特的思维模式，善于观察和分析，有敏锐的眼光。陈秋桂从一个打磨工到组长，车间主任、厂长、厂里面的总经理，再转变为总裁、董事长，以及董事长兼总裁。这一路从基层到企业领军人物的过程中，随着职位的变迁，他不断地学习，勇于开拓企业新发展，紧要关头做出重大决策。他经历过挫折和磨难，也收获到成功的喜悦。过往种种，奠定了他的管理思想基础。

在2013年中泰龙成立三十周年庆典上，陈秋桂提出了一个梦想：为了企业强盛，员工幸福，担得起社会责任。

为了实现这个梦想，陈秋桂把企业的经营发展总结为"六本经"：文化引领，凝心聚力；研发先行，产品致胜；品质为本，增效创利；品牌为王，固本开源；优化机制，强化执行；生态打造，共荣共享。

为把企业在这六个方面做大做强，激励员工，陈秋桂又总结出"五把金钥匙"：心怀感恩、不忘初心、选择相信、强化执行、共创共享。随后，陈秋桂用"四个意识"：责任意识、执行意识、目标意识、规则意识，帮助员工解决具体执行中的意识问题。

那么该如何去发展企业的核心竞争力呢？陈秋桂从人体健康的"四大要素"联想到企业健康发展的"三个核心竞争力"：生态文化、人才合力、技术创新。最后，这些又可以归结为"二个统一"：思想统一、行动统一。

直到如今，这个梦想还在指引着每个中泰龙人追寻更加广阔的未来。陈秋桂认为，每个中泰龙人都必须坚持以"六合文化"为引领，牢记中泰龙人的责任与使命，坚定技术创新，品质为先；以更加科学和现代化的思维与格局，实现从优秀到卓越的转变。深刻领会"六合文化"经营思想，勇于实践，不断强化企业生态文化建设，加强团队合力打造，持续优化技术创新机制，才能开创中泰龙新形势下转型发展的良好局面。

基于企业生命周期的视野，陈秋桂一直有一个梦想，"企业强盛，员工幸福，担得起社会责任"，这个梦想位于金字塔的最顶端，引领着企业的发展。"治大国如烹小鲜"，管理上大道简行，公司上至董事长，下到一线员工，全体做到"统一思想、统一行动"的知行合一，它们是中泰龙企业文化中隐性文化的组成部分。支撑这"二个统一"的是良好的生态文化、众志成城的人才合力、源源不断的技术创新三个核心，三个核心发挥作用的前提是中泰龙企业文化理念识别中的"四个意识"，即责任意识、规则意识、目标意识、执行意识，它们是中泰龙企业文化中显性文化的组成部分，"五把金钥匙"是打开"六合文化"基石的"六本经"到"四个意识"通道的"金钥匙"，它们之间的相互关系构成了"六合文化"模型。

中泰龙"六合文化"模型

基于"六合文化"的角度来思考，文化、生态、品牌、品质、研发、机制六个维度相当于企业生命周期的六块基石，基石上的文化位于研发、品牌、品质的中心，是整个"六合文化"的核心，而这三者以机制作保证，并相互影响和促进，外围被企业的生态所环绕，这六个维度有机融合并彼此制衡，企业这个罗盘才能和谐平衡与完美。如果某一方面存在短板，层级模式如同盖在不平整地基上的房子，就会倾斜，从约束理论的角度来看，瓶颈会影响企业的和谐发展，即六个维度是均衡的，对应企业的发展才是最理想的状态，这也正是信息论专家 Claude E. Shannon 在 1948 年提出"熵"概念的核心思想。进一步，如果六个维度不是完全均衡的，按照耗散结构理论，系统会进行熵增的变化导致能量的损失，即系统会有内耗。

"无基不为楼，事无侥幸成；欲证如来果，当把根本修"，中泰龙集团凭借陈秋桂提出的"六本经"打好坚如磐石的地基,在这个地基范围之上以"五把金钥匙"打开通往员工心灵深处"四个意识"的通道,"三个核心"作为企业发展的内核理念,稳稳保障"二个统一",大道至简,构建了实现企业梦想的天梯,深入直达企业发展未来的梦想核心。

大事件

"半亩方塘一鉴开,天光云影共徘徊。问渠那得清如许?为有源头活水来"。管理实践产生管理理论,管理理论升华和提炼成管理思想。陈秋桂的管理思想也是从多年的实践中沉淀下来的,不断实践、提升并加以总结提炼而成。"不积跬步,无以至千里;不积小流,无以成江海。"这是一个漫长的积累过程。

发展起点。2000年,陈秋桂重新加盟中泰龙,带来了新的理念、新的做法。通过带领员工克艰纾难、优化配置资金、成功参加广交会,奠定了他在中泰龙的领导地位。按质按量完成贵州省政府的订单,为中泰龙的腾飞打下了基础,树立了他个人和员工的信心,也树立了企业发展壮大的信心。

走专业化道路。受贵州省政府这个项目的启发,陈秋桂发现民用家具的销售是零售模式,而办公家具是批发模式。因此萌生了放弃民用市场,专做办公家具,走专业化发展道路的想法。专做办公家具的理念的提出,无论是对专业人员的素质要求,还是对企业的经营管理,都是巨大的战略变化。

树立品牌意识。随着企业深入发展,陈秋桂发现没有品牌产品,企业就没有竞争力,这促使他产生了品牌意识。于是他在2002年、2003年、2005年连续创立了中泰品牌、国景品牌、派格品牌。此时公司已走进办公家具的专业领域，有了核心品牌，对企业的宣传、推广、销售都产生了深刻影响，公司营销的底气更足了。

重视产品质量。创立品牌后，产品供不应求，业务量越来越大，生产能力跟不上，导致经常出现赶工现象。这时候就出现了产品质量问题，对品牌造成的负面影响很大，对市场也产生了不良影响。陈秋桂意识到"产品的质量就是企业的生命"，因此提出了"良心质量，道德品质""万（般）皆下品，唯有品质高"的质量口号。

探索营销模式。业务做大之后，陈秋桂发现仅靠中泰龙卖自己的家具来扩大市场的效果不好，而且速度很慢，这时公司适时地将销售模式转变成经销商代理模式。该模式可以快速扩张渠道，迅速扩大市场。经销商遍布全国以后，公司构建了经销商代理营销模式，并与代理经销商形成了共创共赢的生态圈。

萌生招投标意识。2005年以后国家重视反腐败，而当时中泰龙办公家具市场主要面向党政军、国企等体制内单位，为了适应反腐败形势下经济的发展，这些单位开始推行工程招投标项目采购模式。这时中泰龙也陆陆续续获得了各种认证资质，完备了投标资质体系，销售模式逐渐从零售渠道转向工程项目销售。

重整组织架构。2007年以后，办公大楼如雨后春笋般地出现，办公家具的需求急剧上升，市场供不应求。于是中泰龙新租赁了几家生产工厂来满足产品需求。但是这种分散的直线职能式组织架构给公司的经营埋下了管理不到位的隐患，同时还导致管理成本增高。因此，陈秋桂按照现代企业制度的要求重整组织架构，实现了责权利对等的经营和发展机制。

提出一个梦想。2013年是中泰龙30周年大庆之年，陈秋桂提出一个梦想："企业强盛，员工幸福，担得起社会责任。"这为中泰龙未来的发展指明了方向，如同一盏指路明灯。

开始重视研发。为积极响应国家在政策层面提出的精简节约倡议，党政军工等国有企业体制内部门对所有办公家具尺寸价格进行严格控制，这对办公家具市场冲击很大。于是中泰龙开始探索新的发展道路，提出了产品转型。把原来面向党政军、公检法销售的一些办公家具产品转移，面向民营企业、新兴企业和外资企业进行销售。

进军高端产品领域。2016年，中泰、国景、派格三个品牌并驾齐驱。陈秋桂去意大利、闽南等国家和地区参观后有感而发，决定从低端产品竞争的红海市场向高端产品竞争的蓝海市场转移，于是开始构思新品牌凡度，这时候他也产生了自己独有的空间美学和产品与环境相融合的整体构思理念，空间、美学、环境的整体构思设计理念、研发理念和产品理念也开始出现。

引入精益改善。2017年，为了顺应时代的变化，在3A咨询管理团队的帮助下，中泰龙各板块开展了精益改善消除浪费的行动。提倡全员都要有精益意识，并且做到知行合一，鼓励各部门积极撰写中泰龙各部门自己的《精益手册》，形成浓厚的公司精益文化。

打造现代中式实木家具"和砚"新品牌。2018年，办公家具行业处于无序竞争、低价竞争的阶段。陈秋桂决定弯道超车，用另外一个品类来覆盖并引领行业发展，于是创立了用纯实木生产的中式办公家具和砚品牌。这也源于陈秋桂多年的想法和家国情怀，想创造出一种具有中式风格的实木办公家具。和砚品牌在市场一经推出，当年就盈利两个多亿，在办公实木家具这个细分领域已成为领头羊，这种产品创新对企业的整体发展起到了巨大提升作用。

数字化、信息化、智能化高质量发展。我国"十四五"规划强调高质量发展，中泰龙积极响应国家政策，在产品、设备智能化，管理信息化、流程数字化等领域，开始探索走高质量发展的道路。2020年，中泰龙在中山市南区购置了一块工业用地，将其作为中泰龙公司新的生产、研发基地，借助数字化实现企业腾飞，这也为陈秋桂实现梦想奠定了坚实的物质基础。